Heinzpeter Hempelmann

Philosophie

Eine Einführung für Theologinnen und Theologen

TVZ

Heinzpeter Hempelmann

Philosophie
Eine Einführung für Theologinnen und Theologen

Band 2 – Antike:

Stoa – Epikur – Pyrrhonische Skepsis

TVZ
Theologischer Verlag Zürich

Der Theologische Verlag Zürich wird vom Bundesamt für Kultur
für die Jahre 2026–2028 mit einem Strukturbeitrag unterstützt.

Bibliografische Informationen der Deutschen Nationalbibliothek
Die Deutsche Nationalbibliothek verzeichnet diese Publikation
in der Deutschen Nationalbibliografie; detaillierte bibliografische Daten
sind im Internet über http://dnb.dnb.de abrufbar.

Umschlaggestaltung: Simone Ackermann, Zürich
Unter Verwendung einer Fotografie der Stoa des Attalos auf der Agora von Athen,
Wikimedia Commons
Satz und Layout: Claudia Wild, Konstanz
Druck: C. H. Beck, Nördlingen

ISBN 978-3-290-18794-1: Theologischer Verlag Zürich (Print)
ISBN 978-3-290-18795-8: Theologischer Verlag Zürich (E-Book: PDF)
ISBN 978-3-7655-9116-7: Brunnen Verlag Gießen (Print)

In Koproduktion mit dem Brunnen Verlag Gießen | www.brunnen-verlag.de

Hersteller:
TVZ Theologischer Verlag Zürich AG, Schaffhauserstr. 316, CH-8050 Zürich
info@tvz-verlag.ch

Verantwortlicher in der EU gemäß GPSR:
Brockhaus Kommissionsgeschäft GmbH, Kreidlerstr. 9, D-70806 Kornwestheim
info@brocom.de

Weitere Informationen bezüglich Produktsicherheit finden Sie unter:
www.tvz-verlag.ch/produktsicherheit

Inhalt

Vorwort 9

Einleitung 11

I. Hinführung 11

II. Zur Aufgabenstellung dieses Buches: Kritische Sichtung von Kontextualisierungen des Glaubens 14

III. Wie Sie mit diesem Buch arbeiten können 17

Römische Philosophie: Von Athen nach Rom 19

I. Einleitende Überlegungen: Römische Philosophie – was ist das? 20

1. Die philosophiegeschichtliche Epoche 20
2. Hellenismus als geschichtlicher Hintergrund 20
3. Hellenismus als kultureller Kontext 21
4. Ein Überblick über die philosophisch wichtigsten Strömungen 21
5. Bezüge zum und im ersten Christentum 24
6. Quellenlage 28
7. Bewertung 29

II. Hauptströmungen: Das philosophische und religiöse Umfeld des ersten Christentums 31

1. Neuplatonismus 32
2. Das hellenistische Pattern – spirituelle Stimmungen 36
   2.1 Die Kennzeichen 36
   2.2 Aufgaben 40
3. Stoa 40
   3.1 Einführung 40
      3.1.1 Geschichte und Hauptvertreter 41
      3.1.2 Zusammenfassung der Hauptzüge stoischer Philosophie 51
   3.2 Religionsphilosophie: Zentrale Merkmale 55

3.3 Stoa und Christentum – Christentum und Stoa 57
3.3.1 Methodologische Vorüberlegungen zu einem komplexen Verhältnis 57
3.3.2 Ablösung der Stoa durch das Christentum 59
3.3.3 Parallelen zur Stoa im Neuen Testament: Ähnlichkeiten und Gegensätze 60
3.3.3.1 Kosmosförmige Standesethik vs. apokalyptisches Weltverhältnis 60
3.3.3.2 Kinder der Vernunft versus Gotteskindschaft 64
3.3.3.3 Vorsehung: ehernes Schicksal vs. Gott als Vater 65
3.3.3.4 Zur Theodizee: Das Böse als Problem falscher innerer Haltung oder als zerstörerische Realität, die das Leben angreift 67
3.3.3.5 Logos und Kosmos: Vernunftprinzip und personale Offenbarung 69
3.3.3.6 Gewissen als Ort sicherer Orientierung oder als ambivalentes, irrendes Organ ethischer Erkenntnis .. 72
3.3.3.7 Natur: Unversehrt oder nach Erlösung seufzend 74
3.3.3.8 Affekte: «Dem Geist gelte die ganze Sorge»? 75
3.4 Stoische Philosophie: Kritische Rückfragen 77
3.4.1 Hält das Fundament stoischer Ethik kritischen Rückfragen stand? 77
3.4.2 Was ist denn die «Natur» einer Sache? 78
3.4.3 Ist die Rede von «der Natur» einer Sache nicht autoritär und dogmatisch? 78
3.4.4 Wie überzeugend sind die Begründungen durch biografische Evidenz? 78
3.3.5 Transportiert die stoische Philosophie nicht ein sehr einseitiges, verkopftes Menschenbild? 79
3.4.6 Verkauft die stoische Lebensberatung nicht pseudonormative Leerformeln? 80
3.4.7 Verurteilt der stoische Habitus nicht zur Passivität? .. 81
3.4.8 Trost durch Philosophie? 81
3.4.9 Machen die Götter wirklich alles gut? Wo ist die Antwort auf die Theodizeefrage? 82
3.5 Texte 82
3.6 Literaturhinweise 87
3.7 Aufgaben 88

4. Epikur ... 88
4.1 Leben und Zeitumstände ... 88
4.2 Quellen ... 91
4.3 Die Epikureische Philosophie in ihrem Zusammenhang ... 92
4.3.1 Die Dreiteilung in Kanonik, Physik und Ethik ... 92
4.3.2 Philosophie als Hilfe zum Leben in einer irrationalen Welt ... 93
4.3.3 Die Wissenschafts- und Erkenntnistheorie («Kanonik») ... 95
4.3.4 Physik: Naturwissenschaft im Dienst der Metaphysikkritik ... 99
4.3.5 Ethik: Epikurs weisheitliches Verständnis von Lust ... 101
4.4 Theologie und Religionskritik ... 104
4.4.1 Warum Theologie und Religion Thema werden ... 104
4.4.2 Distanzierung vom Atheismus ... 105
4.4.3 Die lebensferne Existenz der Götter in «Intermundien» ... 106
4.4.4 Aufklärung über Religion ... 107
4.4.5 Die Religionskritik des Schülers Lukrez ... 109
4.5 Epikur/eismus und Christentum ... 113
4.5.1 Die Notwendigkeit einer vorsichtigen, differenzierten Darstellung ... 113
4.5.2 Die Sicht des Epikureismus auf das aufkommende Christentum ... 113
4.5.3 Die Haltung des frühen Christentums ... 114
4.5.4 Epikur und das Schwein: Das Christentum als sich etablierende Religion ... 117
4.5.5 Argumente ad personam: Christliche Polemik gegen Epikur als Unperson ... 118
4.5.6 Die Hauptkritikpunkte ... 119
4.5.7 Der zentrale Skandal ... 120
4.5.8 Kritik an der epikureischen Religionskritik ... 121
4.5.9 Rare Ansatzpunkte fundierter Kritik im frühen Christentum ... 124
4.6 Zur Auseinandersetzung mit Epikur: Theologische und philosophische Gesichtspunkte ... 125
4.6.1 Eine ernsthafte «Theologie»? ... 126
4.6.2 Kann Physik Metaphysik ersetzen? ... 127
4.6.3 Der «blinde Fleck» in der «rein sensualistischen» Perspektive ... 129

4.6.4 Physikalische Determination und menschliche Freiheit ... 131
4.6.5 Epikurs Ethik – die Kontroverse um Freundschaft ... 134
4.7 Die Aktualität des epikureischen Paradigmas ... 135
4.7.1 Das adaptiv-pragmatische Milieu als Verkörperung des epikureischen Paradigmas ... 135
4.7.2 Fragen im Anschluss an Epikur ... 138
4.8 Herausgefordert durch Epikur ... 140
4.9 Texte ... 143
4.10 Literaturhinweise ... 153
4.11 Aufgaben ... 154
5. Pyrrhonische Skepsis ... 154
5.1 Zu Begriff und Bedeutung ... 154
5.2 Pyrrhon von Elis ... 154
5.3 Sextus Empiricus ... 155
5.4 Antike Parallelen: Pyrrhonische Skepsis, sophistische Eristik, sokratische Elenktik ... 156
5.5 Skepsis außerhalb des Skeptizismus: Die Skepsis und die Krise der antiken Philosophie ... 156
5.6 Renaissance und Aufklärung ... 157
5.7 Moderne Adepten ... 158
5.8 Skeptizismus aus philosophischer Perspektive ... 159
5.8.1 Positive Würdigung ... 159
5.8.2 Kritische Befragung ... 160
5.9 Theologische Würdigung ... 161
5.10 Texte ... 164
5.11 Literaturhinweise ... 169
5.12 Aufgaben ... 170

III. Philosophische Rahmenbedingungen der Ausbreitung des christlichen Glaubens in der römischen Kaiserzeit ... 170

Register

I. Personen ... 181
II. Sachen ... 183
III. Bibelstellen ... 187

Vorwort

Nachdem der erste Band dieser Einführung sehr freundlich aufgenommen worden ist (vgl. die in Anm. 6 genannten Besprechungen), freue ich mich, hier den zweiten Band einer Einführung in die Philosophie für Theologinnen und Theologen und für alle, die an einer denkerischen Bewältigung des christlichen Glaubens interessiert sind, präsentieren zu können.

Es ist erfreulich, dass nun zwei Verlage – neben dem Brunnen Verlag Gießen, auch der Theologische Verlag Zürich – das Veröffentlichungsprojekt tragen und auf diese Weise der Kreis der Leserinnen und Leser womöglich noch größer wird.

Ich nehme eine wahrscheinliche Kritik an diesem zweiten Band vorweg, wenn ich offen bekenne: Das Buch ist länger geworden als geplant. Das hat einen bestimmten Grund: Der Gegenstand «römische Philosophie» erwies sich als so interessant, so herausfordernd und so aktuell, dass er mich weit länger festgehalten und schließlich fasziniert hat, als ursprünglich veranschlagt. Ich hoffe sehr, dass Leserinnen und Leser diesen Eindruck – sowohl bei der Lektüre und Aufarbeitung der Texte der Stoa und der epikureischen Schule, aber auch der Pyrrhonischen Skepsis – nachvollziehen können.

Natürlich können in einem Philosophie-Modul, für das die Bände dieser Reihe u. a. gedacht sind, die Positionen nicht in der geschilderten Breite aufgenommen werden. Es dürfte aber gerade auch ein exemplarischer Zugang dazu reizen, sich weitergehend mit diesen alten und doch so aktuellen Positionen auseinanderzusetzen.

Ich hoffe, dass sich bei der Lektüre und Arbeit mit diesem Band erneut zeigt, dass sich der christliche Glaube in einer tieferen und profilierteren Weise erschließt, wo es gelingt, auf die religionskritischen Einwände Epikurs und die skeptischen Fragen Pyrrhons bzw. des Sextus Empiricus zu hören, und wo wir gefordert sind, deutlich zu machen, was den christlichen Glauben von einer religiös interpretierten stoischen Haltung unterscheidet.

Der Co-Leiterin des Theologischen Verlags Zürich lic. theol. Bigna Hauser danke ich für die bereitwillige und freundliche Aufnahme des Buchs in das Verlagsprogramm, dem Lektor Dr. Tobias Meihofer für die sehr hilfreiche und kundige Begleitung der Veröffentlichung. Meine Heimatkirche, die Evang. Landeskirche in Württemberg hat einen Druckkostenzuschuss gegeben.

Auch dieser Band hat gezehrt von den Begegnungen mit meinem Freund und Kollegen Dr. Dr. Manuel Schmid, Basel, mit dem zusammen ich den Podcast Mindmaps verantworte (https://heinzpeter-hempelmann.de/podcast-mindmaps-der-philosophiepodcast-reflab/; siehe auch den QR-Code am Ende dieses Buchs). Wer beim Bügeln, Joggen oder Autofahren einen leichteren, weniger Aufmerksamkeit erfordernden Zugang zu den behandelten Themen sucht, wird hier fündig und wird sich freuen, in den beiden bereits erschienenen Bänden eine Möglichkeit zur Vertiefung zu finden.

Heinzpeter Hempelmann

Vorwort

Einleitung

I. Hinführung

Dieser Band behandelt die wichtigsten Strömungen römischer Philosophie. Geschichtlich bewegen wir uns in der Zeit, die vom entscheidenden Einschnitt in der Geschichte des Abendlandes bis an die Grenze einer produktiven philosophischen Bewältigung im sogenannten «Mittelalter» reicht.[1] Das Auftreten des Jesus von Nazareth hat zwar zunächst keine unmittelbaren Konsequenzen, wirkt sich aber im Rahmen der ungeheuer dynamischen Ausbreitung des Christentums in Rezeption und Gegenwehr langfristig umso intensiver aus.

 1

Über Paulus auf dem Areopag wird berichtet: «In der Synagoge sprach er dann mit den Juden und den Gottesfürchtigen, und auf dem Marktplatz unterhielt er sich täglich mit den Vorübergehenden. Auch etliche aus dem Kreis der epikureischen und stoischen Philosophen liessen sich auf ein Gespräch mit ihm ein, und einige sagten: Was will dieser Schwätzer eigentlich?, andere dagegen: Er scheint ein Verkünder fremder Gottheiten zu sein. Er verkündigte nämlich Jesus und die Auferstehung. Sie nahmen ihn mit, führten ihn auf den Areopag und sagten: Können wir erfahren, was für eine neue Lehre das ist, die du da vorträgst? Befremdliches bringst du uns zu Ohren; wir möchten erfahren, worum es da geht. Alle Athener und die Fremden, die sich dort aufhalten, tun nämlich nichts lieber als letzte Neuigkeiten austauschen.» (Apg 17,17–21)[2]

Die Skizze der wichtigsten Richtungen der römischen Philosophie *markiert das Umfeld,* in dem der junge christliche Glaube explosionsartig gewachsen ist: in intensiven Wellen der Verfolgung, begründet durch die «neue Lehre» über «fremde Götter», die die Christen bringen (vgl. schon Apg 17,18ff); ihre Weigerung, den Kaiser als *Dominus et Deus* (obersten Herrn und Gott) anzubeten, was ihnen den Vorwurf einbringt, *atheoi* (Gottlose) zu sein; das Unterlaufen, ja Sprengen der Staatsreligion, die inmitten der unüberschaubaren religiösen Pluralität das alle einigende Band darstellt – bis hin zur Anerkennung des Christentums als neuer Staatsreligion.

Die drei Hauptströmungen römischer Philosophie – Stoa, Skepsis und Epikureismus – erleben in der Geschichte der Philosophie immer wieder Rezeptionen und besitzen alle drei bis heute enormen Einfluss.

---

1 Der in Vorbereitung befindliche dritte Band dieser Reihe wird sich mit den großen Synthesen befassen, die versuchen, den christlichen Glauben mit den beiden entscheidenden Vertretern antiker Philosophie, Platon und Aristoteles, zu verbinden.

2 Wo nicht anders vermerkt, werden Bibeltexte nach der Zürcher Bibel 2007 zitiert.

2 

«Zu dieser Zeit lebte Jesus, ein weiser Mensch, wenn man ihn einen Menschen nennen darf. Unerhörte Taten tat er nämlich, ein Lehrer von Menschen, die mit Freude die Wahrheit annehmen, und gewinnt viele Juden und auch viele Griechen für sich. Er war der Christus. Und als Pilatus nach Hinweisen unserer führenden Männer ihn zum Kreuz verurteilte, gaben diejenigen, die ihn zuerst geliebt hatten, nicht auf. Er erschien ihnen nämlich am dritten Tage wieder lebend, was neben zehntausend anderen wunderbaren Dingen die göttlichen Propheten gesagt hatten. Und noch bis jetzt ist der nach ihm benannte Stamm der Christen nicht verschwunden.» (Josephus: Antiquitates XVIII, 63f; zit. n. F. F. Bruce: Außerbiblische Zeugnisse über Jesus und das frühe Christentum, hg. v. Eberhard Güting, 3., überarb. Aufl., Gießen/Basel 1999, 26f; zur Diskussion der Historizität des sog. Testamentum Flavianum vgl. ebd., 26–36)

Sie sind also schon an sich bedeutungsvoll. Sie zu behandeln, hilft aber auch zu verstehen, in welchem geistigen Klima sich Christen in den ersten vier Jahrhunderten bewegt haben, wenn sie sich um intellektuelle Anerkennung ihres Glaubens bemühten – auch wenn sofort klargestellt werden muss, dass der christliche Glaube mindestens zunächst eine Unterschichtreligion war (vgl. nur 1Kor 1,26ff). Die intellektuelle Ausrichtung der Eliten ist allerdings von Belang für das ganze Volk und dessen Orientierung.

Ohne zu beanspruchen, auch nur annäherungsweise die Faktoren der Ausbreitung des Christentums zureichend darstellen zu wollen, gehen wir in einem abschließenden Exkurs wenigstens ansatzweise der Frage nach, welche erhebbaren mentalen Faktoren vor diesem Hintergrund eine Rolle gespielt haben können, für die eigentlich unerklärliche Ausbreitung des Glaubens an einen in einem hinteren Winkel des römischen Reichs als Aufrührer hingerichteten jüdischen Sektierer.

Das Verhältnis des frühen Christentums zur römischen Philosophie ist tief ambivalent. Einerseits ist es ein christlicher Kaiser: Justinian I. (* 482, † 565), der die von Platon gegründete Akademie nach bald 1000 Jahren schließt (529 n. Chr.), nachdem sich die Schule bis zum Schluss als Zentrum des geistigen Widerstands gegen das Christentum verstand.

3 

«Ich höre fragen: Wer ist dieser Gott oder wie lässt sich erweisen, er allein sei würdig, daß ihm die Römer hätten gehorchen sollen, ohne einen Gott außer ihm durch Opfer zu verehren? Man muß schon sehr blind sein, um noch zu fragen, wer dieser Gott sei. Der ist es, dessen Propheten vorhergesagt haben, was wir mit Augen schauen. Der ist es, von dem Abraham den Bescheid erhielt: «In deinem Samen sollen alle Völker gesegnet werden;» daß sich dies in Christus erfüllt, der dem Fleische nach aus Abrahams Samen hervorgegangen ist, erkennen, ob sie wollen oder nicht, selbst die, die Feinde seines Namens geblieben sind. Der ist es, dessen göttlicher Geist gesprochen hat durch Menschen in Vorhersagungen, die ich samt ihrer Erfüllung in der, wie wir sehen, über die ganze Erde ausgebreiteten Kirche in früheren Büchern angeführt habe. Der ist es, den Varro, der gelehrteste Römer, für Jupiter hält, obwohl er nicht weiß, was er sagt; ich wollte gleichwohl darauf hinweisen, deshalb, weil ein Mann von so umfassendem Wissen diesen Gott nicht in Abrede zu stellen und auch nicht für einen geringen zu erachten vermochte. Denn ihn hielt er für den, der ihm als der höchste Gott galt. Es ist endlich der Gott, den der Gelehrteste unter den Philosophen, obwohl der erbitterste

Feind der Christen, Porphyrius, als den großen Gott sogar auf Grund der Aussprüche derer bekennt, die er für Götter hält.» (Augustinus: De Civitate Dei XIX, 22)

Andererseits ist es der für die frühe Kirche und das Mittelalter in seiner Bedeutung nicht zu überschätzende Kirchenvater Augustinus (* 354, † 430), der – zunächst Stoiker, dann Manichäer – als (Neu-)Platoniker zu einer Lesart des Christentums anleitet,[3] die dann ungeheuer folgenreich wird. Er stellte ausdrücklich fest, der Platonismus sei dem Christentum mehr verwandt, als alle anderen (damals) vertretenen und bekannten Philosophien. Augustinus «verdankt» seine Behauptung ausgerechnet der Lektüre eines der wirkmächtigsten religionskritischen Bücher seiner Zeit,[4] dem ca. 270 n. Chr. verfassten «Gegen die Christen» gerichteten Werk des Neuplatonikers Porphyrios (* 233, † Anfang des 4. Jahrhunderts). Augustinus kann den Philosophen trotz seiner Kritik an der Kirche und bestimmten Glaubensinhalten als *doctissimus philosophorum* (Gelehrtesten unter den Philosophen) bezeichnen.[5]

Kaum nötig, eigens zu erklären, was sich eigentlich von selbst versteht: Wir bieten hier keine Philosophiegeschichte, noch nicht einmal eine Einführung in die Philosophie, die ja eigentlich alle ihre Probleme, Disziplinen und wichtigen Positionen behandeln müsste.[6] Die Rechtfertigung auch dieses zweiten Bands besteht angesichts der überwältigenden Fülle von hochqualifizierten Einführungen und Überblicken einzig und allein in der sehr speziellen, fokussierten Fragestellung und Methodik, die wir hier verfolgen und anwenden. Wir gehen sehr selektiv vor und behandeln philosophische Probleme nur insoweit, wie sie in besonderer Weise Einfluss auf christliche Theologie genommen haben. Der spezielle theologische Fokus, mit dem wir auf die römische Epoche schauen, ist: Wie konnte sich der christliche Glaube inmitten der ungeheuren Vielfalt von Religionen, Philosophien, synkretistischen Konzepten des Hellenismus durchsetzen?

Ist diese bewusste Engführung geklärt, ist das Konzept und der Aufbau dieses zweiten Bands nachvollziehbar: Wir schildern die drei Hauptströmungen römischer Philosophie als die unmittelbaren Gegenüber des jungen christlichen Glaubens und werfen einen Blick auf den Neuplatonismus und seine über die originäre Ideenlehre Platons hinausgehende, wenn auch an sie anknüpfende religionsphilosophische Fortschreibung. Und wir versuchen im Anschluss an einen Großmeister der urchristlichen Geschichtsschreibung die «Stimmungen» des synkretistischen hellenistischen Patterns zu veranschaulichen und ein Stück weit zu systematisieren, was sich seinem Wesen nach nicht auf klar abgrenzbare Positionen bringen lässt. Ein abschließender Exkurs zu «Philosophischen Rahmenbedingungen der Ausbreitung des christlichen Glaubens in der römischen Kaiserzeit» versucht

3 Vgl. dazu Band 1 dieser Einführung: Philosophie. Eine Einführung für Theologen, Bd. 1. Antike: Vorsokratiker – Platon – Aristoteles, Gießen 2022, 91–105.

4 Vgl. Pier Franco Beatrice: Art. Porphyrios, in: TRE 27, Berlin/New York 1997, 54–59, bes. 57.

5 Vgl. De Civitate Dei XIX, 22; vgl. a. a. O. 23 «Die Bescheide, die die Götter nach Porphyrius über Christus gaben».

6 Vgl. hierzu etwa Ekkehard Martens / Herbert Schnädelbach (Hg.): Philosophie. Ein Grundkurs, Reinbek bei Hamburg 1989.

die in der Darstellung und Analyse der wesentlichen Strömungen der römischen Philosophie gewonnenen Einsichten für die heute erneut vieldiskutierte Frage fruchtbar zu machen, wie es denn kommt, dass der christliche Glaube sich in den ersten Jahrhunderten so rasch ausbreiten konnte.

Der in Vorbereitung befindliche *dritte* Band dieser Reihe wird sich dann zunächst mit der Syntheseleistung und den Synthese-«Kosten» beschäftigen, die das sogenannte Mittelalter erbringt, indem es unter dem Druck neuer kultureller Herausforderungen, v.a. der arabischen Philosophie, christlichen Glauben sowohl auf den Spuren Platons wie in Aufnahme der Metaphysik des Aristoteles neu formuliert. Die bereits in den mittelalterlichen Diskursen zentrale Frage, was es denn mit der Vernunft auf sich hat, ob sie integriert werden kann oder dem Glauben als selbstständige Gestalt gegenüber steht, gewinnt dann am Ausgang des Mittelalters in der programmatisch sogenannten «Neuzeit» eine radikal zugespitzte Bedeutung. Wir vergegenwärtigen uns in diesem Folgeband mit René Descartes (* 1596, † 1650) und Blaise Pascal (* 1623, † 1662) zwei bis heute wirksame, freilich sehr unterschiedliche Antworten und Weichenstellungen.

II. Zur Aufgabenstellung dieses Buches: Kritische Sichtung von Kontextualisierungen des Glaubens

Mit den folgenden Überlegungen möchte ich ein Desiderat beseitigen, das in der – im Übrigen recht freundlichen – Aufnahme des ersten Bands dieser Einführung formuliert wurde,[7] und die stillen Voraussetzungen benennen, die die Anlage und Durchführung dieses Projekts bestimmen. Wir fragen: Wo treffen wir auf Philosophie von weichenstellender Bedeutung? Wo haben – konkret – philosophische Strömungen das Christentum geprägt, in Aufnahme und Widerspruch? Wenn wir so fragen, ist die entscheidende hermeneutische Voraussetzung dabei: Christlicher Glaube ist keine kulturunabhängige Größe, kein kulturneutraler Container, der quasi im Zuge seiner Ausbreitung immer nur in der jeweiligen Kultur abgesetzt wird und dann in den jeweiligen Kontext hinein Wirkung entfaltet. Er verdankt seine konkrete Gestalt vielmehr dem Kontext, in dem er verkündigt wird, in dem er sich auswirkt, auf den er sich aber auch einstellt, um überhaupt wirken und kommunizieren zu können. Missionswissenschaft diskutiert diesen Grundzug von Kommunikation als Vorgang der Kontextualisierung des Evangeliums. Christlicher Glaube nimmt – wie schon ein Blick auf die Vielfalt vergangener und gegenwärtig existierender Kirchen zeigt[8] – sehr unterschiedliche Gestalten an, je nachdem, in welchem Kontext er sich

7 Vgl. Christian Bensel: Rezension, in: https://rezensionen.afet.de/?pp=1932; Christoph Raedel: Rezension, in: AfeT-Newsletter 4/2022.

8 Vgl. zum «Kontextualisierung» genannten Vorgang: Jürgen Schuster: Gemeinsam unterwegs. Mission verändert. Mission verändert sich, Berlin 2023, 70–89.

bewegt, und das heißt auch: je nachdem, auf welche gesellschaftlichen Herausforderungen er antwortet, auf welche soziokulturellen Bedingungen er trifft, auf welche philosophischen Leitfragen er Antwort geben muss. Um einem möglichen Missverständnis zu wehren: Glaube ist keine kulturelle Variable, die mal so, mal so gefüllt wird – auch wenn um Relevanz und Anerkennung des Christentums bemühte Vertreter desselben durch sehr weitgehende Anpassungen manchmal diesen Eindruck erwecken können. Sein Inhalt ist nicht beliebig. Aber er ist eben auch nicht als eine ideale Idee im Sinne des Platonismus zu denken, die aller Zeit vorausliegend an sich existiert, zeit- und geschichtsunabhängig. Dagegen steht ja schon das im Mittelpunkt des christlichen Glaubens stehende, ihn allererst begründende, geschichtliche Ereignis der Inkarnation des lebendigen Gottes. Wie Gott sich inkarniert, ein bestimmtes «Fleisch» wird (Joh 1,14), so steht lebendiger Glaube immer neu vor der Aufgabe, Teil der Kultur zu werden, die er erreichen will. So, wie Gott sich im Sohn kontextualisiert:

«Als sich aber die Zeit erfüllt hatte, sandte Gott seinen Sohn, zur Welt gebracht von einer Frau und dem [jüdischen] Gesetz unterstellt» (Gal 4,4). Um Menschen erreichen, in ihre Welt hineinwirken und sie erlösen zu können, steht der christliche Glaube immer neu, v. a. bei Kulturveränderungen oder gar -wechseln, vor analogen Herausforderungen. Diese Versuche der Kontextualisierung können mehr oder weniger gelingen oder auch misslingen; sie können regelrecht entgleisen. Christlicher Glaube als Resultat des in unterschiedlichen Welten das Evangelium wirkenden Heiligen Geistes nimmt als Christentum sehr unterschiedliche Gestalten an. Dieses notwendige und unverfügbare Wirken des Geistes Gottes ist nicht durch die rationalistische Größe eines an sich gegebenen, frei verfügbaren und unbedingt kommunizierbaren abstrakten Inhalts zu ersetzen.[9]

 4

«So war es auch mit uns, als wir noch unmündig waren: Unter die Elementarmächte der Welt waren wir versklavt. Als sich aber die Zeit erfüllt hatte, sandte Gott seinen Sohn, zur Welt gebracht von einer Frau und dem Gesetz unterstellt, um die unter dem Gesetz freizukaufen, damit wir als Söhne und Töchter angenommen würden.» (Gal 4,3–5)

Für unseren Zusammenhang bedeutet das: Die Frage ist nicht, *ob* christlicher Glaube eine bestimmte, auch denkerische Gestalt annimmt bzw. hat, sondern *welche* das ist und *wie* sie sich auswirkt. Selbst eine Verweigerung jedweder «Philosophie», «Erkenntnis» usw. würde ja selbst auch wieder eine philosophische Position bedeuten, etwa die, dass es auf die Reflexion oder Inhalte gar nicht ankäme.

Schon im Neuen Testament zeigen sich solche Kontextualisierungsvorgänge deutlich: Bedeutet der Glaube an den jüdischen Messias Jesus aus Nazareth, dass Griechen in Korinth und heidnische römische Staatsbürger die Thora beachten müssen? Die Frage ist für das Urchristentum von entscheidender Bedeutung, wird als solche thematisiert und

9 Vgl. die Reflexion der Grundsatzfragen von Kontextualisierung, in: Heinzpeter Hempelmann / Benjamin Schließer / Corinna Schubert / Patrick Todjeras / Markus Weimer (Hg.): Handbuch Milieusensible Kommunikation des Evangeliums. Reflexionen, Dimensionen, praktische Umsetzungen, Göttingen 2020: Rückblick und Ausblick, 348–371, sowie: Der menschliche Faktor. Milieusensible Kommunikation des Evangeliums als Arbeit und Mühe, 58–73.

eindeutig beantwortet (vgl. das Apostelkonzil nach Apg 15). Kontextualisierung findet aber auch auf «philosophischer» Ebene sofort statt. Das Standardbeispiel liefert Paulus in Athen. In seiner sogenannten Areopagrede (Apg 17,16–33) kann Paulus nicht nur den Polytheismus in der Stadt – positiv! – aufgreifen (17,22f) und die aus Furcht vor den Göttern und also aus Aberglauben geborene Institution des Tempels für den unbekannten Gott würdigen; dieser wurde für den Fall errichtet, dass man bei den vielen Göttern, die man anbetet, womöglich einen vergessen hat (17,23). Paulus lässt sich auch auf die epikureischen und stoischen Philosophen ein (vgl. 17,18). Er greift stoische Überzeugungen auf (17,26.28) und zitiert sogar explizit Aussagen stoischer Philosophie (17,28).[10] Ein Fall nicht gelingender Kontextualisierung wird von Paulus in 1Tim 6,20 reflektiert: « Lieber Timotheus, bewahre, was dir anvertraut ist, und wende dich ab vom heillosen und leeren Gerede, von den Behauptungen der sogenannten Erkenntnis [griech. *gnosis*]». Es konnte das Missverständnis naheliegen, dass christlicher Glaube eine besondere Form der Strömung ist, die sich im ganzen römischen Reich ausbreitete: eine Geheimlehre, deren Kenntnis die gefallene Seele wieder mit Gott vereinigt. Paulus wehrt das entschieden ab, ebenso wie eine griechische Philosophie, der auf der Basis des Apathieaxioms das Kreuz des Sohnes Gottes nur als schlechter Witz, als Verrücktheit erscheinen kann (vgl. 1Kor 1,22–25). Der Grundsatz der Apathie Gottes bedeutet: Gott kann nicht leiden, schon gar nicht sterben, wie das der christliche Glaube, die junge jüdische Sekte, die sich auf Jesus aus Nazareth gründet, behauptet. Götter sind glücklich, deshalb verehren wir sie ja. Sie nehmen keinen Anteil an unserem Schicksal, sonst könnten sie ja nicht glücklich sein, und sie können schon gar nicht sterben, sonst wären sie keine Götter.[11]

Ausgehend von der Geschichte Gottes geschieht Verkündigung des Evangeliums in Anknüpfung und Widerspruch, ja sogar als Profilierung des Glaubens an Christus. Am speziellen religionsphilosophischen Widerstand gegen das Kreuz Christi arbeitet Paulus heraus, dass das Evangelium Kraft Gottes ist, nicht menschliche Weisheit, dass die menschliche Vernunft von sich aus gerade dazu tendiert, sich nicht weise zu verhalten, sich selbst und ihren begrenzten Horizont absolut zu setzen und dann durch diese Haltung zu scheitern, wie ja gerade das Beispiel des Widerstands gegen den in Jesus aus Nazareth manifesten, offenbaren, wahren Gott zeigt. Was taugt eine «Weisheit» und eine «Vernunft», die an der geoffenbarten Wahrheit vorbeigehen lässt?

Vor allem Paulus als «Heidenapostel» ist auf Schritt und Tritt damit beschäftigt, das Evangelium inmitten der Kulturen, in denen es laut wird, ankommen zu lassen, es aber auch abzugrenzen und zu profilieren. Das alles bedeutet im Ergebnis, es zu einem Teil der Zielkultur zu machen.

Augustinus versucht auf seine Weise Ähnliches, wenn er den Neuplatonismus als Rezeptionshorizont des christlichen Glaubens heranzieht und ihm eine überaus wirksame, teilweise bis heute wirksame Gestalt gibt. Wir greifen voraus, wenn wir auf Anselm von

---

10 Vgl. unsere detaillierte Analyse S. 25.

11 Vgl. zu diesen v. a. von der Schule Epikurs vertretenen Überzeugungen S. 106 f, sowie im Bd. 1 dieser Einführung die maßgebende «Theologie» des Aristoteles 128ff; 154ff.

Canterbury (* 1033/34, † 1109) verweisen. Seine apologetischen Bemühungen etwa zugunsten der Sühnetheologie haben nur Sinn, wenn man sie als Plausibilisierungen des Evangeliums in einem geschichtlich gegebenen Rahmen versteht. Dieser ist durch ein (neu-)platonisch gedachtes, hierarchisch gestuftes Weltganzes und eine Rechtskultur geprägt, die vom Gedanken der Substitution/Ersatzleistung lebt. Für Thomas von Aquin (* um 1225, † 1274) gilt Ähnliches. Er versucht mit einer gewaltigen Kraftanstrengung zu zeigen, dass sich kirchlicher Glaube mit dem aristotelischen *State of the Art* der Philosophie verbinden lässt und dass dieser dadurch sogar noch an Profil gewinnen kann. Dem erklärten Anspruch nach unterscheidet sich auch René Descartes' (* 1596, † 1650) Ansatz nicht von den metaphysischen Grundlagen des christlichen Glaubens: dem Versuch, Gott und die Unsterblichkeit der Seele rationalistisch, mit den Mitteln einer allein auf Vernunft setzenden Philosophie zu sichern.[12]

Was wir in dem vorliegenden wie den folgenden Bänden dieser *Einführung in die Philosophie für Theologinnen und Theologen*[13] fragen, ist nun genau dies: Wie sehen diese Versuche aus? Wie wirken sie sich aus? Welche neuen Ausdrucksmöglichkeiten ergeben sich daraus? Wo wird Glaube aber womöglich auch beschnitten? Mindestens bis ins 19. Jahrhundert hinein ist das Christentum eine so dominante Bezugsgröße, dass die jeweilige Philosophie gar nicht anders kann, als sich positiv oder abgrenzend, kritisch oder gar ablehnend darauf zu beziehen. Diese Ansätze, etwa von I. Kant (1724–1804) oder G. W. F. Hegel (1770–1831) wirken wiederum stark auf Theologie und Kirche, auch auf die Frömmigkeit ein, die auf der Höhe der Zeit sein möchten. Schließlich waren auch sie der kritisch zu prüfenden Auffassung, dem christlichen Glauben eine gültige Gestalt geben zu können.

III. Wie Sie mit diesem Buch arbeiten können

Dieses Buch wie auch der vorherige Band sind hervorgegangen nicht nur aus langer Beschäftigung mit den angesprochenen Themen, sondern auch aus inzwischen drei Jahrzehnten Dozententätigkeit im Bereich Philosophie und Religionsphilosophie. Das Buch verfolgt darum nicht nur inhaltliche (s. o.: die Frage nach der Wechselwirkung von Philosophie und Theologie), sondern auch didaktische Ziele: Wie kann man philosophische Positionen so präsentieren, dass sie mit Interesse wahrgenommen und verstanden werden?

---

12 Vgl. die Widmung der *Meditationen über die erste Philosophie* an die theologische Fakultät der Universität, AT VII, 1–7.

13 Um des leichteren Leseflusses willen formuliere ich an dieser und anderen Stellen hin und wieder inklusiv.

Der Band bietet darum einen mehrfachen Zugang zur Philosophie:

- Darstellung der jeweiligen Position, gefolgt von kritischer Reflexion und der Frage, welche vergangene oder aktuelle Bedeutung ihr heute für den christlichen Glauben und für die evangelische Theologie zukommt;
- Längere Texte, die die Position im O-Ton präsentieren und eine erste unmittelbare, selbstständige Beschäftigung ermöglichen und damit auch die Möglichkeit bieten, die Darstellung im Buch zu überprüfen oder zu vertiefen;
- Kürzere Texte in Kästen, die den Text begleiten; sie belegen die Aussagen im Text, sollen aber auch dazu reizen, sich ohne großen Aufwand auf die Quellen einzulassen; sie sind so etwas wie Appetitanreger;
- Aufgaben, die zu einer methodischen Auseinandersetzung anleiten und für privates Studium aber auch für Fachveranstaltungen eine kleine didaktische Hilfe sein können;
- Literaturhinweise: sie sind bewusst knappgehalten und sollen nur einen ersten Weg weisen; die genannten Titel haben eine besondere Qualität und bieten ihrerseits, weitere Literaturangaben, denen man folgen kann;
- Begleitende Podcasts als dialogische Ergänzung für einen noch niederschwelligeren Zugang; Sie sind im Gespräch mit Manuel Schmid entstanden (vgl. QR-Code am Ende dieses Buchs bzw. https://podcast365.de/podcasts/mindmaps-der-philosophie podcast; inzwischen sind 46 Folgen erschienen).

Römische Philosophie: Von Athen nach Rom

Die römische Philosophie ist alles andere als bloß die Philosophie der Römer. Es ist die Philosophie, oder besser: es sind die Weisen philosophischer Reflexion, die zu einer Zeit dominieren, als das römische Weltreich nahezu ganz Europa und den Mittelmeerraum umfasste und im Osten nach Mittelasien vordrang. Es ist zunächst die Zeit der römischen Republik, dann aber vor allem der römischen Kaiserzeit mit ihrer enormen Expansion und den dann folgenden Krisen.

Es ist vor allem die Zeit des Kaisers Augustus (63 v. Chr. – 14 n. Chr.), der durch seine Machtergreifung 27 v. Chr. nicht formal, aber tatsächlich die Herrschaft des Senats der römischen Republik beendet. Es ist die von ihm ermöglichte ungewöhnlich lange Friedenszeit («Pax Augusta») von 45 Jahren (31 v. Chr. bis 14 n. Chr.), in die die Weihnachtsgeschichte fällt, wie der Evangelist Lukas ausdrücklich vermerkt. Es ist die römische Kaiserzeit, in der der junge christliche Glaube bald eine explosionsartige Verbreitung findet; in der er auf politische, wirtschaftliche, soziale und soziokulturelle Bedingungen und auch auf philosophische Strömungen trifft, die ihn behindern, herausfordern oder auch begünstigen. Zu nennen sind nicht nur die Schulen der «Großen»: Platon (die «Akademie») und Aristoteles (der «Peripatos»); präsent sind auch die zahlreichen Schulen, die auf die Wirkungen vorsokratischer Philosophen zurückgehen (etwa auf Pythagoras) und diese weitergeben und weiterdenken. Einflussreich ist aber vor allem der breite Strom der um 300 v. Chr. von Zenon gegründeten Stoa, die sich über 500 Jahre immer weiter entwickelt, und es sind nicht zuletzt die Schule Epikurs (der sogenannte «Garten») und die Nachfolger Pyrrhons (die Schule der sogenannten Pyrrhonischen Skepsis), die eine breite Wirkung entfalten. Es sind außerdem zahlreiche durch die globalisierte Wirtschaft rund um den Mittelmeerraum in ihrer Ausbreitung und Vermischung begünstigte Kulte und Religionen, auf die der Glaube an Jesus aus Nazareth als den Herrn der Welt und Sohn Gottes trifft. Im Neuen Testament finden sich Spuren der Auseinandersetzung und Rezeption mit einzelnen Strömungen (vgl. v. a. Apg 17: Paulus in Athen auf dem Areopag). Anschauungen der damaligen Zeit haben Heidenchristen geprägt und wir werden – vor allem im Hinblick auf die Stoa – auf Anknüpfung und Widerspruch treffen.[14]

«Es geschah aber in jenen Tagen, dass ein Erlass ausging vom Kaiser Augustus, alle Welt solle sich in Steuerlisten eintragen lassen.» (Lk 2,1)  5

14 Eine Fundgrube an detailliert eingeordneten Bezügen stellt der Aufsatz von Klaus Haacker dar: Paulus und die gebildeten «Verächter der Religion» seiner Zeit, in: Friedrich Huber (Hg.): Reden über die Religion – 200 Jahre nach Schleiermacher. Eine interdisziplinäre Auseinandersetzung mit Schleiermachers Religionskritik (Veröffentlichungen der Kirchlichen Hochschule Wuppertal, Neue Folge, Bd. 3), Wuppertal/Neukirchen-Vluyn 2000, 101–115.

I. Einleitende Überlegungen: Römische Philosophie – was ist das?

1. Die philosophiegeschichtliche Epoche

Unsere Epoche steht philosophiegeschichtlich zwischen der antiken griechischen Philosophie und dem Beginn der mittelalterlichen Philosophie. Etwas diskriminierend wird sie manchmal auch als nachsokratische Philosophie bezeichnet.

Sie erstreckt sich über einen langen Zeitraum, bestehend aus Hellenismus, Kaiserzeit und Spätantike.

Römische Philosophie		
Hellenismus, 336–30 v. Chr.	Kaiserzeit, 27–284 n. Chr.	Spätantike

Das ist eine grobe Orientierung. Selbstverständlich ist auch die Kaiserzeit hellenistisch geprägt. Und die Spätantike ist eben auch – noch – Kaiserzeit.

Die Spätantike ist bereits stark christlich geprägt. Hier ist vor allem Augustinus (354–430 n. Chr.) zu nennen, der versucht, die antike Philosophie christlich zu interpretieren. Er ist ursprünglich durch die dualistische Weltanschauung der Manichäer geprägt, findet über der Lektüre Ciceros zur Philosophie, hängt zunächst der Skepsis an, bevor er unter den Einfluss der ins Lateinische übersetzten Werke von Neuplatonikern gerät.

2. Hellenismus als geschichtlicher Hintergrund

Der kulturelle Kontext der römischen Philosophie ist der Hellenismus: also die spezifische, kosmopolitische Verbindung von Kunst, Wissenschaft und Philosophie, wie sie sich herausgebildet hat nach den Eroberungen von Alexander dem Großen (356–323 v. Chr.) und der Auflösung der griechischen Stadtstaaten und nach der Zeit der auf Alexander folgenden Mächte (sogenannte Diadochen) sowie ihrer Verdrängung durch die Römer im Mittelmeer- und vorderasiatischen Raum. Nach dem Tod Alexanders, der keine Erben hinterlässt, zerfällt das riesige makedonische Reich in drei Diadochenreiche (von griech. *diadochoi,* Nachfolger), die von Alleinherrschern regiert werden: das Königreich des *Ptolemaios,* das entlang der nordafrikanischen Küste von Lybien bis nach Ägypten und Palästina reicht, das Königreich von *Seleukos,* das sich über Syrien, Mesopotamien, Kleinasien (heutige Türkei!) und über fast ganz Persien erstreckt, sowie das Königreich von *Antigonos I.,* der über Makedonien und Teile Griechenlands herrscht. In den nahezu 50 Jahre andauernden Kämpfen zwischen den Nachfolgern Alexanders (sogenannte Diadochenkämpfe) kann sich keiner der Könige durchsetzen. Die Auseinandersetzungen führen aber zur Schwächung der Diadochen und begünstigen das junge Römische Reich, das sich nach und nach die ehemaligen Gebiete der Herrschaft Alexanders einverleibt.

148 v. Chr. wird Makedonien römische Provinz, am Ende stehen alle hellenistischen Staaten unter römischer Herrschaft. Das Ende der politischen Herrschaft des Hellenismus bedeutet aber nicht das Ende des Hellenismus als kultureller Größe. Die integrative Mischkultur des Hellenismus (von griech. *hellenoi,* die Griechen) durchdringt vielmehr das gesamte Römische Reich.

3. Hellenismus als kultureller Kontext

Begriff

Der Hellenismus ist also einerseits – im Anschluss an den berühmten Historiker Johann Gustav Droysen (1808–1884) – eine Bezeichnung für die *Epoche* vom Regierungsantritt Alexanders 336 v. Chr. bis zur Eingliederung Ägyptens in das Römische Reich 30 v. Chr. Hellenismus ist hier politisch verstanden. Hellenismus ist aber andererseits auch die Bezeichnung einer *Kultur,* die schon vor dieser Epoche beginnt und in der Kaiserzeit, also im Anschluss an die Epoche der hellenistischen Herrschaft, erst richtig vital wird. Wir finden sie rund um den gesamten Mittelmeerraum.

Geografie

Ihre geografischen Schwerpunkte sind zunächst Athen und dann immer mehr Rom. Hellenismus ist Inbegriff eines äußerst intensiven Austauschs verschiedener Kulturen, vor allem der griechischen, aber auch der jüdischen, schließlich der lateinischen. Die mediterrane und angrenzende orientalische Welt, der Mittelmeerraum, die Schwarzmeerküste und die Regionen weit darüber hinaus, werden – bis nach Indien – mit griechischem Gedankengut, griechischer Kultur und griechischer Sprache durchdrungen. Der Prozess ist Folge der Kolonialisierungsbemühungen Alexanders und seiner Nachfolger inkl. der sich schon damals ergebenden wirtschaftlichen Interessen. Globalisierter Handel ist nicht erst ein Phänomen des späten 20. und beginnenden 21. Jahrhunderts. Das Griechische ist Leitkultur, aber es kommt im Zuge seiner Internationalisierung und der Adaptionen an die unterschiedlichen regionalen Kulturen zu einer weitgehenden Kulturvermischung.

4. Ein Überblick über die philosophisch wichtigsten Strömungen

Wir stehen vor einer sehr breiten Palette an Strömungen, die zudem nicht klar voneinander getrennt werden können. Einerseits sind sowohl Platon wie Aristoteles weiter einflussreich. Sie werden nicht getrennt aufgenommen. Da beide Meister-Denker Autoritäten in Bezug auf Wahrheit sind, werden sie vielfach als Einheit begriffen. Das bedeutet dann, dass man Platon mit Aristoteles verbindet oder Aristoteles im Sinne Platons zu verstehen sucht. Das wird auch dadurch erleichtert, dass man erst im Hochmittelalter – herausgefordert durch muslimische Theologie, Philosophie und Wissenschaft – den ganzen Aristoteles oder mindestens einen umfassenderen Ausschnitt kennenlernt. Eine sauber unterscheidende Rezeption beider Philosophen ist das Ergebnis einer modernen philosophiegeschichtlichen Konzeption. Einflussreich wird ein Neuplatonismus, der in der Lage ist, auch religiöse Konzepte aufzunehmen und religiöse Bedürfnisse anzusprechen. Hauptvertreter sind Plotin (* 204/205; † vor dem 25.05.270 n. Chr.), Porphyrios (auch Basileus genannt, * 234; † vor 305 n. Chr.) sowie – deutlich später und als Brücke ins sogenannte Mittelalter – Proklos (412–485 n. Chr.).

Neben der sogenannten «Akademie», also den Schülern Platons, dem sogenannten «Peripatos» / den Peripatetikern, also den Schülern des Aristoteles, gibt es weiter Anhänger verschiedener Vorsokratiker. Epikur, mit seinem «Garten», versteht sich als Schüler des Vorsokratikers Demokrit und seiner materialistischen Atomlehre. In Aufnahme der Geheimlehre des Pythagoras und seines Geheimbunds entwickelt sich ein Neupythagoreismus, der mystisch-religiöse Züge trägt. Philosophie bildet in Teilen eine Verwandtschaft mit Mysterienreligionen und Offenbarungsphilosophien aus; dazu gehören auch verschiedene Ausprägungen des Neuplatonismus.

Inmitten dieser Gemengelage und teilweise in offener, kritischer Distanz sind neben dem Neuplatonismus vor allem drei Strömungen einflussreich. Wenn wir im Folgenden Stoa, Epikureische Schule und Pyrrhonische Skepsis unterscheiden, suggerieren auch diese Bezeichnungen eine Klarheit und Abgrenzbarkeit, die de facto nicht gegeben ist. Es gibt mannigfache Überschneidungen in den Positionen und Antworten, die auf die Herausforderungen der Zeit gegeben werden. Ein herausragendes Beispiel ist Cicero (106–43 v. Chr.), in dessen Werk sich verschiedene Richtungen verbinden, die von ihm ganz individuell rezipiert werden. Mit seiner eklektizistischen, das Überzeugende und Gefallende auswählenden Weise zu philosophieren vertritt er den undogmatischen, sich weithin positionell nicht festlegenden Geist weiter Teile der Gebildeten.[15]

Die Stoa

Diese Vorbemerkungen zur Sensibilisierung vorausgeschickt, wagen wir doch die Nennung dreier dominanter philosophischer Richtungen. Da ist zunächst (1) die *Stoa.* Die Stoa ist Philosophie der Krise. In einer krisenhaften, durch die politischen Umwälzungen bedingten Zeit sucht sie als praktische Philosophie neue Orientierung zu geben angesichts der existenziellen Dimensionen des Lebens. Zeit, Endlichkeit, Tod, Schmerz, Lust, Wohl-Leben-Wollen sind die Herausforderungen; Bildung, Selbstbeherrschung, Reflexion, Duldsamkeit sind die Antworten, die gegeben werden und die diesen antiken Existenzialismus auch heute noch oder wieder vermehrt in philosophischen Praxen interessant sein lassen. Es ist sinnvoll, zwischen der alten Stoa (um 300–150 v. Chr.; v. a. Zenon, Kleanthes und Chrysippus), der mittleren Stoa (150 – frühes 1. Jh. v. Chr.; Panaitios, Poseidonios)

15 In seinen philosophischen Werken bringt er, ganz Typ eines Liberalintellektuellen, der sich nicht völlig festlegen möchte, durch die literarische Form des Dialogs verschiedene Positionen ins Gespräch, ohne dass immer sofort erkennbar wäre, wo seine eigenen Sympathien liegen.

und der späten Stoa der Kaiserzeit (Mitte des 1. Jh. bis Ende des 2. Jh. n. Chr.; v. a. Seneca, Epiktet, Mark Aurel) zu unterscheiden.[16]

Epikur und seine Schule

Da ist (2) Epikur und seine Schule. Der Epikureismus vertritt – entgegen mancher Vorurteile – keinen krassen, auf bloße Lusterfahrung abzielenden Hedonismus, sondern sucht das glückliche, das möglichst unbeschwerte Wohl-Leben. Er findet es in der Ruhe des Geistes als höchstem Ziel, in der Vermeidung von Unlust und Schmerz. Zügellose Lustorientierung ist darum gerade zu vermeiden. Auf sie folgt ja, wie Epikur betont, zwingend Unlust: «Denn die Begierden sind unersättlich. Sie richten nicht nur einzelne Menschen, sondern ganze Familien zugrunde.»[17] Metaphysisches und religiöses Desinteresse – Götter werden nicht geleugnet, sind aber irrelevant – und pragmatisches Interesse an einem gelingenden Leben verbinden sich zu einer recht (post-)modern anmutenden Synthese.

Die skeptische Schule Pyrrhons

Da ist (3) der Pyrrhonismus bzw. die Pyrrhonische Skepsis, benannt nach ihrem Begründer Pyrrhon von Elis (ca. 360–270 v. Chr.). Die Skeptiker (vgl. v. a. Sextus Empiricus, * um 150 n. Chr., † um 250 n. Chr., und sein Werk *Pyrrhonische Hypothesen*) halten wahre und gültige Erkenntnis nicht für möglich: «Die Dinge sind uns gleichermaßen ununterscheidbar, unbestimmbar und unerkennbar. Deshalb kann man weder von unseren Empfindungen noch von unseren Meinungen sagen, daß sie wahr oder falsch seien. Darum darf man ihnen nicht trauen, sondern muss unerschütterlich bei dem Verzicht auf jede Meinung oder Entscheidung beharren.»[18]

Ciceros Sonderstellung

Nicht zu vergessen ist der schon erwähnte Cicero (* 106 v. Chr.; 43 v. Chr. ermordet). Er nimmt eine Sonderstellung ein. Er ist nicht nur einer der wichtigsten Politiker, sondern auch einer der erfolgreichsten Schriftsteller seiner Zeit. In fingierten Dialogen[19] lässt er Vertreter verschiedener philosophischer Schulen aufeinandertreffen. Da die Quellenlage, etwa im Blick auf den Pyrrhonismus, teilweise sehr schlecht ist, haben Ciceros Schriften auch philosophiegeschichtlich eine besondere Bedeutung. Auch wenn er selbst zur Skepsis tendiert, kommt seiner moderierenden Philosophie eine Einheit stiftende Bedeutung zu. Sie bringt verschiedenste Ansätze miteinander ins Gespräch.

---

16 Vgl. den knappen Überblick bei Wolfgang Weinkauf: Die Geschichte der Stoa, in: Die Philosophie der Stoa. Ausgewählte Texte, hg. von Wolfgang Weinkauf, Ditzingen 2001, 9–50.

17 Überliefert nach Cicero: Über das höchste Gut und das größte Übel 1,9,29ff; zit. n. Wilhelm Nestle (Hg.): Die Nachsokratiker 2 Bde., Jena 1923, Bd. 1, 203, Nr. 87.

18 Überliefert nach Euseb: Praeparatio evangelica, XIV. Buch, Kap. 18, 3; zit. n. Wilhelm Nestle (Hg.): Die Nachsokratiker 2 Bde., Jena 1923, Bd. 2, 248 (Nr. 1).

19 Vgl. etwa: Vom Wesen der Götter *(De natura Deorum);* Von den Grenzen im Guten und im Bösen (De finibus bonorum et malorum); Die akademischen Bücher (Academici libri quattuor).

5. Bezüge zum und im ersten Christentum

Die verschiedenen Strömungen römischer Philosophie sind es, auf die das frühe Christentum vor allem bei den Gebildeten und Einflussreichen gestoßen ist. Sie verlieren zunehmend an Bedeutung und Einfluss, nachdem sich das Christentum im 4. Jh. als geduldete und schließlich als neue Staatsreligion durchgesetzt hat.

Führende Vertreter des philosophischen Denkens in jener Epoche, vor allem Epikur, aber auch Pyrrhon, werden später zu Referenzpunkten für Erneuerungsbewegungen, etwa in Renaissance und Aufklärung, die sich kritisch mit Kirche, christlicher Tradition und christlicher Kultur auseinandersetzen und einen kulturellen Neubeginn suchen. Das macht die Beschäftigung mit diesen Strömungen noch zusätzlich interessant und wichtig.

Schon für das Neue Testament gibt es eine ganze Reihe von exegetisch einigermaßen gesicherten Berührungen zwischen christlichem Glauben und zeitgenössischen philosophischen Richtungen.

Marius Reiser hat das schon für die Verkündigung Jesu plausibel gemacht. Im Gleichnis vom reichen Mann Lk 12,16–21 nimmt Jesus direkt Bezug auf eine in der hellenistischen Antike weit verbreitete hedonistische Lebensphilosophie:

6 

> «Denn auch dem, der im Überfluss lebt, wächst sein Leben nicht aus dem Besitz zu. Er erzählte ihnen aber ein Gleichnis: Das Land eines reichen Mannes hatte gut getragen. Da dachte er bei sich: Was soll ich tun? Ich habe keinen Raum, wo ich meine Ernte lagern kann. Und er sagte: Das werde ich tun: Ich werde meine Scheunen abbrechen und grössere bauen, und dort werde ich all mein Getreide und meine Vorräte lagern. Dann werde ich zu meiner Seele sagen können: Seele, du hast reichen Vorrat daliegen für viele Jahre. Ruh dich aus, iss, trink, sei fröhlich! Gott aber sagte zu ihm: Du Tor! Noch in dieser Nacht fordert man deine Seele von dir zurück. Was du aber zurückgelegt hast – wem wird es gehören? So geht es dem, der für sich Schätze sammelt und nicht reich ist vor Gott.»
> (Lk 12,15b–21)

«Ruh dich aus, iss, trink, sei fröhlich!» (V.19) Diese in zahlreichen Maximen existierende, angesichts der Kürze des Lebens und seiner unkalkulierbaren Unbilden allgemein bekannte Einstellung fokussiert Jesus (nicht aber die oft zur Erklärung herangezogenen Stellen aus Jes 22,13 oder Koh 8,15). Das Argument Jesu besteht auch nicht einfach in einem Jenseitsbezug. Im Gegenteil: Das Leben hier und jetzt – «dieses Leben hat der reiche Narr versäumt»: «Der Reiche ist nicht eigentlich deshalb ein Narr, weil er nicht mit seinem Tod rechnet, sondern deshalb weil er nicht mit Gott rechnet, der dem Leben wie dem Tod eine andere Bedeutung gibt.»[20]

---

20 Marius Reiser: «Iß, trink und sei fröhlich!». Eine antike Lebensphilosophie und ihre christliche Antithese, in: Forschungsmagazin der Johannes-Gutenberg-Universität Mainz 1994, (5–10) 9. Mit dem verfehlten Leben im Diesseits verfehlt er allerdings auch das jenseitige.

Bezüge auf zeitgenössische Philosophie lassen sich aber exemplarisch und gehäuft v. a. an der Areopag-Rede des Paulus[21] zeigen. Wir geben einige Hinweise auf die hervorstechendsten Bezugnahmen:[22]

- Gott wohnt, so die angesichts des jüdischen Tempels doch ungewöhnliche Aussage des Paulus, nicht in handgemachten Tempelhäusern (17,24). Das berührt sich mindestens mit der Aufforderung Plutarchs: «Den Göttern soll man keine Heiligtümer bauen.»[23]
- Auch stoische Philosophen können der paulinischen Relativierung des Tempels zustimmen: «Nicht brauchen wir die Hände zum Himmel zu erheben noch den Tempelwärter anzuflehen, dass er uns nahe bringe zum Ohr des Götterbildes, als ob wir so eher erhört werden könnten»[24], heißt es bei dem bekannten stoischen Philosophen Seneca.
- «... als ob er etwas nötig hätte» und sich «von Menschenhänden dienen» lassen würde (17,25) erinnert an die Überzeugung von der Bedürfnislosigkeit der Götter und an die etwa bei Epikur zu findende Überzeugung von der Distanz der für sich lebenden und unabhängig vom Menschen existierenden Götter, die auf den Gottes-Dienst der Menschen gar keinen Wert legen.
- Mit der Aussage «... er [Gott] ist ja jedem einzelnen unter uns nicht fern. In ihm nämlich leben, weben und sind wir» nimmt Paulus (17,27f) ziemlich direkt stoische Überzeugungen auf. So kann etwa Seneca sagen: «Gott ist dir nahe, ist in dir, ist mit dir.»[25] Die Überzeugung von der universalen Verbundenheit von allem durch eine in allem wirkende Weltseele ist aber zugleich auch Kernüberzeugung des Neuplatonismus.
- Schließlich zitiert Paulus ausdrücklich und exemplarisch den durch stoische Philosophie geprägten griechischen Dichter Arat (ca. 310–245 v. Chr.), wenn er zum Zweck der Anschlussfähigkeit des christlichen Glaubens dessen Satz bejaht (17,28): «Von seinem Geschlecht sind ja auch wir.»[26]
- Aus dieser Auffassung des göttlichen Ursprungs aller (!) Menschen leitet sich die stoische Überzeugung des Weltbürgertums aller Menschen – nicht nur der römischen Bürger – ab, auf die Paulus ebenfalls – mit alttestamentlichem Hintergrund (Dtn 32,8) – anspielt: «Aus einem einzigen Menschen hat er das ganze Menschengeschlecht erschaffen, damit es die Erde bewohne, so weit sie reicht. Er hat ihnen feste Zeiten bestimmt und die Grenzen ihrer Wohnstätten festgelegt» (17,26).

---

21 Vgl. die Auslegung bei Rudolf Pesch: Die Apostelgeschichte. 2. Teilband Apg 13–28, Neukirchen-Vluyn/Zürich-Einsiedeln-Köln 1986, 127–144; Klaus Haacker: Paulus und die «gebildeten Verächter der Religion» seiner Zeit, in: Friedrich Huber (Hg.): Reden über die Religion – 200 Jahre nach Schleiermacher. Eine interdisziplinäre Auseinandersetzung mit Schleiermachers Religionskritik (Veröffentlichungen der Kirchlichen Hochschule Wuppertal, Neue Folge, Bd. 3), 101–115.

22 Vgl. ausführlicher S. 55, 104f, 113.

23 Plutarch II 1034b.

24 Seneca: Epist. 41,1. – S. u. bei 3.1.1 zu Seneca Text Nr. 15.

25 Epistolae 41,1.

26 Phaenomena 5.

7 

«Wer von dem Gedanken völlig durchdrungen ist, daß wir im letzten Grunde alle von Gott abstammen, daß Gott der Vater der Menschen und Götter ist, der kann, glaube ich, von sich nicht niedrig und gering denken. Würde dich z.B. ein Kaiser in seine Familie aufnehmen, so könnte niemand mehr deinen Hochmut ertragen; wenn du aber weißt, daß du ein Sohn Gottes bist, solltest du da nicht stolz darauf sein?» (Epiktet: Unterredungen, I,3)

Mit der Aussage, dass wir – unterstellt: alle – aus Gottes Geschlecht sind (Apg 17,29), teilt er die stoische Vorstellung einer universalistischen Menschenwürde, die später auch in christlicher Theologie wie in Renaissance und Aufklärung als naturrechtliche Begründung des Wertes des Menschen Bedeutung bekommt.

– In Röm 1,18ff finden wir einen weiteren Beleg für die philosophische Bildung des Paulus. Alle Menschen stehen unter dem Zorn Gottes. Denn sie verehren nicht den, der die göttliche Verehrung allein verdient, sondern seine Geschöpfe (V.25). Dabei ist doch das Gott-Sein Gottes sonnenklar. Die Menschen müssten es doch besser wissen. Paulus greift explizit auf eine, v.a. in der stoischen Philosophie (s.u.) weit verbreitete Argumentationsfigur zurück, wenn er sich dabei auf den *consensus omnium,* also das allgemein gegebene Wissen der Menschen bezieht: Die Menschen verehren Geschöpfliches, verweigern Gott die Anerkennung, «obwohl sie von Gott wussten» (V.21; Lutherbibel 2017), obwohl sie Gott «kannten» (V.21; Elberfelder), obwohl «das von Gott Erkennbare unter ihnen offenbar ist» (V.19; Elberfelder). Paulus nennt hier die klassischen Argumente für den Gottesbeweis aus dem *consensus omnium:* Für alle Menschen gilt ja, von Natur aus und selbstverständlich:

8 

«Denn es offenbart sich Gottes Zorn vom Himmel her über alle Gottlosigkeit und Ungerechtigkeit der Menschen, die die Wahrheit unterdrücken durch Ungerechtigkeit. Sie hätten ja vor Augen, was von Gott erkannt werden kann; Gott selbst hat es ihnen vor Augen geführt. Denn was von ihm unsichtbar ist, seine unvergängliche Kraft und Gottheit, wird seit der Erschaffung der Welt mit der Vernunft an seinen Werken wahrgenommen; es bleibt ihnen also keine Entschuldigung. Denn obwohl sie Gott erkannten, haben sie ihm nicht die Ehre gegeben, die Gott gebührt, noch ihm Dank gesagt, sondern sie verfielen mit ihren Gedanken dem Nichtigen, und ihr unverständiges Herz verfinsterte sich. Sie behaupteten, weise zu sein, und wurden zu Toren …» (Röm 1,18–22)

«Denn was von ihm unsichtbar ist, seine unvergängliche Kraft und Gottheit, wird seit der Erschaffung der Welt mit der Vernunft an seinen Werken wahrgenommen;» (V.20). Dieses Wissen ist so stark, dass Menschen jetzt und im Endgericht vor dem berechtigten Zorn Gottes ohne « Entschuldigung » sind (V.20). Ganz ähnlich argumentiert die Stoa, etwa wenn Chrysippus, einer der herausragenden frühen Vertreter, schreibt, dass die Übereinstimmung aller das stärkste «Kriterium der Wahrheit [ist], das wir von der Natur empfangen haben.»[27] In der stoischen Philosophie sind es zudem noch ganz

27 SVF II, 154, 29f. Vgl. S. 56f.

ähnliche Attribute, die für dieses allgemeine Wissen genannt werden: «die überragende Macht, die Unsterblichkeit, die vollkommene Weisheit, das providentielle und wohltätige Wesen des Gottes».[28]

Darüber hinaus mag man erwägen, ob das von Paulus erwähnte Lügner-Paradoxon Einfluss der Pyrrhonischen Skepsis erkennen lässt. So heißt es ja Tit 1,12: «Einer aus ihrem eigenen Kreis hat geradezu prophetisch gesagt: Kreter sind stets Lügner». Das ist ein klassischer, exemplarischer Fall einer sich selbst aufhebenden Aussage. Wenn «einer aus ihrem eigenen Kreis »[29] Kreter ist, dann kann seine Aussage nicht stimmen, weil er ja als Kreter immer lügt.

 9

«Einer aus ihrem eigenen Kreis hat geradezu prophetisch gesagt: Kreter sind stets Lügner […]. Dieses Zeugnis ist wahr» (Tit 1,12f).
Hier findet sich in der Bibel selbst ein Beispiel für ein logisches Paradox, das durch Selbstbezüglichkeit entsteht. Die Aussage lässt sich nicht widerspruchsfrei verstehen: Wenn die Aussage wahr ist, dann bescheinigt ein Kreter («einer aus ihrem eigenen Kreis ») allen Kretern, zu denen er selbst gehört, dass sie «stets Lügner» sind. Da der, der das allen Kretern bescheinigt, selbst Kreter ist, muss diese Eigenschaft auch auf ihn selbst und seine Aussage zutreffen, auch auf die Aussage, dass alle Kreter lügen. Dass Kreter «stets Lügner» sind, kann darum nicht stimmen. Umgekehrt: Ist diese Aussage richtig, hätten wir hier die Aussage eines Kreters, die wahr wäre. Dann aber würde die Aussage, dass *alle* Kreter lügen, eben nicht mehr stimmen, weil es ja mindestens die Aussage eines Kreters gibt, die richtig wäre. Man kann erwägen, ob Paulus diese Paradoxie hier, im Kontext der Kritik an Rhetorik und Schwätzerei (vgl. 1,10ff), mit Absicht aufnimmt und mit dem Kommentar «Dieses Zeugnis ist wahr» sogar ironisiert.

Wenn die Aussage stimmt, kann sie nicht stimmen; es gäbe ja mindestens eine Aussage eines Kreters, die nicht gelogen ist. Das ist eines der Paradoxa, in die die Pyrrhonische Skepsis gerne verwickelt, um die Grenzen der Erkenntnis und ihre Fehlbarkeit zu demonstrieren.[30]

28 Forschner: Stoa, 154, unter Verweis auf Plutarch: Stoic.rep. 1051 D–F.

29 Nach Clemens von Alexandrien (Stromata I. Buch, Kap. XIV, 59,2) und Hieronymus (Comm. in ep. ad Titum [VII, 706]) handelt es sich um den Dichter und berühmten Weisen Epimenides, der im 5. oder 6. Jahrhundert in Knossos auf Kreta und in Athen lebte, bereits Platon bekannt war (Nomoi 642d–e) und von dem antiken Philosophiegeschichtsschreiber Diogenes Laertios erwähnt wird (I, 110). Epimenides gehört in einem weiteren Sinne zu «vorsokratischen» Denkern, kann aber nicht zu den Vorsokratikern gezählt werden (gegen Wikipedia: https://de.wikipedia.org/wiki/Epimenides [28.01.2026]).

30 Als Lügner-Paradoxon oder auch als Paradoxon des Epimenides gewinnt Tit 1,12f und der Dichter Epimenides in der Neuzeit philosophische Prominenz, als ihn Bertrand Russell im Zusammenhang der Diskussion von Aussagen zitiert, die sich selbst aufheben, weil sie selbstbezüglich sind (Mathematical Logic as Based on the Theory of Types, in: American Journal of Mathematics 30 (1908), 222–262). – Zur Diskussion um die Auslegung der Bibelstelle vgl. die Zusammenfassung bei Lorenz Oberlinner: Der Titusbrief, Freiburg 1996, 38–42.

Immer wieder[31] und immer neu[32] wird der Einluss der Stoa auf das Neue Testament erwogen. Einerseits gibt es für Berührungen und Überschneidungen in den Aussagen zahlreiche Belege. Parallelen ergeben sich, wenn man etwa die Ethik der Haustafeln neben die stoische Zielsetzung einer sittlichen Lebensführung, die stoische Betonung des gemeinschaftlichen Lebens und die Mahnungen zur Einordnung und Unterordnung in ein kosmisches Ganzes setzt. Andererseits ist deren Validität im Hinblick auf eine Abhängigkeit des Früh- und Urchristentums von der Stoa fraglich – geht es doch um Aussagen, die eine sehr weite Verbreitung und teilweise nahezu allgemeine Akzeptanz fanden.

6. Quellenlage

In seiner Einführung bemerkt Hans Georg Gadamer, dass sich unter den römischen Philosophen vielleicht keiner aus der ersten Reihe befindet,[33] vergleichbar mit Sokrates, Platon oder Aristoteles. Er fügt aber hinzu, wir könnten es schlicht nicht beurteilen, weil uns weitgehend die Quellen fehlen, vor allem zur alten und mittleren Stoa, aber auch zu Epikur.

Von *Epikur* sind uns nur (Lehr-)«Briefe» erhalten. Für seine Position sind wir im Wesentlichen auf drei Quellen angewiesen: das umfangreiche Kapitel in der Philosophiegeschichte des im 3. Jh. n. Chr. lebenden Diogenes Laertios (DL),[34] das Lehrgedicht des Lukrez (* zwischen 99 und 94 v. Chr., † 55 v. Chr.), das sich explizit auf den verehrten Meister bezieht, und die fingierten Dialoge in den Werken des Cicero. Dazu kommen Zitate und Referate bei den Kirchenvätern. Wie zuverlässig sie sind, wie weit sie polemisch verzeichnet haben, können wir heute nur schwer bewerten.

Ähnlich schwierig ist die Lage hinsichtlich *Pyrrhon* von Elis. Er hat nichts Schriftliches hinterlassen. Für seine Lehre sind wir auf Timon von Phleius (* um 320 v. Chr., † um 230 v. Chr.) und vor allem auf Sextus Empiricus (Wirksamkeit in der 2. Hälfte des 2. Jh. n. Chr.) angewiesen. Diogenes Laertios widmet Pyrrhon in *Leben und Meinungen berühmter Philosophen* einen eigenen Abschnitt, in dem er sich aber, was Pyrrhons Aussagen betrifft, schon stark von Timon abhängig zeigt (vgl. IX, 11).

Anders, aber genauso komplex sieht die Quellenlage für die *Stoa* aus.[35] Viele Werke der mittleren und v. a. späten Stoa liegen heute noch – vielfach in preisgünstigen – Aus-

---

31 Vgl. das Standardwerk von Max Pohlanz: Die Stoa. Geschichte einer geistigen Bewegung, 2 Bde. (1948), Göttingen [7]1992.

32 Vgl. aktuell Troels Engberg-Pedersen: Paul in His Hellenistic Context» (1994), «Paul and the Stoics» (2000) und neuerdings «John and Philosophy» (2017).

33 Hans-Georg Gadamer (Hg.): Philosophisches Lesebuch Bd. 1., Frankfurt a. M. [2]2007, 184.

34 Sein wahrscheinlich in der Mitte des 3. Jh. n. Chr. entstandenes *Leben und Meinungen berühmter Philosophen* stellt eine der wichtigsten Quellen für die antike Philosophiegeschichte dar. Diogenes Laertios, vermutlich 180–240 n. Chr., behandelt 82 Persönlichkeiten, von denen größtenteils keine direkten Schriften erhalten sind. Er fasst zusammen, was er an biografischen Nachrichten hat, welche Werke ihm bekannt sind und reichert seine Darstellungen durch Anekdoten an. Der Quellenwert ist teilweise fraglich, aber eben oft exklusiv. Wichtig sind – etwa bei Epikur – die nur hier erhaltenen Texte wie Lehrbriefe und andere Materialien.

35 Zu den wissenschaftlichen Editionen vgl. Wolfgang Weinkauf (Hg.): Die Philosophie der Stoa. Ausgewählte Texte, Stuttgart 2019, 331ff; Forschner: Stoa, 271–280.

gaben vor. Ihre Verfasser waren von öffentlicher Bedeutung, etwa der Staatsphilosoph Seneca, Berater von Kaiser Nero, oder der Kaiser Mark Aurel. Ein weiterer Grund dafür, dass diese Werke nicht verloren gingen, liegt in ihrer teilweisen inhaltlichen Nähe zum Christentum, für das stoische Anschauungen eine Brücke in die Schicht der Gebildeten darstellten; ein weiterer, dass diese antike Lebens- und Krisenphilosophie in ihrer existenziellen Ausrichtung in immer neuen Epochen tröstlich und hilfreich schien. Schlecht ist die Quellenlage für die ältere Stoa. Hier sind wir – wie bei den Vorsokratikern – u.a. auf Fragmente[36] angewiesen, die sich bei anderen Autoren finden, die sich mit stoischen Positionen kritisch auseinandergesetzt haben. Ein weiteres Hilfsmittel ist auch für die Stoa die Philosophiegeschichte von Diogenes Laertios. Neben viel Biografischem und Anekdotischem fasst er auch Schriften zusammen, die ihm, aber nicht mehr uns vorliegen. Gewichtende Wertungen sind dabei wahrnehmbar. Epikur, den Diogenes sehr schätzt, wird im zweiten Band ein eigenes Buch mit 70 Seiten gewidmet; zum Vergleich: Aristoteles handelt er im ersten Band im ersten Kapitel des 5. Buches ab. Die Stoa, immerhin aus heutiger Sicht die einflussreichste philosophische Strömung der Antike, bezeichnet er als «Sekte» (VII, 39). Eine weitere Quelle, die auch hier wieder zu nennen ist, sind die verschiedenen Dialoge Ciceros, die freilich aufgrund des philosophischen Eigeninteresses des Verfassers immer auch kritisch daraufhin gelesen werden müssen, inwieweit sie Positionen verzeichnen. Nicht frei von Polemik sind schließlich auch die Werke des Neuplatonikers Plutarch (45–125 n.Chr.), v.a. seine Schrift *De Stoicorum Repugnantiis,* übersetzt etwa *Wo sich die Stoiker selbst widersprechen*[37]. Neben dieser Schrift gibt es noch acht weitere, von denen zwei noch erhalten sind,[38] in denen er der Stoa den Kampf ansagt und die von daher nur mit Vorsicht zu genießen sind.

Summarisch gilt: Von der mittleren und frühen Stoa wissen wir v.a. über ihre Rezipienten etwas. Für die späte Stoa ist die Quellenlage deutlich besser. Selbst für Epiktet, der mit Absicht nichts veröffentlichte und hinterließ, gibt es Quellen, in denen seine Schüler seine Positionen und Anregungen festgehalten haben.

7. Bewertung

Trotz oder vielleicht sogar wegen ihres Facettenreichtums wird die römisch-hellenistische Epoche der Philosophie immer wieder als epigonal und – verglichen mit der klassischen Antike – weniger bedeutend[39] angesehen. Sie ist dann die «als dekadent empfundene End-

36 Wissenschaftliche Benchmark sind die *Stoicorum Veterum Fragmenta,* zusammengestellt von Joannes von Arnim, drei Bände und ein Indexband, Leipzig 1903–1905; ND Stuttgart 1968, abgekürzt: SVF.

37 Ders.: Moralia XIII, 72: Über die Widersprüche der Stoiker, 1033–1057.

38 Vgl. ders.: Beweis, dass die Stoiker größere Ungereimtheiten behaupten als die Dichter, in: Moralia XIII, 1057–1058; ders.: Über die gemeinen Begriffe. Wider die Stoiker, in: Moralia XIII, 1058–1086.

39 Wilhelm Nestle bringt die Texte dieser Epoche unter dem bezeichnenden Titel «Nachsokratiker» heraus: ders. (Hg.): Die Nachsokratiker, 1. u. 2. Band. Philosophie des Hellenismus und der römischen Kaiserzeit, Jena 1923.

zeit der Antike»[40]. Als Gründe für diese Einschätzung werden genannt: (a) Die Philosophen dieser Zeit sind wenig produktiv und originell. Sie tradieren v. a. die vorhandenen Autoritäten. Wir stehen vor vielen Schulbildungen. Die oft lehrhafte Philosophie trage einen zuweilen dogmatischen Charakter. (b) Vorgeworfen wird diesen Denkern auch, sie konzentrierten sich zu sehr aufs Praktische, auf die Ethik, und vernachlässigten die philosophische, ontologische Reflexion. (c) Schließlich hat man vor allem daran Anstoß genommen, dass sich die Philosophie, vor allem im Neuplatonismus, immer mehr für die Religion öffnet, sich mit Religion vermischt und damit ihren streng philosophischen, rationalen Charakter verliert.[41]

Zu diesen Kritiken ist zu sagen, dass die verschiedenen philosophischen Schulen tatsächlich vorhandene autoritative Positionen aufnehmen. Sie denken sie aber, bezogen auf die besonderen Herausforderungen ihrer Zeit, kreativ und produktiv weiter. Dabei stehen zwar ethische Reflexionen mit dem Fokus auf ein gelingendes Leben im Vordergrund. Aber sowohl für Epikur wie auch für die Stoa ist kennzeichnend, dass die sich ergebenden Handlungsmaximen nicht ohne Wissen über die Welt und nur durch Bildung gewonnen werden können. Die Physik, die sich mit der «Natur» (griech. *physis*) beschäftigt, modern gesprochen: die Ontologie und Metaphysik, sind darum weiterhin Gegenstand philosophischen Nachdenkens. Die heutige Abwehr einer «Vermischung» von Philosophie und Religion ist ihrerseits Resultat einer bestimmten, nicht selbstverständlichen Position. Sie beruht auf der Voraussetzung einer strengen Trennbarkeit von Religion und Philosophie, die selbst diskussionsbedürftig ist. Wir sahen sowohl bei etlichen Vorsokratikern, wie auch bei Platon und Sokrates, dass hier die Grenzen nicht so gezogen werden, wie dies ein moderner Rationalismus tun möchte.

Schließlich spricht auch die gegenwärtige und schon länger anhaltende Rezeption, ja Renaissance aller drei Richtungen gegen die Minderwertigkeit der philosophischen Konzeptionen, auf die wir hier treffen. In vielem scheinen Epikureismus, Stoa und Skepsis aktueller als Sokrates, Platon und Aristoteles. Der Epikureismus mit seiner metaphysisch-religiösen Enthaltsamkeit und seiner Konzentration auf das gute Leben im Streben nach Lust und Vermeiden von Schmerz erlebt eine Wiedergeburt im adaptiv-pragmatischen Mindset, wie es die SINUS-Milieuforschung seit 2010 als dominant für die moderne Mitte unserer Gesellschaft beschreibt. Die v. a. späte Stoa wird bis hin zur Therapie in philosophischen Praxen gepriesen als Philosophie der Resilienz, die zum mentalen Überleben angesichts der polyvalenten Krisen der Gegenwart helfen kann. Die Pyrrhonische Skepsis wird nicht nur von einem der bekanntesten Philosophen der Gegenwart, dem konservativen Postmodernen Odo Marquard als Lebens-, Denk- und Orientierungshilfe propagiert. Sie ist auch Basis der einflussreichsten Wissenschaftstheorie des 20. Jh.: des Kritischen Rationalismus von Karl Popper.

---

40 Michael Erler: Einleitung, in: Michael Erler / Andreas Graeser (Hg.): Philosophen des Altertums. Von der Frühzeit bis zur Klassik. Eine Einführung, Darmstadt 2000, (1–15) 1.

41 Vgl. schon Walther Kranz: Griechische Philosophie, Leipzig 1941, ND Köln 2019, 317.

Fazit: eine Beschäftigung mit der römischen Philosophie ist gerade dann hilfreich, wenn es gilt, die heutige Zeit zu verstehen und effektiv zu kommunizieren.

II. Hauptströmungen: Das philosophische und religiöse Umfeld des ersten Christentums

Im Zusammenhang einer Einführung in die Philosophie für theologisch Interessierte und Engagierte kommt der römischen Philosophie eine besondere Bedeutung zu, befinden wir uns doch in einer Zeit, in der sich – theologisch und heilsgeschichtlich eingefügt in den Weinstock Israels (vgl. Röm 9–11) – das Christentum als eigenständige kulturelle Größe etabliert. Dabei spielen Abgrenzungsprozesse zwischen Juden, die christusgläubig und solchen, die nicht christusgläubig waren, eine Rolle und somit ursprünglich «innerjüdische» Differenzierungsprozesse, die zur Herausbildung von spezifisch christlicher Theologie und im Anschluss daran zu einer weitgehend heidenchristlichen Kirche führen. Neben diesen Vorgängen finden aber auch Auseinandersetzungen, Begegnungen, Rezeptionen und Abgrenzungen statt, die im engeren und weiteren Sinne «philosophischer», also mentaler, religiöser und kultureller Art sind.

Hier sind vor allem folgende Fragen interessant:

- Auf welche philosophischen und religiösen Strömungen trifft der junge Glaube an Jesus als den Messias – wobei wir noch einmal ausdrücklich festhalten müssen, dass diese moderne Unterscheidung für den vorliegenden Gegenstand künstlich und unangemessen ist. Abgesehen vielleicht von der durch und durch rationalen Pyrrhonischen Skepsis als Hardcore-Philosophie ist der Geist der Zeit religiös, oder er ist zumindest offen für Religion und Religiöses. Explizite fundamentale Religionskritik ist selten. Selbst ein Denker wie Epikur vermeidet sie und hütet sich davor, in den Dunst des Atheismus zu geraten. Positionen wie die seines Schülers Lukrez (geboren zu Beginn des letzten Jahrhunderts vor Christus, gestorben in dessen Mitte) sind gerade deshalb bemerkenswert, weil sie das Recht der Religion grundsätzlich bestreiten und den Aberglauben der Religion für gefährlich halten.[42] Die philosophische Hauptströmung der Zeit, die Stoa, hat ein metaphysisch-religiöses Fundament. «Theologie» ist ein integraler Bestandteil stoischer «Physik», also Naturkunde und Kosmologie. Bei allem Willen zu rationaler Durchdringung der Welt ist die Stoa offen für eine Integration durch Neuinterpretation der alten religiösen Mythen. Wir schauen auf all das mit der Frage: Was zeichnet da – inmitten alles dessen, was es ja schon gibt – das Denken der neuen Jesus-Gruppen aus?

---

42 Vgl. v. a. sein 7400 Verse umfassendes, freilich unvollendet gebliebenes lateinisches Lehrgedicht *De rerum natura*.

- Wie positioniert sich der Glaube an Jesus als den Retter der Welt in diesem heidnisch-hellenistischen Umfeld? Gibt es Anknüpfungen, wo entsteht Widerspruch? Interessiert sich urchristliche Verkündigung überhaupt für philosophische Positionen und Haltungen? Sind solche bekannt, etwa bei Paulus, für den man am ehesten eine solche Kompetenz unterstellen kann? Wie gehen die ersten Christen mit dem unglaublichen religiösen Pluralismus auch der damaligen Zeit um, der sich uns heute wieder eher erschließt – im Übergang zum Postchristentum[43] mit seiner bunten, multikulturellen und multireligiösen Erscheinungsweise, nach der Dominanz des Christentums über viele Jahrhunderte?[44]
- Vor allem: Wie kommt es, dass diese kleine Gruppe von Jesus-Anhängern, deren Angehörige schon sehr bald einem erheblichen Verfolgungsdruck ausgesetzt sind, nicht einfach im hellenistischen Synkretismus aufgeht, stattdessen innerhalb von drei Jahrhunderten zur beherrschenden Religion wird, die schließlich sogar den Kaiserkult als religiöses Fundament des Römischen Reichs der Kaiserzeit ablöst, zu Beginn des 4. Jahrhunderts geduldet, an seinem Ende beherrschend? Welche Faktoren tragen zu der explosionsartigen Ausbreitung des Glaubens ausgerechnet in einem so pluralistischen Umfeld bei? Antworten auf diese Fragen sind natürlich auch heute interessant, in einer Zeit, in der sich Christen und Kirchen in der westlichen Welt erneut in einem pluralistischen, auch multireligiösen Umfeld vorfinden.

Wir konzentrieren uns bei diesem Komplex von Fragen auf drei Themen:

1. den Neuplatonismus als die antike Religions-Philosophie schlechthin,
2. das hellenistische Pattern religiöser Überzeugungen, und schließlich auf die drei im engeren Sinne
3. philosophischen Hauptströmungen: Stoa, Epikureismus, Pyrrhonische Skepsis.

1. Neuplatonismus

Der Neuplatonismus ist eine dominante Strömung in der Philosophie der Spätantike.[45] Er ist weniger greifbar als präzise bestimmbare Position, sondern eher zu denken als ein breiter Strom, der sich aus vielen kleinen Flüssen speist und zwischen dem 3. und 6. Jahrhundert nach Christus anschlussfähig ist für religiöse Strömungen unterschiedlicher Art. Er spielt, auch wenn sich einzelne Vertreter dezidiert christentumskritisch äußern, eine entscheidende Rolle bei der Integration von zeitgenössischer Philosophie und Christentum.

---

43 Vgl. Stuart Murray: Post-Christendom. Church and Mission in a Strange New World, Carlisle ²2005.

44 Vgl. Heinzpeter Hempelmann: Nach der Zeit des Christentums. Warum Kirche von der Postmoderne profitieren kann und Konkurrenz das Geschäft belebt, Gießen 2009.

45 Vgl. als Überblick: Harald Seubert: Art. Neuplatonismus, in: ELThG², Bd. III, 2024, 932–934; Christian Tornau: Spätantike I: Neuplatonismus; Matthias Perkams: Spätantike II: Neuplatonismus, in: Christoph Horn / Jörn Müller / Joachim Söder (Hg.): Platon Handbuch. Leben – Werk – Wirkung, 2., aktual. und erw. Aufl., Stuttgart 2017, 421–430; 430–434 (ebd. Literatur!).

Vor allem über Augustinus wird er zu einem Interpretationsrahmen des christlichen Glaubens, dessen Wirkung bis ins Mittelalter und darüber hinaus reicht.

Gemeinsamer Bezugspunkt, der dieser Strömung den Namen «Neuplatonismus» gibt, und die Unterschiede sachlich zusammenbindet, ist die Philosophie Platons. Sie wird in vielfältiger Weise aufgenommen, mit anderen, v. a. religiösen Konzepten kombiniert und produktiv weitergedacht. Neuplatonismus ist dem Wortsinn nach «Religionsphilosophie»: «Der Logos räumte im späteren Altertum dem Mythos wieder das Feld, und der Glaube wurde mächtiger als das Streben nach wissenschaftlicher Erkenntnis. Zudem beschattet nun in steigendem Maße orientalischer Gedanke das Licht des hellenischen» (Walter Kranz[46]), der sich in der vorsokratischen Weltsicht und Naturphilosophie gegen den Mythos und die dominante religiöse Wirklichkeitsdeutung durchgesetzt hatte. Im Zusammenhang einer nicht hellenen, sondern hellenistischen, die Kulturen rund um das Mittelmeer und östlich von ihm zusammenführenden Vermischung «erhebt nun der Orient den Anspruch, die Quelle aller Philosophie zu sein»[47]. Philosophie und Religion lassen sich nicht trennen, ebenso wenig Logos und Mythos. Philosophisches Wissen hat soteriologische Qualität: Es heilt und rettet. Philosophie dient unmittelbar der Erlösung.[48]

Im Anschluss an Platon weiß der Neuplatonismus: Die entscheidende Wirklichkeit ist unsichtbar. Die Erkenntnis muss darum vom Sichtbaren, Vordergründigen fortschreiten zum Unsichtbaren; vom Materiellen zum Göttlichen; vom sinnlich Wahrnehmbaren zum Logoshaften, zur Weltseele, die den Kosmos zusammenhält. Auf die philosophischen Grundfragen der Epoche: *Wie wird aus dem Einen das Viele? Woher kommt das Viele? Worin findet es seine Einheit?* antwortet der Neuplatonismus mit dem Hinweis auf das Göttliche, das absolute Eine, das sich nicht einfach erkennen lässt, sich aber zu erkennen geben, offenbaren kann.

Neuplatonismus ist darum auch Mystik. Gott ist das Unsinnliche, das völlig Ungreifbare, Unanschauliche, das Absolute: «Durch reines Schweigen oder durch reine Gedanken über ihn verehren wir den Gott, der über allem ist», so Porphyrios[49] (232/3–304/5 n. Chr.), der bedeutende Schüler Plotins (204/5–270 n. Chr.), eines Hauptvertreters des Neuplatonismus. Von zentraler Bedeutung ist der Glaube an eine Einheit hinter allem Mannigfaltigen, einem Absoluten, das Quelle alles anderen ist. «Das All hier vor uns ist ein einziges Lebewesen.»[50]

Aber auch wenn letztlich alles eins ist, ist die Welt freilich gestuft. Die unterste Ebene bildet (1) die sinnlich wahrnehmbare Welt, die ein Geschöpf der (2) Weltseele ist, die sich als eigentlich form- und bestimmungslose Materie in die materielle Welt «einstrahlt». Die Weltseele wiederum ist Produkt des (3) Nous, des Gottesgeistes, platonisch gedacht als

---

46 Griechische Philosophie, Köln 2019, 317.

47 A. a. O., 319.

48 Vgl. die Belege bei Yong Jae Chang: Origenes: Über das Gebet. Studien zur Theologie und Frömmigkeit in der frühen Kirche, Diss. Fachbereich Evangelische Theologie, Marburg 2010, 48 ff.

49 Von der Enthaltsamkeit, 2, 34.

50 Plotin: Enneaden (= Enn) IV 4,32.

Gesamtheit aller Ideen, die geistige Urkräfte darstellen. Über dem Gottesgeist steht schließlich (4) das Ur-Erste, das Eine, dem sich alles andere verdankt. Es ist unerschöpfliche Quelle seiner selbst und alles anderen (Enn III 8,10). Es ist «das in Wahrheit Unaussprechliche», das nicht einfach vom Menschen erkannt werden kann. Denn es offenbart sich in mystischer Schau als das, was «weder ein Etwas, noch ein Wie-beschaffen noch ein Wie-groß noch Geist und Seele, auch nicht bewegt noch auch ruhend, nicht an einem Ort, nicht in der Zeit, sondern das absolut Einzigförmige oder noch besser: ohne Form, weil vor aller Form, vor Bewegung, vor Ruhe» (Enn VI 9,3) ist. Es befindet sich also jenseits aller uns Orientierung gebenden, Erkenntnis ermöglichenden Bestimmungen.

Der Weg zu ihm geht nur über die Läuterung, mit der der Einzelne das Sinnlich-materiell-Vorfindliche abstreift, das Ich ekstatisch aus sich heraustritt, ein anderer Mensch wird und – als Gnade – das Widerfahrnis einer Verschmelzung mit der Gottheit erfahren darf. Porphyrios berichtet, dass Plotin diese Gnade viermal widerfahren sei. Im 18. Jahrhundert sind Goethe wie auch Schelling stark durch Plotin beeinflusst.

Im Neuen Testament fällt die Nähe zu paulinischen Selbstbeschreibungen in 1Kor 2,9–16 und 2Kor 12,2–4 auf. Das bedeutet nicht, dass durch einen religionsgeschichtlichen Kurzschluss Urchristentum und Paulus auf Neuplatonismus zurückzuführen wären. Parallelen bedeuten ja als solche noch keine Abhängigkeit. Interessant ist aber, dass Paulus in Rechtfertigungsnot angesichts der Legitimationsanforderungen der korinthischen Gemeinde auf solche spirituellen Erfahrungen verweist, die in der hellenistisch-religiösen Anschauungswelt der Korinther Bedeutung haben mussten.

10 «Rühmen muss sein! Es nützt zwar nichts – trotzdem will ich auf Erscheinungen und Offenbarungen des Herrn zu sprechen kommen. Ich weiss von einem Menschen in Christus, der wurde vor vierzehn Jahren – ob im Leib, weiss ich nicht, ob ausserhalb des Leibes, weiss ich nicht, Gott weiss es – bis in den dritten Himmel entrückt. Und ich weiss von diesem Menschen, dass er – ob im Leib oder ausserhalb des Leibes, weiss ich nicht, Gott weiss es – ins Paradies entrückt wurde und unsagbare Worte hörte, die kein Mensch aussprechen darf.»
(Paulus: 2Kor 12,1–4)

Bei allen Unterschieden zwischen dem Hauptvertreter und Begründer des Neuplatonismus Plotin, dem seine Lehre systematisierenden Porphyrios und dem dem Neuplatonismus eine dezidiert religiöse Gestalt gebenden und ihn als Erlösungsangebot formatierenden Proklos (412–485) lassen sich Merkmale des Neuplatonismus benennen, die als Voraussetzungen der neuplatonischen Weltsicht auch über Augustinus hinaus im christlichen Denkraum wirksam geworden sind:

1. die Vorstellung eines hierarchisch gestuften und geordneten Seins, in dem das Niedrigere, Vielfältigere vom Höheren und höchsten Einfachen unterschieden werden muss, nach dem es gestaltet ist und auf das es ausgerichtet ist;
2. die Unterscheidung der geistigen, intelligiblen, unvergänglichen und eigentlichen Wirklichkeit, die transzendent (jenseits unserer Wirklichkeit) und Transzendenz ist, von der materiellen, sinnlich wahrnehmbaren, vergänglichen Welt, die von jener Welt getrennt ist, sich aber nach ihren Ursprüngen zurücksehnt und nach Teilhabe am ewigen Sein begehrt;

3. diese eigentliche, als göttlich apostrophierbare Wirklichkeit ist – so Proklos – dreifach gegliedert und bietet eine Rezeption in Analogie zur christlichen Trinitätslehre geradezu an.

Das Höchste ist also das nicht näher bestimmbare absolute Eine (griech. *hen*). Von diesem ist der Geist (griech. *nous*), der göttlich ist, zu unterscheiden, in dem sich die göttlichen Gedanken manifestieren. Die Welt geht in ihm aus Gott hervor. Die alles durchwirkende Welt-Seele ist das Bindeglied zur materiellen Welt, über die die Seele an der eigentlichen, intelligiblen, geistigen Welt teilhat.

Augustinus und an ihn anknüpfende Theologen fanden hier ein religiös wie philosophisch anerkanntes, dabei für Rezeption offenes Denken vor, an das sie konstruktiv, in Aufnahme, Abwehr und Weiterführung anknüpfen konnten. Die genannten metaphysischen Voraussetzungen sind zunächst (vgl. Abschnitt 2 zum hellenistischen Pattern) außerordentlich einflussreich; sie blieben und bleiben aber auch da und dann bestimmend, wo man sich von einem im engeren historischen Sinne neuplatonischen Konzept verabschiedet. Dazu gehört (1) die Unterscheidung von Transzendenz und Immanenz (materielle Welt), (2) die Unterscheidung von geistiger und materieller Sphäre, (3) die Werthierarchisierung von intelligibler als eigentlicher Welt und materieller Welt als der minderwertigen Wirklichkeit, (4) eine bei allem Auf- und Absteigen der Seele und Manifestieren göttlicher Gedanken doch statische Ontologie: die Weltwirklichkeit besitzt eine feste, durchstrukturierte Seinsordnung, (5) die Ausrichtung alles niederen, «geschöpflichen» auf das höchste, göttliche Sein, (6) die im Konzept angelegte Erlösung als Aufstieg der Seele und Partizipation an ihrem Ursprung.

Die dem Anspruch nach sich durchweg auf Platon beziehenden Überzeugungen haben die abendländische Philosophie- und Theologiegeschichte wesentlich geprägt, auch da und dann, wo man ihnen in Neuzeit und Moderne mit Skepsis begegnet; wo man etwa immer noch im Schema Immanenz – Transzendenz denkt, wenn man Transzendenz verneint und Immanenz verabsolutiert; wo man hinter der Vielfalt das Eine, alles Umfassende sucht, wie etwa im deutschen Idealismus; wo man, wie in den modernen Naturwissenschaften, «rein empirisch» verfahren will, den Geist aus der Materie vertreiben will, dabei aber doch immer noch in der alten Dichotomie von Geist und Materie verharrt. Die Postmoderne bleibt den genannten metaphysischen Voraussetzungen selbst dort noch verhaftet, wo sie sich aus dem als dem als einengend empfundenen Einheitsdenken befreien will, um ihm eine prinzipielle Vielfalt und Buntheit als das eigentlich Wahre, Authentische, Richtige, Normative entgegenzusetzen und der einen großen Wahrheit der Tradition die vielen kleinen individuellen Wahrheiten kontrastierend gegenüberzustellen.

2. Das hellenistische Pattern – spirituelle Stimmungen

2.1 Die Kennzeichen

Wie ist der Geist der Zeit «gestimmt»? Was ist seine Stimmung? Adolf von Harnack hat in seiner bahnbrechenden und nach wie vor nicht überbotenen Monografie «Die Mission und Ausbreitung des Christentums in den ersten drei Jahrhunderten»[51] ein Pattern der religiös bestimmenden Gedanken – er selbst spricht von «Stimmung»[52] – skizziert. Danach kennzeichnen den, auch religiös beeinflussten, auch orientalische Impulse aufnehmenden Hellenismus eine Reihe von Überzeugungen, die eine Art weit verbreitetes, wirksames, in vielen Formen und Variationen auftretendes Mindset bilden. Sie stellen den Kontext dar, in dem sich christlicher Glaube vorfindet, mit dem er sich auseinandersetzen muss und *in* dem wie dem *gegenüber* er sich auch bildet.

Wir gehen die wesentlichen von Harnack genannten Kennzeichen[53] durch und geben jeweils idealtypisch und kontrapunktisch an, wie Paulus und das NT sich positionieren. Die 11 Punkte, die Harnack nennt, sind nicht scharf voneinander zu trennen. Sie bilden ein Netz und Gewebe von einander teilweise bedingenden, zueinander anschlussfähigen v. a. spirituellen Überzeugungen. Deutlich sind neuplatonische und stoische Einflüsse.

«(1) *Die scharfe Teilung zwischen Seele (Geist) und Leib,* die mehr oder weniger exklusive Schätzung des Geistes und die Vorstellung, daß derselbe aus einer anderen höheren Welt stamme und ewiges Leben in sich trage oder doch zu ihm befähigt sei. Der damit gesetzte Individualismus.»

Charakteristisch ist die Wertschätzung der geistigen als der höheren Welt und der Seele als der alles durchdringenden Vermittlerinstanz zwischen dem Geistigen und der Alltagswelt des sinnlich Wahrnehmbaren. Resultat ist die Hoffnung und Erwartung, an dieser höheren Welt, aus der sich ja nur Spuren in mir finden, teilnehmen zu können.

«(2) *Die scharfe Teilung zwischen Gott und Welt* und die Zerstörung der naiven Vorstellung ihrer Zusammengehörigkeit und Einheit.»

Das im einfachen Volk angesichts der vielen Kriege und der weithin elenden Lebensverhältnisse wie bei den Intellektuellen und akademischen Müßiggängern angesichts der politischen Wirren und wirtschaftlichen Krisen verbreitete Gefühl des Niedergangs, zunehmender Unordnung und Unkontrollierbarkeit führt zu einem Empfinden metaphysischer Unbehaustheit. Gibt es einen geordneten Kosmos?

«(3) Als Folge der Teilungen: die *Sublimierung der Gottheit* via negationis et eminentiae: nun erst ist sie unfaßbar, unbeschreiblich, aber auch groß und gut; sie ist auch Urgrund aller Dinge, aber letzter, nur statuierter, nicht wirklich faßbarer.»

---

51 4., verb. Aufl. 1924.

52 A. a. O., 34.

53 A. a. O., 35 f.

Wenn die Wirklichkeit so krisenhaft und unwirtlich erfahren wird, wirkt sich das auch theologisch aus. Man muss Gott und Welt auseinandernehmen, damit er keinen Schaden nimmt und denkbar wie anrufbar bleibt. Gott zieht sich aus der erfahrbaren Wirklichkeit zurück. Das Glück der Götter als Beweisziel epikureischer Philosophie ist etwa nur zu denken, wenn wir sie uns ganz weit weg denken vom menschlichen Elend. Gott, die Götter – ja, aber nicht verwickelt in unsere menschlichen Verhältnisse.

Für die «Theologie», also das Reden über Gott und Götter, bleiben zwei Wege, die dem Sein der Götter angemessen zu sein scheinen: *via eminentiae,* also der Weg der unendlichen Steigerung der Eigenschaften, die wir Menschen uns selbst zuschreiben. Gottes Sein ist dann in Überhöhung der Existenz des Menschen als allmächtig, allwissend, allanwesend (überall gegenwärtig), allezeit (ewig) zu denken. Die Alternative ist die *via negationis,* der Weg der Verneinung: Gott ist dann als Gegenteil des Menschen zu denken. Was den Menschen auszeichnet, zeichnet Gottes Sein gerade nicht aus. Er ist un-endlich, un-sterblich, un-räumlich, un-sichtbar, un-vergänglich. Beide Weisen, theologisch zu reden, entfernen Gott dem Menschen. In beiden Konzepten ist Gott / das Göttliche unfassbar, fremd, weit weg.

(4) «[...] die *Erniedrigung der Welt,* die Erklärung, daß sie besser nicht wäre, daß sie aus einer Verfehlung entstanden sei, daß sie für den Geist die Hölle oder doch ein Gefängnis, im besten Fall ein Zuchthaus sei.»

Diese Welt ist ein Ort, aus dem man nur entfliehen möchte: spirituell, rituell, intellektuell. Es ist für das eigene Existenzempfinden negativ, dass man selbst Teil dieser Welt ist. Diese Welt ist defizitär und auch nicht zu verbessern. Religiöse Mythen «erklären» das aus einem verfehlten Ursprung. Der herkömmliche intellektuelle Halt verliert an Plausibilität. Weder die klassischen griechischen Ansätze noch etwa die rationalen stoischen Bemühungen, die Ordnungen des Kosmos zu erkennen und zu durchdringen, sind den Erfahrungen der Unsicherheit, der Gefährdung sozialer wie mentaler Ermüdung gewachsen.

(5) «Die Überzeugung, *daß die Verbindung mit dem Fleische,* ‹diesem befleckten Rock›, *für den Geist erniedrigend und verunreinigend sei,* ja daß er zerfallen müsse, wenn die Verbindung nicht gelöst oder ihr nicht die Macht genommen wird.»

Erlösung kann es nicht im Leib, sondern nur vom Leib geben.

(6) «Die *Sehnsucht nach Erlösung* als Erlösung von den bösen Weltgeistern, der Welt, dem Fleische, der Endlichkeit und *dem Tode.*»

Die Stimmung der Zeit ist religiös. Sie sehnt sich nach Erlösung, Befreiung von der eigenen, leiblichen Existenzweise, vom Körper, der Teil dieser gefallenen, niedrigen Welt ist; nach Auflösung des Einzelnen, das keinen Bestand hat, in dem Einen, das Alles umfasst.

«(7) Die Überzeugung, daß alle Erlösung Erlösung zum ewigen Leben ist, daß sie aber gebunden ist *an Erkenntnis und Entsühnung:* nur die erkennende (die sich selbst, die Gottheit und das Seiende in seinem Sein und Wert erkennende) und die reine (entsühnte) Seele kann errettet werden.»

11 

Gnosis: «1. Die Annahme eines vollkommen jenseitigen, fernen obersten Gottes; 2. dessen Aufspaltung in mehrere göttliche Figuren, die dem Menschen näher sind als der oberste Gott; 3. die Einschätzung von Welt und Materie als böse sowie die Erfahrung der Fremdheit in ihr; 4. die Einführung eines speziellen dummen oder bösen Schöpfergottes (Demiurg); 5. die Erklärung des gegenwärtigen Weltzustands durch ein mythologisches Drama: Ein Element des Göttlichen fällt in die böse materielle Welt, schlummert als Funke im Menschen, kann daraus aber befreit und zur Rückkehr in seinen Ursprung bewegt werden; 6. die Erkenntnis über diese Erlösungsmöglichkeit wird nur durch eine jenseitige Erlöser-Gestalt vermittelt, die aus einer oberen Sphäre herab und wieder hinauf steigt; 7. die Erlösung geschieht durch die Erkenntnis des Menschen, dass Gott (als schlummernder Funke) in ihm ist; 8. eine Tendenz zum Dualismus. Sie prägt sich in der Entgegensetzung von Geist und Materie und in der Anthropologie aus.»
(Ausprägung eines typologischen Modells der Gnosis nach Christoph Markschies: Die Gnosis, München [4]2018, 25f, in der Zusammenfassung von Andreas Heiser, in: Art. Gnosis/Gnostizismus, in: ELThG[2], Holzgerlingen 2019, [680–684] 681)

«(8) *Die Gewißheit, daß sich die Erlösung der Seele als Rückkehr zu Gott ebenso stufenweise vollzieht,* wie sich einst die Trennung der Seele von Gott stufenweise vollzogen hat, bis sie in dies Jammertal gelangt ist. Alle Belehrung über die Erlösung ist daher Belehrung über ‹die Rückkehr und den Weg›, und der Vollzug der Erlösung ist nichts anderes als stufenweiser Aufstieg.»

Harnack erfasst hier Grundüberzeugungen der sogenannten Gnosis[54] (von griech. *gnosis,* Erkenntnis). Eine immer unübersichtlicher erscheinende Welt, deren Ordnungen sich immer mehr aufzulösen scheinen und die immer weniger begreifbar sind, führen zu Verunsicherung, Entfremdung, Misstrauen, dass die common sense-Konzepte dieser Wirklichkeit gewachsen sind. Sie machen umgekehrt offen für einen theoretischen Universalschlüssel, der erklärt, was sich dem analysierenden Intellekt und gesunden Men-

54 Unter dem Einfluss der sogenannten religionsgeschichtlichen Schule hat ein dominanter Teil der neutestamentlichen Wissenschaft lange die Überzeugung vertreten, die neutestamentliche Botschaft, v. a. die Theologie der Johannes-Schriften, aber auch der späten, teilweise für unecht gehaltenen Paulusbriefe hätten wesentliche Überzeugungen aus einer schon vorchristlich existierenden, heidnischen Gnosis übernommen. Das Neue Testament, so vor allem Rudolf Bultmann und seine Schule, sei deshalb ein Dokument des antiken Synkretismus (vgl. v. a. ders.: Das Urchristentum im Rahmen der antiken Religionen [1962], Hamburg 1965; 3. Aufl. 2000). Andreas Heiser fasst dagegen den heutigen Stand der Forschung zusammen: Auch wenn «ausgebildete gnost. Systeme [...] für die Zeit des NT nicht vorausgesetzt werden» können, «lassen sich [...] einzelne Motive des typologischen Modells in spezifischer Brechung benennen.» (Andreas Heiser, in: Art. Gnosis/Gnostizismus, in: ELThG[2], Holzgerlingen 2019, [680–684] 681) Religionsgeschichtlich hat sich die These durchgesetzt, dass nicht das Neue Testament Stoffe vorchristlicher Gnosis übernommen hat (Hans Jonas, Bultmann), dass vielmehr spätere nichtchristliche gnostische Systeme auf dem Christentum aufbauen und sich von ihm wegentwickelt haben. Gnosis als ausgebautes, systematisch entwickeltes System ist also späterer Natur. «Gnostische» Überzeugungen gab es dagegen schon länger.

schenverstand immer weniger erschließt. Gnostisches Geheim-Wissen ist attraktiv. Es gibt Sicherheit im Hinblick auf die Wahrheit, die ich nun besitze, und schenkt zugleich ein Bewusstsein der Überlegenheit.

«(9) Der freilich unsichere Glaube, *daß die erhoffte Erlösung, bzw. der Erlöser schon vorhanden sei* und nur aufgesucht werden müsse – vorhanden entweder in einem alten Kult [...] oder in einem Mysterium, das allgemeiner zugänglich gemacht werden müsse, oder in einer Persönlichkeit, deren Kraft und Gebot man zu folgen habe, oder in dem Geiste selber, wenn er sich nur auf sich besinne.»

Die Stimmung der Zeit zeigt v. a. zwei Charakteristika: Materielle Not, moralischer Niedergang auch der Eliten, ständige militärische Auseinandersetzungen, offenbares Zerbrechen der tragenden traditionellen Ordnungen führen zu einem alle Schichten der Bevölkerung erfassenden Gefühl tiefer Verunsicherung und nachfolgend der Angst[55]. Dem korrespondierte die Hoffnung nicht nur auf Besserung, sondern die Erwartung von Erlösung. Diese wurde freilich gerade dadurch wieder geschwächt, dass die persönlich geteilte Hoffnung «der freilich unsichere Glaube» ist: Er kann ja nicht sicher und verlässlich sein angesichts einer solchen Vielzahl unterschiedlicher Erwartungen.

«(10) Die Überzeugung, *daß alle erlösenden Mittel sich* zwar der Erkenntnis bedienen sollen, aber sich nicht in ihr erschöpfen können, vielmehr *letztlich eine wirkliche göttliche Kraft real zuführen und übertragen müssen*».

Gnosis, die wissende Tätigkeit des Geistes, reicht nicht. Es braucht die spirituelle Begegnung, die meinen Geist überwältigt, wirklich erlöst und «ihn durch den mystischen Exzeß aus dem Gefängnis, der Endlichkeit und der Sünde» herausführt.[56] Es braucht die Erfahrung, die sich vollziehen kann im Kult, in der Weihe, im mystischen Eintauchen ins Mysterium.

«(11) Die in dem allen enthaltene, ja ihm zugrunde liegende Einsicht, daß *Welterkenntnis, Religion und strenge hierarchische Disziplinierung des individuellen Lebens* eine geschlossene Einheit bilden müssen – eine exklusive Einheit, die mit Staat, Gesellschaft, Familien- und Berufsordnung nichts zu tun hat und sich daher in Bezug auf alle diese Gebiete *negierend,* d. h. als *Askese* verhalten muß.»

Religion ist zwar Privatsache, aber eine überaus ernste Sache. Sie gelingt, wenn sie zur Erlösung führen soll, nur durch eine andauernde disziplinierte, alle Bereiche des Lebens einbeziehende oder zur Not – falls sie hinderlich sind – auch abstoßende individuelle Kraftanstrengung.

55 Vgl. die Monografie von Eric Robertson Dodds mit dem bezeichnenden Titel *Heiden und Christen in einem Zeitalter der Angst. Aspekte religiöser Erfahrung von Mark Aurel bis Konstantin* (engl. Cambridge 1965, Frankfurt a. M. 1985, [suhrkamp taschenbuch wissenschaft 1024] 1992).

56 Harnack: Mission, 36.

2.2 Aufgaben

1. Charakterisieren Sie das religiös-weltanschauliche hellenistische Umfeld, in das der Glaube an den Messias Jesus, den Christus hineinkommt!
2. Wo finden sich Bezugnahmen auf das religiös-weltanschauliche Pattern im Neuen Testament?
3. Wo bestehen Berührungspunkte und Übereinstimmungen mit diesem hellenistischen Pattern?
4. Welche Positionen setzt das frühe Christentum dagegen?

3. Stoa

3.1 Einführung

«Die Stoa» ist keine philosophische Position; sie gleicht eher einem breiten Strom, der sich über fünf Jahrhunderte hinzieht, unterschiedliche Quellen hat, sich mit anderen Flüssen vermischt und aus dessen Wasser wir sogar heute noch trinken. Wir treffen auf Denker aus den unterschiedlichsten sozialen Schichten: vom entlassenen phrygischen Sklaven Epiktet bis hin zum Kaiser Mark Aurel, und auf eine dementsprechende thematische Breite. Die Stoa stellt die philosophische Strömung dar, «die zur bedeutendsten der hellenistischen Zeit werden sollte»[57] und die vor allem unter den Gebildeten einen immensen Einfluss hatte. Es gibt manche Gemeinsamkeiten mit der Pyrrhonischen Skepsis und der epikureischen Schule, vom Neuplatonismus und – vor allem in der frühen Stoa – den Vorsokratikern ganz abgesehen. Es lassen sich aber auch tiefe Gegensätze benennen, die der neuen Richtung ihr spezifisches Profil geben.

Auf Grund mancher Berührungen und Überschneidungen in den Aussagen von Stoa und NT kann man vermuten, dass die Stoa auch eine inhaltliche Brücke für den christlichen Glauben in die Welt der Gebildeten dargestellt hat. Mindestens einiges von dem, was in dieser fremden, ungewohnten und abgestoßenen Religion begegnete, kam bekannt vor: die Rede von einem die Welt ordnenden Gott, die Vorstellung von der «Natur», dem Natürlichen, von einem dem Menschen innewohnenden Gewissen, von – allen! – Menschen als Kindern eines Gottes, von einer die Welt und die Ethik strukturierenden Ordnung usw. Viele stoische Elemente haben dann die Gestalt christlichen Glaubens weiter sehr stark geprägt. Kritisch zu prüfen bleibt, ob das, was so ähnlich klingt, sich auch sachlich deckt oder nicht von gänzlich anderen Hintergründen her jeweils ganz anders verstanden werden muss. Auch wenn es Anknüpfungspunkte gibt, wie schon allein die Areopag-Rede des Paulus deutlich zeigt, muss die kritische Frage lauten: Wo hat nicht die Begegnung mit der Stoa die Weichen für Theologie und Kirche so gestellt, dass es zu Verfremdungen von der ursprünglichen Botschaft Jesu gekommen ist.

---

57 Maximilian Forschner: Die Philosophie der Stoa. Logik, Physik und Ethik, Darmstadt 2018.

3.1.1 Geschichte[58] und Hauptvertreter

Wir unterscheiden mehrere Phasen: die «alte» und die mittlere Stoa und die Stoa der Kaiserzeit. Die alte Stoa erstreckt sich etwa von 300–150 v. Chr., beginnt also fast zeitgleich mit der hellenistischen Epoche.

Überblickstabelle

Ältere oder alte Stoa ca. 300–150 v. Chr.	Zenon von Kition	335 – ca. 262/261 v. Chr.	Schulgründer Schulgründung 300 v. Chr.
	Kleanthes von Assos	308 – vermutlich 232 v. Chr.	2. Schulhaupt Verfasser des Zeus-Hymnus
	Chrysippus aus Soloi	282 v. Chr. – 209/204 v. Chr.	3. Schulhaupt 232–204 v. Chr.
	Zenon aus Tarsus	3.+2. Jh. v. Chr.	4. Schulhaupt
	Diogenes aus Babylon	* nach 240 v. Chr. † vor 150 v. Chr.	5. Schulhaupt
	Antipater aus Tarsos	† 129 v. Chr.	6. Schulhaupt
Mittlere Stoa ca. 150 v. Chr. – bis zur Zeitenwende	Panaitios aus Rhodos	* um 185–180 v. Chr. † ca. 100 v. Chr.	7. Schulhaupt nach 129 n. Chr.
	Poseidonios aus Apamcia	* um 135 v. Chr. † um 51 v. Chr.	
Späte Stoa / Stoa der Kaiserzeit um 50–180 n. Chr.	Lucius Annaes Seneca	* um 0/1 n. Chr. † 65 n. Chr.	Berater Neros
	Epiktet	* 50/60 n. Chr. † 120/140 n. Chr.	Freigelassener Sklave
	Mark Aurel	121–180 n. Chr.	Römischer Kaiser

Im Gegensatz zu manchen Internetquellen und Lexikonartikeln, die im Netz zu finden sind, verzichten wir hier auf Angaben, die ein sicheres Wissen suggerieren, und notieren fixe Jahreszahlen nur dort, wo sie dem Konsens der Forschung entsprechen. In den anderen Fällen fehlt eine Angabe oder wird ein Zeitraum genannt.

58 Wer einen Überblick will, greife zu Wolfgang Weinkauf: Die Geschichte der Stoa, in: Die Philosophie der Stoa. Ausgewählte Texte, hg. von Wolfgang Weinkauf, Stuttgart 2021, 9–50, oder zu Forschner: Stoa, 14–30.

Alte Stoa: Zenon – Kleanthes – Chrysippus und weitere

Als eigentlicher Begründer der Stoa gilt der aus Kition auf Zypern stammende *Zenon* (* 335 v. Chr., † ca. 262/261 v. Chr.). Es gibt eine Reihe von Anekdoten über ihn, vor allem von Diogenes Laertios überliefert, aber nicht sehr viele sichere Informationen. 315 v. Chr. überlebt er bei Piräus einen Schiffbruch, geht nach Athen, schließt sich dort einem Kyniker an und später dem ihn v. a. prägenden Krates. Nachdem er 20 Jahre bei ihm gehört hat, gründet er schließlich in Athen eine eigene Schule. Er verarbeitet verschiedene, unter anderem kynische Gedanken[59] zu einer eigenständigen Philosophie. Im Rückblick auf diese Zeit soll er über das gefährliche Unglück auf See gesagt haben: «Das ist doch nun eine glückliche Fahrt gewesen, als ich Schiffbruch erlitt.»[60] Die stoische Philosophie, als deren Begründer er später gilt,[61] erwächst aus einer Reflexion des eigenen Lebenslaufs und dem Versuch, ihn in befriedigender Weise zu verarbeiten.

Zenons Themen sind Naturphilosophie, Ethik und auch Logik. Bekannt für seinen angenehmen Umgang, sein vorbildliches, sparsames und enthaltsames Leben sowie seine Schlagfertigkeit sammelt er rasch eine große Schar von Schülern um sich und genießt Ansehen bis in die höchsten Kreise, u. a. wegen seiner moralischen Wirkung auf die Jugend.

Sein durch Bescheidenheit, ja asketische Züge geprägter persönlicher Lebensstil verdeutlicht die Ideale seiner Philosophie. Sprichwörtlich wird die Sentenz «Enthaltsamer als der Philosoph Zenon»[62]. Eine Reihe von staatlichen, öffentlichen Ehrungen belegen sein hohes Ansehen. Nach seinem Tod verleihen die Athener ihm einen goldenen Kranz und errichten ihm eine kupferne Statue.

12 

«Sein Tod erfolgte auf folgende Weise: Beim Heraustreten aus der Schule stolperte er, zerbrach sich die Finger und schlug mit der Hand auf die Erde mit den Worten aus der Niobe (des Aischylos): *Schon komme ich, was rufst du mich?»* (DL, Leben und Meinungen berühmter Philosophen, VII, 28)

Verschiedene Überlieferungen weisen darauf hin, dass Zenon die nach einem langen gesunden Leben eintretende körperliche Hinfälligkeit als «Zeichen Gottes»[63] verstanden haben und seinem Leben selbst ein Ende gesetzt haben soll.

Die Schüler Zenons werden zunächst Zenoneer genannt. Da sie sich aber in einer Säulenhalle (griech. *stoa poikile,* dem Ort der Lehrtätigkeit Zenons) versammeln, bekommt die Schule den Namen Stoa.

Kleanthes aus Assos (308–232 v. Chr.)[64] ist der zweite Schulleiter nach dem Gründer Zenon. Er stammt aus ärmlichen Verhältnissen. Der Überlieferung nach hat er sich zunächst als Faustkämpfer den Lebensunterhalt verdient, dann später in harter Nachtarbeit sein Studium finanziert. Er bleibt den Traditionen Zenons treu und verteidigt dessen Lehren gegen Gegner innerhalb und außerhalb der Schule. Nach-

59 Erkennbar sind etwa das Streben nach einem naturgemäßen, bescheidenen und besonnenen Leben.

60 DL, Leben und Meinungen berühmter Philosophen, VII, 4.

61 A. a. O., VII, 38.

62 A. a. O., VII, 27 f.

63 Forschner, 16.

64 So mit Forschner: Stoa, 16 f.

gesagt wird ihm eine gewisse mentale Schwerfälligkeit,[65] die es ihm vermutlich nicht leicht gemacht hat, neben den beiden anderen bekannten Schülern des Zenon, Arkesilaos und Ariston, zu bestehen und sich als neues Schulhaupt durchzusetzen. Kleanthes ließ es sich sogar «gefallen, Esel genannt zu werden, indem er sagte, er allein sei imstande, das Lastgut des Zenon zu tragen»[66]. Inhaltliche Akzente setzt er durch die Rezeption der Gedanken Heraklits und die Abwehr der revolutionären Position Aristarchs, die Erde drehe sich um die Sonne. Wirkungsgeschichtlich ist der Zeushymnus relevant, in dem Kleanthes Physik, also Naturerkenntnis, Theologie und Ethik exemplarisch verbindet. Wir dokumentieren ihn als Schlüsseltext der Stoa.

Von *Chrysippus* aus Soloi (* 282 v. Chr., † 209/204 v. Chr.) wird überliefert, dass er zunächst Langstreckenläufer gewesen ist, bevor er sich der Philosophie in verschiedenen Spielarten zuwandte. Dem soliden, eher behäbigen Kleanthes folgt als nunmehr drittes Schulhaupt ein intellektuell blitzender Geist, der es in späteren Jahren auch bedauern kann, dass er seinem Lehrer das Leben so schwer gemacht hat.[67] Als glänzender Dialektiker lotet er die Grenzen des Denkens und Erkennens aus.

 13

Kostproben der Dialektik Chrysippus': «Was nicht in der Stadt ist, ist auch nicht im Hause; nun ist kein Brunnen in der Stadt, also auch nicht im Hause.» – «Es gibt einen Kopf, du hast ihn aber nicht; aber es gibt doch einen Kopf (den du nicht hast). Also hast du keinen Kopf.» (DL, Leben und Meinungen berühmter Philosophen, VII, 186) Rhetorische Argumentationsfiguren regen dazu an, die Logik von Schlussfolgerungen («also») näher zu untersuchen. Bei diesen Beispielen kommt es darauf an, die Ausgangsbegriffe zu unterscheiden und für jeden Satz zu fragen, was jeweils gemeint ist (Semantik).

Nachdem er zuerst skeptische Positionen verteidigt hatte, wird er später zum Verteidiger der Stoa. Das trägt ihm in der Philosophenszene das Bonmot ein: «Ohne den Chrysipp gäb's auch die Stoa nicht.»[68] Chrysippus ist ein begabter, gerühmter Lehrer, von 60 Schülern ist die Rede. 30 Jahre ist er Oberhaupt der Schule. Er ist ein Vielschreiber, bis zu 500 Zeilen soll er pro Tag verfasst haben – eine plausible Angabe, wenn Diogenes überliefert, er habe insgesamt 705 Bücher verfasst, die er mit Titeln aufführt. Darunter sind allein 300 Titel zur Logik. Chrysippus entwickelt sie in einer Weise weiter, die bis ins 20. Jh. Bestand hat. Kein einziges dieser Bücher/Schriftrollen ist uns allerdings erhalten. Chrysippus ist ein zugleich kreativer wie systematischer Kopf. Durch die gewaltige Schaffenskraft und mit dieser enormen literarischen Produktion systematisiert er die vorhandenen Traditionen und gibt ihnen eine Gestalt, in der man sie zugleich weitergeben, wie auch rechtfertigen kann. Der Fortbestand der Stoa und ihre Etablierung, im Laufe derer sie die einflussreichste philosophische Strömung der Antike wird, ist ganz wesentlich Chrysippus zu verdanken.

65 DL, Leben und Meinungen berühmter Philosophen, VII, 168–176.

66 A. a. O., 170.

67 A. a. O., 179.

68 A. a. O., 183.

Nachfolger Chrysippus' in der Schulleitung ist zunächst ein weiterer, mit dem Schulgründer nicht zu verwechselnder *Zenon* (aus *Tarsos!*), von dem wir nicht viel wissen. Diogenes bemerkt von ihm lediglich, dass er ein Schüler Chrysippus' gewesen sei, «nur einige wenige Bücher geschrieben, aber sehr zahlreiche Schüler hinterlassen» habe.[69]

Diogenes aus Babylon ist Nachfolger des Zenon aus Tarsos. Er hat die Schule v. a. gegen Angriffe aus den Schulen Platons und Aristoteles' verteidigt. Dass das nötig wird, zeigt, dass die Stoa als Konkurrenz, als Schule, wahrgenommen wird und nun Tendenzen zur Verschulung zeigt. Wahlspruch der Schule ist «vernünftig entscheiden in der Wahl des Naturgemäßen»[70]. Die Nachfolger Chrysippus', der die Grundlagen geschaffen hat, konzentrieren sich auf die Weitergabe, Verteidigung und das Weiterdenken seiner Lehrbildungen.

Antipater von Tarsos († 129 v. Chr.) folgt Diogenes in der Leitung der Schule. Bekannt wird er v. a. als Gegenspieler und Kontrahent des Skeptikers Karneades, dem er in ausgefeilten schriftlichen Erwiderungen entgegentritt. Seine Schwerpunkte sind Dialektik, als Teilgebiet der Logik, und Ethik. Auch hier versucht er, den stoischen Ansatz beim Naturgemäßen als dem Guten und eigentlichen Lebensziel gegen skeptische Einwände zu verteidigen. Diese wenden sich – das liegt nahe – gegen die These, man könne die Natur und das Naturgemäße sicher erkennen.

Mittlere Stoa: Panaitios und Poseidonios

Für die mittlere Stoa sind maßgebend Panaitios aus Rhodos und Poseidonios aus Apameia.

Panaitios

Panaitios (* zw. 185 und 180 v. Chr., †?) ist v. a. über Vermittlungen seiner Gedanken durch Dritte wirksam geworden. Wir verfügen weder über Bücher von ihm noch auch nur über Verzeichnisse derselben. Panaitios stammt aus einer vornehmen, wohlhabenden, politisch einflussreichen Familie. Nach der Übersiedlung nach Rom pflegt er intensive Kontakte zu den Bildungs- und Führungseliten, u. a. zu Scipio, der ihn als persönlicher Berater auf Reisen mitnimmt. Panaitios hat großen Einfluss auf die republikanische Aristokratie. Seine Wirkung auf Cicero, der ihn in außerordentlicher Weise würdigt, geht so weit, dass es bei bestimmten Schriften Ciceros schwierig ist, zwischen dessen eigenem Denken und den Anteilen von Panaitios zu unterscheiden. Wer also Cicero liest, trifft auf Panaitios. Sein Einfluss auf Cicero macht dessen Spätwerk *De officiis* (Vom pflichtgemäßen Handeln; entstanden ca. 45 v. Chr.) zu der einflussreichsten, stoisch bestimmten Moralphilosophie der Antike. Da Cicero von immenser Bedeutung für die Kirchenväter, das Mittelalter, Renaissance und Aufklärung ist, wirkt Panaitios über die staatstheoretischen, politischen und ethischen Schriften mittelbar auf grundlegende Anschauungen der westlichen Kultur ein.

---

69 A. a. O., VII, 35.

70 Belege bei SVF, III, 219,44.

Poseidonios

Aus der mittleren Epoche der Stoa sticht als zweite Persönlichkeit Poseidonios aus Apameia (in Syrien) hervor. Er lebte von 135 bis ca. 50 v. Chr. Auch von ihm sind uns keine Schriften oder auch nur Schriftenverzeichnisse überliefert. Auch von ihm gilt freilich, dass er durch die Werke berühmter Rezipienten wie Cicero, Livius, Philon, Vergil, Plotin, Strabon u. a. wirksam geworden ist. Poseidonios gilt als einer der wohl gelehrtesten Philosophen seiner Zeit und als derjenige stoische Denker, der sich am umfassendsten wissenschaftlich betätigt hat. Zu seinen Forschungsgebieten gehören u. a. Geologie und Mineralogie, Geografie und Klima-Kunde, Meteorologie und Astronomie, aber auch Biologie und Geschichtsschreibung. Einen besonderen Schwerpunkt bildet die Psychologie, speziell die Affektenlehre. Poseidonios geht der Frage nach: Wenn es doch eigentlich vernünftig wäre, vernünftig zu handeln, woher kommt es dann, dass Menschen nicht der Vernunft gehorchen, sondern ihren Gefühlen folgen?

Der Rang von Poseidonios als originellem Denker ist umstritten. Konsens ist seine Leistung als Organisator und Systematiker wissenschaftlichen Wissens. Einen speziellen Schwerpunkt bildet die von ihm gepflegte Ursachenforschung. Mehr als seine vorsokratischen und stoischen Vorgänger fragt Poseidonios nach der kausalen Einbindung beobachtbarer Phänomene in ein umfassendes Ursache-Wirkungs-Netz. Die ganze Welt ist ein einziger Organismus, der Mensch ein Teil der Natur. Der Ursachenforscher Poseidonios macht sich etwa Gedanken über die Größe und Entfernung der Sonne und des Mondes und führt die beobachtbaren Phänomene von Ebbe und Flut auf die Bewegungen des Mondes zurück. Poseidonios wendet sich wieder stärker der Naturphilosophie zu, insofern er Philosophie als Erklärung der Phänomene aus ersten Prinzipien und sicheren Axiomen mit dem integriert, was die Empirie als zufälliges und einzelnes Phänomen wahrzunehmen erlaubt. Da Poseidonios im universalen kausalen Netz die göttliche Vernunft, das *fatum,* wirken sah, meinte er auch, über die beobachtbaren Sachverhalte als Zeichen der Götter, die diese bewirkt haben, deren Willen vorhersagen zu können.

Die späte Stoa der Kaiserzeit

Die sogenannte späte Stoa ist die Stoa der römischen Kaiserzeit. Es sind vor allem ihre Vertreter, die uns bekannt sind und die bis heute gelesen werden: allen voran Seneca, Epiktet, aber auch Mark Aurel. Ihre bis heute anhaltende Popularität ist nicht in der wissenschaftlichen Qualität oder philosophischen Innovationsfreude begründet. Es sind vor allem vier Faktoren, die eine Rolle spielen:

1. Diese Philosophie ist leicht zugänglich, auch ohne philosophische oder wissenschaftliche Vorbildung.
2. Sie ist Lebensphilosophie, etwas abschätzig formuliert «Lebenshilfeliteratur»[71], extrem praxisbezogen, alltagstauglich und – v. a. in Krisen- und Notzeiten – ein echter Wegweiser.

71 Weinkauf: Stoa, 24.

3. Umgekehrt fehlen – von Ausnahmen abgesehen – eben genau die anspruchsvolleren Themen und wissenschaftlich-philosophischen Auseinandersetzungen, die eine Lektüre anstrengend machen könnten.
4. Schließlich gibt es eine Reihe von – mindestens oberflächlichen – Parallelen zwischen stoischer und christlicher Ethik. Sie lassen die Aufnahme und Übernahme stoischen Gedankenguts auch dann noch möglich erscheinen, als das Christentum zur beherrschenden kulturellen Macht geworden ist und die Abkehr vom Heidentum gebietet.

Dass die späte Stoa eine solche bis heute anhaltende Breitenwirkung entfaltet, ist sicherlich auch darin begründet, dass sie nicht nur hehre, kaum erreichbare Ideale formuliert. Sie zielt ab auf praktikable, erreichbare Veränderung der eigenen Haltungen. Philosophie wird zum Projekt der Lebens-Weise.

Seneca

Seneca (ca. 4. v. Chr. – 65 n. Chr.) stammt aus einer adeligen spanischen Familie. Zur Ausbildung kommt er nach Rom. Nachdem er von Agrippina, der Mutter Neros, zum Prinzenerzieher bestellt worden ist, ihn rhetorisch ausgebildet, seine Reden geschrieben und ihn schon in der Öffentlichkeit begleitet hat, wird er mit der Inthronisierung Neros zum kaiserlichen Rat; er exekutiert Regierungsgeschäfte und wird überaus mächtig und reich. Als 65 n. Chr. eine Verschwörung gegen Nero aufgedeckt wird, bezichtigt einer der Beteiligten Seneca der Mitwisserschaft. Seneca tötet sich auf den Befehl des Kaisers hin selbst.

14 

Zum Ansatz einer *Philosophie der Zeitenwende* im dreifachen Sinne: christlich, geschichtlich und existenziell:
«Die altrömischen Tugenden, die Augustus noch zu bewahren sich bemüht hatte, wurden als Leitlinien des Lebens immer wirkungsloser. Genusssucht und leere Beschäftigungen, die nur der Zerstreuung dienten, die politischen Verhältnisse, in die ja auch Seneca verstrickt war, das innere Unbefriedigtsein, die allgemeine Unrast, welche die Konzentration auf das Wesentliche verhinderte, kurz das geistige Klima jener Zeit […], verlangte nach Halt, Orientierung und Hilfe bei der Bewältigung des Lebens» (Weinkauf: Stoa, 25)

Als einziger der stoischen Philosophen dieser Epoche hat sich Seneca zwar noch mit naturwissenschaftlichen Fragen beschäftigt. Der Schwerpunkt seiner Schriften dient aber der Bewältigung der großen und kleinen Lebensfragen. Er entwickelt eine Philosophie der «Zeitenwende»[72], die Orientierung in den Übergängen verspricht. Seine Schriften, vorwiegend Dialoge, tragen entsprechende Titel: *Vom glücklichen Leben, Über die Vorsehung, Über den Zorn, Über die Ausgeglichenheit der Seele, Über die Kürze des Lebens* und anderes mehr. Auch Trostschriften für konkret adressierte Personen gehören dazu, sowie ein Werk *Über die Güte,* wie eines *Über die Wohltaten,* sowie eine Sammlung von

72 A. a. O., 25.

124 Briefe[n] an Lucilius über ethische Fragen. Seneca zeichnet das Ideal des stoischen Weisen, der durch die Einübung von bestimmten Haltungen schließlich *Ataraxia,* den ungestörten und auch durch schwierige Lebensumstände und Schicksalsschläge nicht zerstörbaren Seelenfrieden erreicht.

 15

«Weder darf man die Hände zum Himmel erheben noch den Tempelaufseher ganz und gar bitten, dass er uns an das Ohr der Götterplastik heranlässt, als ob wir dadurch mehr erhört werden können: Gott ist dir nahe, ist mit dir, ist in dir.» (Seneca: Epistolae Morales, 41: Brief an Lucilius)

Seneca ist nicht gegen Religion, aber als Aufklärer tritt er religionskritisch gegen verdinglichte, äußerliche Formen von Religion ein und für einen spirituellen, Gott zuerst in sich selbst findenden Glauben. Seine Theologie findet sich – von Paulus positiv rezipiert – sogar im Neuen Testament.

Diese existenzielle, auch persönlich gefärbte Philosophie ist ambivalent aufgenommen worden. Einerseits suchen Menschen bis heute in den Schriften Senecas Trost und Lebenshilfe, und seine Lebensweisheiten finden sich selbst auf den Rückseiten von Kalenderblättern.

 16

Nach Seneca gehört «die Selbstprüfung [...] zu dem reinen Leben, an dem das Aufsteigen der Seele zu den Göttern hängt. [...] Er selbst hat das asketische Leben bald aufgegeben und ist so feist geworden, wie Nero in seinen letzten Jahren [...]. Solange er am höfischen und politischen Leben teilnahm, hat er auch die Moral, nicht nur die stoische, an den Nagel gehängt oder doch nur mit den Lippen bekannt, und auf dem Totenbette posiert er, wie er es in seinen Schriften immer getan hatte.» (Der Glaube der Hellenen. Bd. II, 2., unveränd. Aufl., Darmstadt 1955, 439)

Andererseits haben sich viele an der heftigen Diskrepanz gestoßen, die zwischen dem publizierten Bild des asketischen, weltdistanzierten, seine Gefühle kontrollierenden Weltweisen einerseits und dem Politiker andererseits besteht, der zu den mächtigsten und reichsten seiner Zeit gehörte und dem Genussleben nicht auswich. Der anerkannte Nestor der Altphilologie Wilamowitz-Moellendorf fragt hinsichtlich des Suizides, den Seneca durch den Giftbecher vollzog, ob er sich hier nicht wieder und noch auf dem Totenbett als Weiser nach Art des Sokrates inszeniert habe.

 17

«In Seneca selbst ist mehr Brast und Bombast moralischer Reflexion als wahrhafte Gediegenheit. Einesteils sein Reichtum, seine Pracht der Lebensart ist ihm entgegengesetzt worden – er hatte sich unermeßliche Reichtümer von Nero schenken lassen –, andernteils kann man ihm seinen Zögling, den Nero, entgegensetzen: dieser hält eine von Seneca gemachte Rede. – Dieses Räsonnement ist glänzend, oft Rederei, wie bei Seneca. Man wird angeregt, aber oft nicht befriedigt. Man kann dies sophistisch nennen; Scharfsinn und redliche Meinung muß man anerkennen. Das Letzte der Überzeugung bleibt aber mangelhaft.» (Georg Wilhelm Friedrich Hegel: Vorlesungen über die Geschichte der Philosophie, Werke in 20 Bden. Edition Moldenhauer, Frankfurt a. M. [1971] 1986 [suhrkamp taschenbuch wissenschaft, 619], 292 f)

Und auch Hegel empfindet die Diskrepanz zwischen Anspruch und Wirklichkeit. M. a. W.: Wie passen Theorie und Biografie, Anspruch und Wirklichkeit zusammen. Auch die kritische Rückfrage an Senecas Leben schließt natürlich nicht aus, dass seine Einsichten eine persönliche Hilfe sein können.

> «Nicht die Tatsachen selbst beunruhigen die Menschen, sondern die Meinungen darüber. So ist der Tod nichts Furchtbares; denn sonst wäre er auch dem Sokrates so erschienen; sondern die Meinung, der Tod sei furchtbar, die ist das Furchtbare. Wenn wir nun Hemmungen, Aufregungen und Kümmernisse erfahren, so wollen wir niemals einen anderen dafür verantwortlich machen als uns selbst, d. h. unsere Meinungen.» (Epiktet: Handbüchlein der Moral, 5)

Epiktet

Wie die enorme Unsicherheit sogar hinsichtlich der elementaren Lebensdaten zeigt (* zwischen 50 und 60 n. Chr., † zwischen 120 und 140 n. Chr.), wissen wir über das Leben von Epiktet recht wenig, auch wenn sein «Trostbüchlein» eher noch verbreiteter ist als die Schriften Senecas. Epiktet stammt aus Hierapolis, dem damaligen Phrygien, einer Landschaft in der heutigen Türkei. Er ist Sklave von Epaphroditus, der zum inneren Kreis um Nero gehört. Seine Bildung erhält er in Rom bei dem Stoiker Musonius. Es ist durchaus nicht unüblich, dass «sich reiche Römer einen gebildeten Sklaven» halten.[73] Nach seiner Freilassung gründet er eine eigene Schule in Nikopolis, die schnell berühmt wird. Er überzeugt durch sein auch nach der Freilassung beibehaltenes einfaches Leben in großer Armut, das mit der auf Schlichtheit und Bedürfnislosigkeit abzielenden Lebensphilosophie harmoniert.

Zur Bescheidenheit Epiktets gehört auch, dass er – wie sein Vorbild Sokrates – auf eigene Schriften verzichtet. Sein Schüler Flavius Arrianus, bekannt geworden auch als Biograf Alexanders des Großen, gibt die eigenen Mitschriften der Vorlesungen heraus (*Diatriben,* griech. für Erörterungen). Sehr viel weitere Verbreitung als die umfangreichen und reflektierteren *Diatriben* findet das *Handbüchlein,* das Arrianus als Zusammenfassung der Lehren Epiktets ediert. Sogar von kirchlicher Seite wird das *Handbüchlein* zur moralischen Unterweisung empfohlen.

Zentrales Thema des freigelassenen Sklaven ist die Bestimmung des Wesens und der Grenzen der Freiheit. Epiktet unterscheidet das, was in der Verfügungsgewalt des Menschen liegt, von dem, was dieser entzogen ist. Freiheit gewinnt der Mensch dort, wo er sich auf die Umstände konzentriert, auf die er Einfluss hat. Dementsprechend unterscheidet Epiktet zwischen den äußeren Faktoren – dazu gehören die Vorsehung, das Schicksal, andere Menschen, die Zeitläufe usw. – und dem inneren Habitus.

18 

> Wer resigniert über der bloß begrenzten Spanne des Lebens, dem antwortet Seneca: «Wir haben keine zu geringe Zeitspanne, sondern wir vergeuden viel davon. Lang genug ist das Leben und reichlich bemessen auch für die allergrößten Unternehmungen – wenn es nur insgesamt gut angelegt würde.» (Von der Kürze des Lebens, Kap. 1) Nicht die «objektiv» gege-

73 A. a. O., 31.

bene Kürze des Lebens ist das Problem, so diese stoische Argumentation, sondern unser persönlicher Umgang mit dem Leben. Wir wissen das, was uns geschenkt ist, nicht wirklich zu würdigen. Wir klagen über die Kürze des Lebens und nutzen das, was wir an Leben haben, nicht einmal richtig aus.

Erstere können wir so gut wie nicht verändern. Versuchen wir es, spüren wir, dass wir unfrei sind, oder präziser, im Sinne Epiktets formuliert: Wir machen uns unfrei. Unsere Freiheit gewinnen wir dort, wo wir uns auf unseren Habitus konzentrieren, auf unser Innenleben, die eigentliche und wirkliche Welt. Wenn wir unsere Affekte beherrschen lernen, gewinnen wir Freiheit, schaffen wir uns Spielräume, die uns zu leben erlauben. Die Voraussetzung dieser stoischen Auffassung: Nicht die Dinge da draußen, die Umstände, die Anderen sind das Problem; das Problem sind wir, mit unserer Einstellung zu den Dingen. Verändern wir diese, werden die äußeren Umstände mehr und mehr gleichgültig und bedeutungslos.

Epiktet folgert: «Es sind nicht die Dinge selbst, die uns beunruhigen, sondern die Vorstellungen und Meinungen, die wir von ihnen haben.»[74]

Innere Freiheit gewinnt also, wer sich nicht durch die äußere Realität beeindrucken lässt, sondern realisiert, dass sein eigener Begriff von der «Außenwelt» entscheidend ist; dass wir dadurch unser Leben tatsächlich weitgehend oder gar ganz in der Hand haben, auch wenn das zunächst nicht so aussieht. Und was bedeutet Freiheit anderes als das? Wer in der Lage ist, seinen Habitus, seine Einstellung zu den Äußerlichkeiten des Lebens, die er doch nicht ändern kann, zu ändern, der gewinnt Freiheit und ist darum recht frei; der gewinnt die einzige Freiheit, die dem Menschen möglich ist – wenn er vernünftig ist und nicht illusionär abhebt und dann Schaden nimmt.

Mark Aurel: Feldherr und Philosophenkaiser

Mark Aurel wird 121 n. Chr. in eine vornehme und einflussreiche Senatorenfamilie hineingeboren. Er genießt eine herausragende akademische Bildung, durch die er mit verschiedenen philosophischen Richtungen bekannt gemacht wird.[75] Geprägt wird er v. a. durch stoische Anschauungen. 161 n. Chr. besteigt er den Thron, sieht sich aber einer Fülle von bedrängenden Herausforderungen gegenüber: «Die Chatten empören sich in Germanien gegen die römische Herrschaft, die Kaledonier in Britannien, die Markomannen gefährdeten Verona, die Parther erhoben sich im heutigen Syrien. Immer wieder wurde Mark Aurel zum Krieg gezwungen.»[76]

Dem Stoiker «Rusticus verdanke ich, daß es mir einfiel, in sittlicher Hinsicht für mich zu sorgen und an meiner Veredlung zu arbeiten; daß ich frei blieb von dem Ehrgeiz der Sophisten; daß ich nicht Abhandlungen schrieb über abstrakte Dinge, noch Reden hielt zum Zweck  19

74 Handbüchlein der Moral, 5.

75 Im ersten Buch seiner *Selbstbetrachtungen* zählt er sie auf und benennt, wie er konkret jeweils von ihnen profitiert hat: I,5–13.

76 Zusammenfassung bei Weinkauf: Stoa, 38.

der Erbauung, noch prunkend mich als einen streng und wohlgesinnten Mann darstellte, und daß ich von rhetorischen, poetischen und stilistischen Studien abstand; daß ich zu Hause nicht im Staatskleid einherging oder sonst etwas derartiges tat, und daß die Briefe, die ich schrieb, einfach waren [...] Ihm habe ich's auch zu danken, wenn ich mit denen, die mich gekränkt oder sonst sich gegen mich vergangen haben, leicht zu versöhnen bin, sobald sie nur selbst schnell bereit sind, entgegenzukommen. Auch lehrte er mich, was ich las, genau zu lesen und mich nicht mit einer oberflächlichen Kenntnis zu begnügen, auch nicht gleich beizustimmen dem, was oberflächliche Beurteiler sagen. Endlich war er's auch, der mich mit den Schriften Epiktets bekannt machte, die er mir aus freien Stücken mitteilte.»
(Selbstbetrachtungen I, 7)

Er stirbt in einem Feldlager vor Vindobonum (dem heutigen Wien), als er einen Ansturm der Markomannen abzuwehren sucht. In den sehr bedrängenden Situationen, vorwiegend in den Feldlagern, in denen der Kaiser einen erheblichen Teil seiner Herrschaft verbringt, beginnt Mark Aurel, Rechenschaft über das eigene Leben und Handeln abzulegen. Die als «Selbstbetrachtungen» bekannt gewordenen Tagebücher sind nicht zur Veröffentlichung, sondern nur für ihn selbst bestimmt. Inmitten einer äußerlich nicht zu befriedenden Situation sucht der Feldherr als Philosophenkaiser Orientierung durch Selbstreflexion und den inneren Frieden.

20  «Das menschliche Leben ist, was seine Dauer betrifft, ein Punkt; des Menschen Wesen flüssig, sein Empfinden trübe, die Substanz seines Leibes leicht verweslich, seine Seele – einem Kreisel vergleichbar, sein Schicksal schwer zu bestimmen, sein Ruf eine zweifelhafte Sache. Kurz, alles Leibliche an ihm ist wie ein Strom, und alles Seelische ein Traum, ein Rauch: sein Leben Krieg und Wanderung, sein Nachruhm Vergessenheit. Was ist es nun, das ihn über das alles zu erheben vermag? Einzig die Philosophie, sie, die uns lehrt, den göttlichen Funken, den wir in uns tragen, rein und unverletzt zu erhalten, daß er Herr sei über Freude und Leid, daß er nichts ohne Überlegung tue, nichts erlüge und erheuchele und stets unabhängig sei von dem, was andere tun oder nicht tun, daß er alles, was ihm widerfährt und was ihm zugeteilt wird, so aufnehme, als komme es von da, von wo er selbst gekommen, und daß er endlich den Tod mit heiterem Sinn erwarte, als den Moment der Trennung aller Elemente, aus denen jegliches lebendiges Wesen besteht.» (Selbstbetrachtungen II, 14)

Nicht nur die geschichtliche Bedeutung des Verfassers, sondern auch die sehr ehrliche, einfache Zwiesprache, die er in diesem authentisch wirkenden Dokument mit sich hält, werden zu der weiten Verbreitung der *Selbstbetrachtungen* beigetragen haben. Präzise übersetzt lautet der Titel der griechisch verfassten Tagebücher «An sich selbst» (*ta eis heauton biblia,* also Schriften, Notizen, die ich an mich selbst richte und [nur] für mich selbst schreibe).

Mit dieser letzten großen Schrift endet die stoische Philosophie der Antike. Sie findet in den fälschlich so genannten Selbstbetrachtungen noch einmal zu einer anderen und für spätere Zeiten bahnbrechenden Form.

«Tue nichts mit Widerwillen, nichts ohne Rücksicht auf das Gemeinwohl, nichts ungeprüft, nichts wobei du noch ein Bedenken hast. Drücke deine Gedanken aus ohne Ziererei. Sei kein Schwätzer und kein Vielgeschäftiger. Sondern mit einem Worte: *der Gott in dir* führe das Regiment, welchem Geschlecht, Alter, Beruf, welcher Abkunft und Stellung du nun auch angehören magst, so daß du immer in der Verfassung bist, wenn du abgerufen werden solltest, gern und willig zu folgen.» (Selbstbetrachtungen III, 5, Hervorhebung HPH)  21

Es ist die Zwiesprache, die der Mensch mit sich hält und in der er der *«Gottheit»* in sich selbst als kritischem Gegenüber begegnet. Dieser *Gott in mir* ist – stoisch – der Logos, die göttliche Vernunft, die alle verbindet und durchwirkt und die – die abendländische Philosophie prägend – zur universalen Instanz wird. An sie appelliert man, vor ihr muss man sich verantworten, sowohl im Gewissen als auch vor der Gemeinschaft, zu der man gehört, die einen begrenzt und Pflichten aufgibt.

Auch wenn das persönliche Verhältnis Mark Aurels zum frühen Christentum vorsichtig formuliert ambivalent gewesen ist, trifft man immer wieder auf Gedanken, die christlich anmuten und die eine christliche Rezeption der *Selbstbetrachtungen* sowie anderer stoischer Texte erleichtert haben. Augustinus führt Mark Aurel im *Gottesstaat*[77] als einen der Kaiser auf, die – in Analogie zu den 10 Plagen über Ägypten – 10 Verfolgungszeiten über die Kirche gebracht haben.[78] Er kann aber dennoch das Leben Mark Aurels als auch für Christen nachahmenswert empfehlen.[79]

«Forsche in deiner eigenen Seele, in der Seele des Weltganzen und in der deines Nächsten. In deiner eigenen, um ihr Sinn für Gerechtigkeit einzuflößen, in der des Weltganzen, um dich zu erinnern, wovon du ein Teil bist, in der des Nächsten, um zu erkennen, ob er wissentlich oder unwissentlich handelt und um zu fühlen, daß sie der deinigen verwandt sei.» (Selbstbetrachtungen IX, 22)  22

3.1.2 Zusammenfassung der Hauptzüge stoischer Philosophie

Merkmale der Stoa

Es sind drei Merkmale, die die Stoa charakterisieren.

Sie ist (1) ganz ausgesprochen und mehr als das vorsokratische, das aristotelische und selbst das platonische Denken, eine *Philosophie der Krise*. Nach den weit ausgreifenden, bis nach Indien reichenden Eroberungen Alexanders des Großen zerfällt sein Reich rasch in die Herrschaft der Diadochen: Seine Nachfolger, Ptolemäer, Seleukiden und Antigoniden teilen sein Weltreich in einer Zeit anhaltender Kriege mit unterschiedlichen Bündnissen unter sich auf. Die Auseinandersetzungen enden erst, nachdem auch das ptolemäische Ägypten, als letztes hellenistisches Großreich, in das Römische Reich integriert ist. Neben

77 De Civitate Dei XVIII,52.

78 In einer neueren Veröffentlichung kommt Wolfgang Kuhoff zu einer skeptischen Einschätzung dieser von Euseb berichteten Verfolgung im Jahr 177 n. Chr. in Lugdunum und schätzt sie als eher örtlich begrenztes Pogrom ein, für das der Kaiser keine Verantwortung trage (Mark Aurel. Kaiser, Denker, Kriegsherr, Stuttgart 2019, 200–202).

79 So nach Weinkauf: Stoa, 40, der allerdings keine Quelle angibt.

die anhaltenden, ein riesiges Gebiet betreffenden militärischen Auseinandersetzungen mit ihren Auswirkungen auf Handel und Verkehr tritt der politische Verlust. Das Identität gebende Ordnungsgefüge der *polis* geht verloren. Es hatte dem griechischen Menschen, auch sittlich, Halt gegeben. Im 1. Jh. n. Chr. kommt hinzu, dass auch die gewachsenen altrömischen Tugenden als Leitlinien für das Handeln immer bedeutungsloser werden. Charles Dodds charakterisiert die Zeit, in der das Christentum dann seinen Siegeszug antreten konnte, als ein Zeitalter der Angst und der tiefen Verunsicherung.[80]

Die Stoa ist (2) ein *philosophischer Existenzialismus*. Der philosophische Blick konzentriert sich auf das Individuum. Der Einzelne muss mit den Umständen, die er im Großen und Ganzen nicht oder kaum ändern kann, klarkommen. Die Rahmenbedingungen sind nicht verfügbar, ganz gleich ob es um die politischen Zeitläufe geht, um Krankheit und Tod naher Angehöriger oder schließlich auch um das eigene Lebensende. Der vielleicht einflussreichste Stoiker, Seneca, philosophiert über das Ende des Lebens und gibt Ratschläge, wie der Einzelne inmitten der Nöte des Lebens innere Sicherheit und Unabhängigkeit gewinnen kann.[81] Das Leben hat «keine zu geringe Zeitspanne, sondern wir vergeuden [nur zu] viel davon. Lang genug ist das Leben und reichlich bemessen auch für die allergrößten Unternehmungen – wenn es nur insgesamt gut angelegt würde.»[82] So schreibt es Seneca seinen Zeitgenossen ins Stammbuch. Und diese hören auf ihn genauso wie eine wachsende Zahl von Menschen heute. Denn die behandelten Fragen und die gegebenen Antworten besitzen eine bleibende Aktualität, vor allem in Zeiten der Krise. Natürlich wendet sich auch die Ethik des Aristoteles an den Einzelnen und natürlich fokussiert auch Sokrates den einzelnen Menschen, den es zu erreichen und zu bilden gilt. In der Stoa steht aber nicht ein philosophisches, abstraktes Anliegen im Vordergrund, sondern das Individuum mit seinen konkreten Herausforderungen. Lebenspraxis und Lebensberatung sind die zentralen Themen und Anliegen. Sie werden freilich nicht unabhängig von dem, was die Welt und Wirklichkeit ist, behandelt.

Stoa ist (3) ganz ausgesprochen *Meta-Physik*. Wenn ich mich in dieser Welt vernünftig verhalten will, muss ich ihren Logos kennen; muss ich über sie Bescheid wissen. Die Physis (griech. für *Natur*) ist darum ein ausgezeichneter, auch in der Stoa nicht vergessener Gegenstand der Philosophie. Das Wissen auf allen Gebieten über die Natur und die Natur der Dinge ist Voraussetzung für ein naturgemäßes, natürliches Handeln.

Stoa als Bewegung

Die Stoa in ihrer Geschichte erscheint als ein breiter und sich lange erstreckender Strom. Es ist immer ein Risiko, eine solche Bewegung auf einen Begriff bringen und zentrale Kennzeichen benennen zu wollen. Wir riskieren es dennoch, ist doch schon die Rede von

80 Siehe hierzu E. R. Dodds: Heiden und Christen in einem Zeitalter der Angst. Aspekte religiöser Erfahrung von Marc Aurel bis Konstantin, engl. Cambridge 1965, Frankfurt a. M. 1985, (suhrkamp taschenbuch wissenschaft 1024) 1992, 112–117.

81 Von der Kürze des Lebens, Edition Reclam, Stuttgart [4]2012, 69.

82 A. a. O., 7.

«der» Stoa begründungspflichtig. Die Bewegung entsteht nicht aus dem Nichts. Sie ist an ihren Rändern auch nicht klar abgrenzbar von anderen Richtungen. Die Stoa nimmt vielmehr vielfältige Impulse und Elemente auf, stellt sie freilich spezifisch zusammen und ordnet sie unter ein anderes Ziel. Von Platon und Aristoteles übernimmt sie die Tugend als Zentralbegriff. Tugend, das ist in der Antike weitgehender Konsens, ist das höchste und letztlich einzige Gut, das es anzustreben gilt. Das Erreichen eines tugendhaften Lebens bedeutet für den Tugendhaften per se Glückseligkeit. Spannend ist dann zu sehen, wie die Stoa Tugend definiert und wie sie sie zu erreichen sucht. Ein tugendhaftes Leben gelingt dann, «wenn es in Übereinstimmung mit der natürlichen, gottgewollten Weltordnung und mit der daraus entspringenden vernünftigen Einsicht (kurz: mit sich selbst) verläuft.»[83] Nicht nach Lust und Wohlsein soll man streben – hier grenzt man sich von Epikur ab –, sondern nach einem Leben, das buchstäblich natur-gemäß verläuft. Dazu ist es freilich erforderlich zu wissen, was die Natur der Dinge und was meine eigene «Natur» ihrem Wesen nach ist. Für die Tugend braucht es darum Weisheit, Wissen, kurz: Philosophie. Das Gute entsteht aus der vernünftigen Einsicht. Der Tugendhafte – das ist stoische Grundüberzeugung – kann nicht anders, als Philosoph zu sein. Wie aber ist diese Welt beschaffen? Hier greift die Stoa auf die *vorsokratischen naturphilosophischen* Überlegungen und Forschungen zurück und führt sie weiter. Das Wissen um die *physis* ist die Grundlage eines der Natur der Dinge entsprechenden Lebens. Durch die physikalische Erkenntnis in diesem weiten Sinne stößt der Philosoph vor allem auf die Ordnungen, die die Natur bestimmen. Er begegnet dem Logos der Welt, der seiner Bedeutung nach von Gott kommen muss und göttlichen Ursprungs ist. Physik umfasst danach nicht nur Naturwissenschaft, «Anthropologie», d. h. hier: Einsicht in das Leben des Menschen, und «Psychologie», d. h. hier: Einsicht in mich selbst, Selbsterkenntnis, sondern zugleich auch Theologie und Metaphysik. Nur wer die richtige Einsicht hat, kann weise sein und erliegt nicht falschen Schlüssen.

 23

«Sie [die Stoiker] unterscheiden in der Darstellung der Philosophie drei Teile: erstens Physik, zweitens Ethik, drittens Logik. […] Sie verglichen die Philosophie einem lebenden Wesen, wobei die Logik den Knochen und Sehnen entspricht, die Ethik den fleischigen Teilen, die Physik der Seele. Oder auch einem Ei, wobei die Logik das Äußere (die Schale), die Ethik das darauf folgende (das Eiweiß), die Physik das Innerste (der Dotter). Oder auch einem fruchtbaren Acker. Da entspreche denn der Umzäunung die Logik, der Frucht die Ethik, der Erde oder dem Baum die Physik. […] Und kein Teil sei von dem anderen getrennt […] vielmehr stünden sie alle in engster Verbindung.» (DL, Leben und Meinungen berühmter Philosophen VII, 39f)

Auseinandersetzung mit Erkenntnistheorie, Dialektik, Rhetorik und Grammatik (als Kunde vom richtigen Satz) sind also ebenfalls notwendig. Die Stoiker fassen diese Unterdisziplinen unter dem Begriff *Logik* zusammen. Sie greifen auch hier auf eine reife Tradition, von den Vorsokratikern und Sokrates/Platon bis Aristoteles, zurück. Nur, dass die

83 Ernst Neitzke: Einleitung, in: Epiktet. Handbüchlein der Ethik, Stuttgart 1958, (3–15) 5.

Logik hier kein Spiel, l'art pour l'art ist. Sie dient. Wie die Physik ist die Logik letztlich Hilfswissenschaft, die dem zentralen Zweck der Stoa dient: der Ethik. Die drei Teile stoischer Philosophie: Physik, Logik und Ethik bilden so eine festgefügte Einheit. Mit der Ethik stehen wir dann vor dem eigentlichen Ziel der Stoa: Es geht ihr «um das mit der Natur in Einklang stehende Leben, welches übereinkommt mit dem tugendhaften Leben» (Diogenes Laertios)[84].

Aus der Pyrrhonischen Skepsis stammt die konkrete Zielbestimmung, wie ein glückliches Leben zu gestalten ist. Es geht um das «Zielfoto», das die Stoa mit der Skepsis, aber auch mit Epikur bzw. dem Epikureismus teilt: Es ist die Gemütsruhe des Weisen. In einer Zeit der Krisen, der unsicheren Zeitläufe, des Unkalkulierbaren ist sie besonders wichtig. Zentral ist der Pyrrhonische Begriff der *ataraxia,* also der Gemütsruhe, des Freiwerdens und Freiseins von Affekten, die die Seele beunruhigen und dem Weisen seinen Gleichmut nehmen. Wie diese *A*-pathie, diese Gefühllosigkeit erreicht wird, ist freilich sehr unterschiedlich. Die Skepsis wird der Stoa zur Hauptgegnerin, weil sie ständig darauf hinweist, dass unsere Erkenntnis ja nicht sicher ist und kein verlässliches Fundament erreichen kann. Der skeptische Weg entwickelt darum die «Kunst, jedem Eindruck oder Gedanken einen Gedanken oder Eindruck von demselben Gewicht entgegenzustellen»[85], eine Art philosophisches Noise-Cancelling, das Störgeräusche durch entgegengesetzte Störgeräusche ausgleicht und neutralisiert. Resultat ist dann die sogenannte Epoché, der bewusste Urteilsverzicht. Auf ihn kann sich freilich die Stoa nicht einlassen. Das Konzept naturgemäßen Lebens, das sich der Wirklichkeit «ein»-passt und ihren Ordnungen zu entsprechen sucht, setzt ja im Gegenteil ein verlässliches Wissen über diese Welt, Gottes Ordnungen und schließlich über das Selbst voraus. Im Gegensatz zur Skepsis und zu Epikur, der die Ungestörtheit im Vermeiden von Schmerz und möglichst umfassendem Wohlleben sucht, geht die Stoa den Weg der Selbstgenügsamkeit. Die Unerschütterlichkeit des Geistes und der Seele entsteht durch die Bekämpfung der uns in Bewegung bringenden, verunsichernden, leidvollen Emotionen. Dazu gehört Lust, Begierde, das Haben-Wollen von Gütern, die uns unerreichbar sind; das Erreichen-Wollen von Zielen, die für uns nicht erreichbar sind, weil sie außerhalb unserer Möglichkeiten liegen. Leitend ist hier ein Menschenbild, das die Gefühle und Empfindungen als nach Möglichkeit zu beseitigendes Problem ansieht, weil sie der Vernunft, dem Logos als dem Weltprinzip, widerstreiten und die vernünftige Orientierung stören können. Diese ist dem Weltweisen nur ungestört möglich.

Selbstgenügsamkeit entsteht darum aus der vernünftigen Einsicht in die eigene Lage, in die Möglichkeiten und Grenzen, einem – nach Lage der Dinge – gesetzt sind. Die vor allem bei Epiktet, aber auch bei Seneca oder Mark Aurel, also in der späten Stoa im Vordergrund stehende weisheitliche Perspektive besteht darum (1) in der Unterscheidung des mir Verfügbaren von dem mir Unverfügbaren, also dessen, «was nicht in deiner Gewalt ist», von dem, was «in deiner Gewalt» ist,[86] (2) der dafür fundamentalen Unterscheidung

84 DL, Leben und Meinungen berühmter Philosophen, VII, 87.
85 Sextus Empiricus: Grundriß der pyrrhonischen Skepsis, I, 4.
86 Epiktet: Handbüchlein der Moral, 14.

von äußeren Gegebenheiten und innerem Habitus, den Dingen und unserer Einstellung zu ihnen, und (3) im unaufhörlichen ethischen Impuls:

«Befleißige dich [...] dessen, was du vermagst»[87]. Glücklich verläuft ein Leben dann letztlich dort, wo wir uns die Impulse verbieten, auf die äußeren Umstände aktiv einwirken zu wollen, und uns damit begnügen, uns passiv auf sie einzustellen. So gewinnen wir Freiheit. Wir können dann sogar, so die Stoa, auch schwierige und schwierigste Umstände aushalten. Wir werden nicht von ihnen erdrückt, so der psychagogische, sehr modern anmutende Rat, und können uns zu ihnen bewusst verhalten. Metaphysisch verantwortlich ist eine solche Maxime für die Stoiker darum, weil sie – anders als Epikur – vom Interesse und der Fürsorge Gottes ausgehen, dessen Vorsehung die Welt bestimmt. Sich gegen sie, die *heimarmene,* aufzulehnen, hätte ja ohnehin keinen Sinn, wäre nicht weise.

«Begehre nicht, daß das, was geschieht, nach deinem Gutdünken geschehe, sondern halte für gut, wie es geschieht, und du wirst glücklich sein.» (Epiktet: Handbüchlein der Moral, 8)

 24

3.2 Religionsphilosophie: Zentrale Merkmale

Wie Epikur und die Epikureer begegnet uns auch die Stoa explizit im Neuen Testament (vgl. Apg 17,18). Die Stoa begegnet uns als Gesamtsystem, in dem die Welt als geschlossener Kosmos von Ordnungen verstanden und abgebildet wird, inkl. Naturerkenntnis, Götterlehre, Geschichte und persönlichem Schicksal. Die von den Vorsokratikern übernommene und von Stoikern weitergeführte *Physik* ist wichtig und gehört zur *Theologie,* weil wir aus der Beschaffenheit der Welt auf die göttlichen Gesetze und schließlich auf die Götter schließen können. Die *Ethik* bestimmt sich aus der Physik/Naturerkenntnis und Theologie, also aus dem der Wirklichkeit eingeschriebenen, göttlichen Logos. Richtig handelt, wer dem Erkannten gemäß handelt.

«Alles ist miteinander verflochten, und die Verknüpfung ist heilig, und das eine ist dem anderen wohl nicht fremd. Denn es ist zusammengefügt und bildet so gemeinsam denselben Kosmos. Denn es gibt nur einen Kosmos, der aus allem besteht, und nur einen Gott, der alles durchdringt, und nur ein Sein und ein Gesetz, nämlich die allen denkenden Wesen gemeinsame Vernunft, und eine Wahrheit, vorausgesetzt, dass es nur eine Vollkommenheit der Wesen gibt, die miteinander verwandt sind und an derselben Vernunft Anteil haben.»
(Mark Aurel: Selbstbetrachtungen VII, 9)

 25

Die Welt ist Kosmos, geordnete Wirklichkeit, entstanden aus der Verbindung von Stoff *(hyle)* und – göttlichem – Logos. Der Logos gibt der Materie ihre Form; er braucht aber die Materie, um zu wirken. Der platonische Dualismus von Idee und Materie ist hier überwunden zugunsten eines Pantheismus, nach dem die gesamte Wirklichkeit durch den göttlichen Geist durchseelt, durch ihn bestimmt ist und alles mit allem zusammenhängt. «Alle Dinge sind miteinander verflochten. [...] Aus allem zusammengesetzt entsteht eine Welt,

87 Ebd.

ein Gott, eine Materie, ein Gesetz, eine Vernunft […] und eine Wahrheit» (Mark Aurel)[88]. Gott bestimmt alles, ist aber ebenso Teil des Ganzen, und deshalb muss er Geist sein, Logos, Vernunft.

Wenn Gott aber alles bestimmt und vorherbestimmt, hat es keinen Sinn, sich gegen das Leben aufzulehnen. Sinn macht nur die Einstimmung in das, an dem ich nichts ändern kann. Epiktet, also einer der späten stoischen Philosophen, greift auf Kleanthes, also einen der frühen Vertreter der Stoa, zurück, wenn er schreibt: «Du, Zeus, und du, mein Schicksal, führet mich dorthin, wo ich nach eurem Rat und Willen stehen soll. […] Wer der Notwendigkeit sich willig unterwirft, dünkt weise uns und kennt der Götter Walten.»[89]

26 

«So heiße alles, was geschieht, willkommen, wenn es auch noch so hart erscheint», denn Zeus «hätte das nicht für den Menschen gebracht, wenn es nicht dem Ganzen zuträglich wäre.» (Mark Aurel: Selbstbetrachtungen V, 8)

Hinter der *heimarmene,* dem notwendigen Schicksal, steht eine fürsorgliche Gottheit, die voraussieht und vorsorgt. Folgerichtig wird die Stoa intensiv beschäftigt mit dem Theodizeeproblem: Wie kann dieser alles bestimmende Gott und sein Wille gut sein, wenn mir so viel Schwieriges und Notvolles begegnet?

Das Theodizeeproblem wird von der Stoa gelöst durch den – praktischen – Impuls, dem, was das Schicksal schickt, zuzustimmen; in das Leben einzustimmen, weil hinter ihm ein göttlicher Sinn steht, der dem Ganzen und letztlich auch mir dient. Die Theodizeefrage wird nicht theoretisch beantwortet, sondern praktisch. Wenn der Mensch sich auf den Willen Gottes einlässt, sich seinem Schicksal ergibt, dann wird er mit ihm zurechtkommen und schließlich auch eine Einsicht gewinnen, die er nicht hat, wenn er aufbegehrt.

Der Mensch kann sich in diesem Kosmos aufgehoben wissen. Für die persönliche Spiritualität bedeutet das, dass wir einsehen:

27 

«Gedenke, daß du Darsteller bist eines Stückes, das der Spielleiter bestimmt, und zwar eines kurzen, wenn er es kurz, eines langen, wenn er es lang wünscht.» (Epiktet: Handbüchlein der Moral, 17)

Wir sind nicht die Akteure, wir sind nur Puzzle-Teile im Ganzen, das wir nicht überschauen. Klug sein heißt dann: wissen, dass man nicht alles übersieht, sich selber beschränken und letztlich einstimmen – auch in das, was man noch nicht versteht.

Für die Stoa, die alles andere als ein einheitliches Phänomen ist, ist «Gott», das «Göttliche», sowohl der Logos, das Prinzip, das der Materie Gestalt, Sinn, Ordnung gibt, wie diese Ordnung selbst, aber auch der Kosmos als göttlich durchwirkte Wirklichkeit, schließlich der im Gebet als Person ansprechbare Göttervater Zeus (vgl. den Kleanthes-Hymnus; Text Nr. 1, S. 82 f).

Die Überzeugung von der Vorhersehung, der Vorsehung, dem unabwendbaren, weil göttlich vorherbestimmten Schicksal stellt damit eines der zentralen religionsphilosophischen Konzepte der Stoa dar. Es bindet Wirklichkeitserkenntnis, Theologie, Lebenspraxis

88 Selbstbetrachtungen VII, 9.
89 Handbüchlein der Moral, 53.

und Ethik überzeugend zusammen, und es ist ein Konzept, das für christliche Theologie wenigstens ansatzweise und oberflächlich gesehen anschlussfähig zu sein scheint.

Angesichts der Bedeutung, die der Sinnhaftigkeit der Welt für die Lebensführung und Ethik zukommt, ist es plausibel, dass sich in der Stoa verschiedene Typen von Gottesbeweisen[90] finden: der Beweis aus der Ordnung des Kosmos, die auf den Urheber schließen lässt; der Beweis aus dem *consensus omnium,* also der kulturübergreifenden Übereinstimmung sehr vieler, aller vernünftigen Menschen, die in ihrer Masse nicht irren können; der Beweis durch die Berichte von Erscheinungen und Kraftwirkungen von Göttern; der Weissagungsbeweis, der sich ergibt, wenn sich im Namen von Göttern angesagte Ereignisse (Prophezeiungen) erfüllen. Schließlich liegt ein indirekter Beweis für die Existenz von Göttern vor, wenn man sich die Absurditäten vergegenwärtigt, die sich aus einer Leugnung der Existenz der Götter ergeben würden.[91]

3.3 Stoa und Christentum – Christentum und Stoa

3.3.1 Methodologische Vorüberlegungen zu einem komplexen Verhältnis

Der Einfluss vor allem der späteren Stoa auf das Christentum ist gut erforscht und ausreichend belegt. Uns interessiert hier weniger die historische Frage, die bereits an verschiedenen Stellen berührt worden ist. Im Mittelpunkt sollen die systematisch-theologisch relevanten Fragen stehen:

1. Sind die für eine Nähe von Christentum und Stoa herangezogenen Belege substanziell, oder klingt hier nur etwas ganz ähnlich? Leitend für diese Fragestellung ist die aus der Religionswissenschaft stammende Einsicht, dass eine scheinbare Übereinstimmung in der Begrifflichkeit noch keine Übereinstimmung in der Sache bedeutet bzw. bedeuten muss; dass vielfach[92] andere Religionen und Weltanschauungen auf der Basis eines ihnen

90 Vgl. Forschner: Stoa, 144–161; Weinkauf: Stoa, 105–112.

91 Diese letzte Überlegung hat freilich nur für eine metaphysisch orientierte antike Weltanschauung Kraft. Letztlich ist sie zirkulär, weil sie voraussetzt, was sie beweisen will. Absurd wäre eine Bestreitung der Existenz von Göttern ja nur, wenn die Welt «Sinn» machte, einen Logos hätte. Aber genau dieser Augenschein ist – mindestens für Teile der Moderne und Postmoderne – nicht (mehr) gegeben. Es ist heute nicht mehr absurd, sich angesichts der Sinnhaftigkeit der Welt gegen die Existenz von Göttern auszusprechen, sondern absurd, sich angesichts der Absurditäten dieser Welt für die Existenz von Göttern und eine Sinnhaftigkeit der Welt auszusprechen. Vgl. Friedrich Nietzsche: Fröhliche Wissenschaft, in: ders.: Werke, hg. von Karl Schlechta, Darmstadt/München 1954–1956, Bd. II, 227f (s. u. Text Nr. 3, S. 86f).

92 Vor allem zu beobachten in der klassischen vergleichenden Religionswissenschaft, etwa da wo «Erscheinungsformen und Wesen der Religion» (so der Titel einer bahnbrechenden Monografie von Friedrich Heiler, [2., verb. Aufl. Stuttgart/Berlin/Köln/Mainz 1979]) unterstellt werden. Voraussetzung eines solchen Verfahrens ist die Unterstellung einer universal gegebenen – religiösen – Struktur, die man (1) zunächst auf einen eigenen Begriff bringt, der der eigenen – in diesem Fall westlichen – Tradition entstammt. (2) Man unterstellt dann die Universalität dieses Allgemeinbegriffs, im Fall der Religionswissenschaft oder der Religionsphilosophie sind das etwa «Gott», «Gebet», «Geist», «Seele». (3) Man rekonstruiert dann mithilfe der eigenen, sehr speziellen Begriffe auf dieser Basis Anderes und Fremdes und findet (4) – welch Wunder! – das Eigene im Fremden wieder. Das bestätigt dann (5) die Ausgangsthese, dass es ein universales religiöses Pattern, *die* Religion, gibt, das zu einem solchen Verfahren berechtigt. In Wahrheit liegt methodisch gesehen ein Zirkelschluss vor. Dieser methodische Ansatz ermöglicht dann erst eine Darstellung wie

fremden Bezugssystems rekonstruiert werden, genau dieses hegemoniale Verfahren aber der jeweils anderen Größe die eigenen Kategorien, Begriffe und Vorstellungen aufdrängt, die nicht ihre sein müssen, nur als solche unterstellt werden; dass darum das jeweils Andere systemisch verstanden werden muss: als Größe an sich und im Rahmen des den Vorstellungen und Begriffen erst ihre Bedeutung gebenden Ganzen.

Für das fehlgeleitete Verfahren gibt es ein sehr elementares Beispiel. Dass es in nahezu allen monotheistischen Religionen eine Größe gibt, die wir als «Gott» bezeichnen mögen, bedeutet eben nicht, dass diese Religionen – im Kern – denselben Gott haben. Entscheidend ist es vielmehr, das, was dieses «Gott» jeweils bedeutet, aus dem Gesamtzusammenhang einer «Religion»[93] zu rekonstruieren. Es wäre aber methodisch fahrlässig, aufgrund eines noch dazu durch Übersetzung erst hergestellten Gleichklangs dieselbe Bedeutung zu unterstellen. Linguistisch geht es darum, Homonyme nicht mit Synonymen zu verwechseln, also für gleichklingende Wörter aus verschiedenen Zusammenhängen einfach Bedeutungsidentität oder -überlappung zu unterstellen.

So finden wir eine ganze Reihe von stoischen Begriffen auch im frühen Christentum. Das bedeutet aber nicht, dass sie von dort inkl. der entsprechenden Anschauungen übernommen worden sind. So entstand der christliche Glaube sozusagen in einem «pluralen», um nicht zu sagen: synkretistischen Kontext, in dem viele, z. B. auch neuplatonische Einflüsse denkbar sind. Vor allem aber sind Jesus und Paulus nicht Stifter einer neuen Religion, sondern für beide ist ihre jüdische Identität konstitutiv. Das hat zur Konsequenz: Erster Bezugspunkt ist das Judentum der damaligen Zeit. Das schließt die Thora und zwischentestamentarische Schriften mit ein, die in der Zeit zwischen dem Abschluss des Alttestamentarischen und dem Beginn der Verschriftlichung frühchristlicher Traditionen entstanden sind. Dieses Judentum ist der entscheidende, Bedeutung gebende Rahmen.[94]

---

das von Friedrich Heiler geschaffene Standardwerk «Die Religionen der Menschheit» (hg. von Kurt Goldammer, 5., erg. Aufl., Stuttgart 1991). Dass dieser methodisch hochproblematische Ansatz nicht überwunden ist, zeigt sich im Konzept einer pluralistischen Theologie der Religionen, die genau diese Voraussetzung wiederholt, indem sie ein *ultimate real,* einen letzten höchsten, allen Religionen gemeinsamen Flucht- und Bezugspunkt unterstellt (zu Darstellung und Kritik vgl. Heinzpeter Hempelmann: «Stürzen wir nicht fortwährend?» Diskurse über Wahrheit, Dialog und Toleranz, Witten 2015, Kap. 3: 163–323).

93 Christiane Frey hat darauf hingewiesen, dass schon der Begriff der «Religion» nicht nur eine lange Geschichte hat, sondern unser gegenwärtiges Verständnis von Religion erst in Neuzeit und Moderne – koevolutionär im Gegenüber zum Begriff der Säkularisierung – entstanden ist. Dieser sehr spezifische Religionsbegriff wird dann erst ausgeweitet zu dem der «Religionen»: «Im Zuge der kolonialistischen Expansion wird ‹Religion› zu einem Gattungsbegriff für etwas, was in den verschiedensten Teilen der Welt vorkomme: ein System von Glaubenssätzen, das in rituellen Handlungen zum Ausdruck kommt». (Einführung in: Christiane Frey / Uwe Hebekus / David Martyn (Hg.): Säkularisierung – Grundlagentexte zur Theoriegeschichte, Berlin 2020, [11–31]). Auch in der gegenwärtigen «Religions»-Wissenschaft, im Dialog der Religionen, in interkulturellen Diskursen, in der Politik usw. entkommen wir bei aller reflektierten Begriffsbestimmung nicht dem Einfluss unseres eigenen Begriffsverständnisses.

94 Hier auf den entscheidenden Fehler Rudolf Bultmanns sowie großer Teile der religionsgeschichtlichen Schule aufmerksam gemacht zu haben, ist das Verdienst von Martin Hengel. Vgl. seine bahnbrechende Studie: Judentum und Hellenismus. Studien zu ihrer Begegnung unter besonderer Berücksichtigung Palästinas bis zur Mitte des 2. Jahrhunderts v. Chr., Tübingen 1969, 3., durchgeseh. Aufl. 1988.

2. Eine damit zusammenhängende, davon zu unterscheidende, aber noch wichtigere Frage lautet: Lassen sich Stoa und christlicher Glaube – ggf. auch nur partiell – zur Deckung bringen? Sind sie inhaltlich verwandt?

3. Auf der Basis der Bearbeitung dieser zweiten Frage ist dann erst die noch weitergehende Perspektive der angemessenen Kontextualisierung des christlichen Glaubens in hellenistischer Zeit, in der Spätantike, durch die Kirchenväter usw. zu beantworten. Es ist ja zu unterscheiden zwischen *quaestio juris* und *quaestio facti:* Wie stellt sich die Lage faktisch dar? Wie hat das Christentum sich zur Stoa verhalten (und umgekehrt)? Und andererseits: Ist dieser zu rekonstruierende Weg aus heutiger Sicht verantwortbar und sachlich gerechtfertigt?

Wir versuchen, wenigstens Anhaltspunkte dafür zu geben, in welcher Weise das hellenistisch geprägte Umfeld die spätere Gestalt des Christentums dann auch auf sehr dauerhafte Weise geprägt hat. Der junge christliche Glaube steht vor der Herausforderung, die von den philosophischen Richtungen an ihn gestellten Fragen zu beantworten. Er muss sich rechtfertigen gegenüber den Angriffen – das ist schon eine notwendige Konsequenz aus dem anhaltenden Verfolgungsdruck, unter dem er die ersten Jahre und Jahrhunderte steht. Später sucht er eine präsentable gedankliche Gestalt, in der er den Erfordernissen einer Staatsreligion, also den Anforderungen an eine Religion, die den neuen tragenden Konsens formuliert, genügen kann. Das alles ist mitzubedenken, wenn man die aus heutiger Sicht entscheidende Frage stellt: Sind hier die Weichen richtig gestellt worden? Die akademische, kaum mehr zu überschauende Diskussion dieser Frage und die große Fülle an Material, die diese erbracht hat, kann und muss hier nicht referiert und präsentiert werden.[95] Es wäre ohnehin anmaßend, eine definitive Auskunft geben zu wollen. Wir begnügen uns hier mit der Diskussion einiger weniger, herausragend wichtiger Punkte und mit der Formulierung von Fragen, zu deren Beantwortung dieses schmale Studienbuch nicht mehr als Anregungen geben kann und für die es sensibilisieren will.

3.3.2 Ablösung der Stoa durch das Christentum

Ab dem 2. Jahrhundert n. Chr. kommt es zu einer Ablösung der Stoa durch das Christentum.[96] Der Philosophie kommt in der Antike eine immense Bedeutung für das Leben zu. Sie ist eben nicht «Theorie», die neben der Praxis steht, also «bloß Theorie», sondern Theorie für die Praxis, Lebenspraxis. Sie ist ein Erkenntnisvollzug, dessen Ergebnis der Weise sein Leben idealerweise anzupassen sucht. Das gilt besonders für die Stoa. Vor allem aber sie ist es, die genau diese Funktion immer weniger wahrzunehmen vermag. Einer der Hauptgründe ist, dass ihr erkenntnistheoretisches Fundament schwach wird. Vor allem die Stoa vermag die immer stärker werdenden skeptischen Gegenargumente nicht

95 Vgl. für einen Überblick: Manuel Schmid: Gott ist ein Abenteurer. der Offene Theismus und die Herausforderungen biblischer Gottesrede, Göttingen 2019, 91–154.

96 Vgl. zum Folgenden Malte Hossenfelders Einleitung zu: Sextus Empiricus: Grundriß der pyrrhonischen Skepsis, Frankfurt a. M. 1968, 8. Aufl. 2017 (suhrkamp taschenbuch wissenschaft, 499), (9–88) 12–30 [zit. als Einleitung].

«vernünftig» zu beantworten. Andere philosophische Schulen wie die neue «Akademie» oder die Pyrrhonische Skepsis gehen direkt von dieser skeptischen Grundlage aus, vermögen freilich auf dieser ihrer skeptischen Basis keine überzeugende Lebenskonzeption zu liefern. Es ist also (1) die zurückgehende Bedeutung der die Gebildeten immer weniger überzeugenden Philosophie, die ein Faktor ist für den erstaunlichen Ersetzungsprozess. Hier entsteht eine Lücke, eine Stelle wird frei. Andere Faktoren kommen dazu. (2) Der christliche Glaube schenkt Orientierung und Gewissheit, die die Philosophie nicht mehr bieten kann – und das verbunden mit einer überzeugenden Lebensgestaltung. Trotz der seltsam anmutenden Lehre oder dem, was man von ihr zu wissen glaubt, ist es gerade die Gewissheit, von der Christen auch in Verfolgungssituationen offenbar getragen werden. Es ist das Profil dieser Lebensweise inmitten einer pluralistischen Mischkultur, das das Christentum überzeugend sein lässt für Menschen, die genau das suchen: Orientierung und Gewissheit in einer Zeit, die durch Multikrisen gekennzeichnet ist – vom Verfall der Werte über politische Wirren, Bedrohungen von außen, wirtschaftliche Engpässe bis hin zu Epidemien und Hungersnöten. Geholfen hat sicherlich (3) eine oberflächliche Ähnlichkeit in Anschauungen, die mindestens eine Brücke sein kann, auch wenn ein tieferes Eindringen in den christlichen Glauben die tiefen Gräben und die völlige Andersartigkeit dieser «Religion» geoffenbart haben wird. Mindestens der Form nach geht es aber doch auch im Christentum um den Logos, der die Welt bestimmt, um einen Gott, der Herr über alles ist, um ein sinnvolles Leben und eine besondere Lebensgestaltung. Die Kirchenväter leisten – abgesehen von denen, die die Philosophie rundherum ablehnen – ganze Arbeit, um diese Ähnlichkeiten herauszuarbeiten und positive Anknüpfungspunkte zu formulieren – allen voran Augustinus (354–430). Bei dieser Annäherung passieren (4) auch Angleichungen, die den christlichen Glauben an Jesus von Nazareth als Weg der Nachfolge selbst verändern, ihn zum «Christentum» werden lassen. Nicht nur verdrängt und ersetzt das Christentum die Stoa; die Stoa beeinflusst in diesem Prozess auch das Christentum und verdrängt wie ersetzt urchristliche Überzeugungen. Wir werden uns ausgewählte Beispiele anschauen.

3.3.3 Parallelen zur Stoa im Neuen Testament: Ähnlichkeiten und Gegensätze

3.3.3.1 Kosmosförmige Standesethik vs. apokalyptisches Weltverhältnis

28  «Und alles, was ihr tut, mit Worten oder Taten, das tut im Namen des Herrn Jesus – und dankt dabei Gott, dem Vater, durch ihn. Ihr Frauen, ordnet euch euren Männern unter, wie es sich im Herrn geziemt! Ihr Männer, liebt eure Frauen und lasst eure Bitterkeit nicht an ihnen aus! Ihr Kinder, gehorcht euren Eltern in allen Dingen, denn das findet Gefallen beim Herrn. Ihr Väter, reizt eure Kinder nicht, damit sie den Mut nicht verlieren. Ihr Sklaven, gehorcht euren irdischen Herren in allen Dingen, nicht aus Liebedienerei, als wolltet ihr Menschen gefallen, sondern mit lauterem Herzen; denn ihr fürchtet den Herrn. Was ihr auch tut, tut es mit Leib und Seele, so als wäre es für den Herrn und nicht für Menschen, im Wissen, dass ihr dafür vom Herrn das Erbe empfangen werdet. Dient Christus, dem Herrn! Wer Unrecht tut, wird

bekommen, was er an Unrecht getan hat, ohne Ansehen der Person. Ihr Herren, gewährt euren Sklaven, was recht und billig ist. Denn ihr wisst: Auch ihr habt einen Herrn im Himmel.» (Kol 3,17–4,1)

Vielfach wird eine sachliche Nähe zwischen Stoa und Christentum im Bereich der Ethik behauptet. Dabei kann dann verwiesen werden auf die sogenannten Haustafeln. In ihnen kann Paulus die einzelnen Stände, also Gruppen von Menschen, wie sie durch Geburt, Geschlecht, Alter oder Beruf bestimmt sind, einzeln adressieren und die jeweiligen Pflichten formulieren, die für jeden Stand gelten: für Herren und Sklaven, Eltern und Kinder, Männer und Frauen. Und er kann auffordern: «Jeder aber bleibe an seinem Ort, an den er berufen worden ist.» (1Kor 7,20) Er fordert eben nicht zur Sklavenbefreiung, zur Veränderung der Gesellschaft auf: «Bist du als Sklave berufen worden, soll es dich nicht kümmern;» (7,21) Die Witwen fordert er auf, nach Möglichkeit nicht zu heiraten; dem unverheirateten oder ungebundenen Mann empfiehlt er, so zu bleiben: «Bist du an eine Frau gebunden, suche keine Trennung; bist du getrennt von deiner Frau, suche keine andere Frau!» (7,27).

Ich will euch zeigen, «wie unzutreffend die Vorstellung ist, dass, was ein Übel scheint, es auch wirklich ist.»  29

«Ich habe euch fähig gemacht, das Furchtbare gering zu schätzen und euch, von den Begierden angeekelt, abzuwenden. Ihr glänzt nicht nach außen, eure Güter sind innere. So verachtet die Natur das Äußerliche, voll Freude vertieft in den Anblick dessen, was in [!; HPH] ihr vorgeht. Ins Innere habe ich alles Gute gelegt; vom Glück nicht abhängig zu sein, das macht euer Glück aus. […] ‹Trauriges, Furchtbares und schwer zu Ertragendes.› Davor konnte ich euch nicht in Schutz nehmen, deshalb habe ich eure Seelen gegen alles gewappnet.» (Seneca: Über die Vorsehung 1; 6)

Der unverheiratete Stand, so hat man 1Kor 7 gerne, vielfach und dominant interpretiert, ist der bessere, «glückseligere» (vgl. 7,40). Was wir sehen, ist – scheinbar – eine Ethik, die wie die Stoa (a) eine festgefügte soziale Ordnung kennt, (b) für die die sozialen Unterschiede und Ränge gleichgültig sind, die vielmehr auf das Innere abhebt und auch darin der Stoa gleicht, (c) für die es nicht auf das Äußere, sondern nur auf die inneren Werte ankommt, die vielmehr erwartet, dass die Menschen sich an die Verhältnisse anpassen, so wie sie nun einmal sind, (d) die nicht an der Veränderung der äußeren Umstände interessiert ist: es gilt ja, nicht weltlich, sondern geistlich gesinnt zu sein, (e) die für jeden einzelnen Menschen in seinen definierten Lebensumständen feste Pflichten kennt.

Bei dieser – naheliegenden – Interpretation wird allerdings selektiv verfahren: Der Sklave soll ja durchaus versuchen, seine Freiheit zu bekommen (1Kor 7,21); der alleinstehende Mann soll ja durchaus heiraten, wenn das für ihn besser ist (7,35f). Vor allem werden die zitierten und für die These der Übereinstimmung herangezogenen Aussagen von dem Kontext gelöst, der ihnen erst ihren spezifischen Sinn gibt. Nur wer den Horizont vergisst oder gar eliminiert, in dem Paulus hier schreibt, kann diese Aussagen, die in einer speziellen eschatologischen und apokalyptischen Situation ergehen, umformen zu einer allgemeinen Ethik und Moral, inkl. Zölibat und Höherschätzung der Jungfräulichkeit.

Paulus sagt es ja eigentlich ganz deutlich, und der interpretative Wille zur Macht muss schon erheblich sein, der das übersieht: «Die Zeit drängt.» (1Kor 7,29), die uns noch bleibt bis zur für die nahe Zukunft erwarteten Wiederkunft des *Kyrios/ Herrn*. Noch deutlicher: «Die Gestalt dieser Welt vergeht» (7,31); wörtlich heißt es: Das, was sie trägt, ihre Fundamente, sind morsch und brüchig. Hier finden wir den eschatologischen und apokalyptischen Horizont, der den Aussagen und Anweisungen ihre Bedeutung erst gibt. Wenn die Zeit begrenzt ist, wenn sie knapp ist, dann gilt es natürlich, Prioritäten zu setzen. Nicht das Verheiratet- oder Nicht-verheiratet-Sein steht hier zur Debatte; es handelt sich nicht um eine ethisch-moralische Erwägung zu Jungfräulichkeit und Ehe – es geht ganz praktisch um die Frage: Wie nutzen wir die knappe Zeit, die uns noch bleibt bis zur Ankunft des Herrn? Sollten wir die wenigen verbleibenden Zeit- und Kraft-Ressourcen nicht lieber für anderes als die Vorbereitung und Durchführung von Hochzeiten und die Gründung von Hausständen einsetzen? Das heißt: Paulus hat nichts gegen die Ehe, nichts gegen Sex, aber er stellt die Frage: Was hat jetzt, in diesem Kairos Priorität? Es kann sein, dass man selbst in dieser Situation noch in eine verbindliche Beziehung eintritt, wenn man anders mit der eigenen Triebhaftigkeit nicht angemessen zurechtkommt (vgl. 1Kor 7,6). Genau diese Frage der Lebensführung ist in der Sache eine Frage des Lebenszeugnisses, also eine Frage: Wie sieht ein Leben *en kyrio* und in Erwartung des wiederkommenden Herrn aus?

Das Beispiel Onesimus und Philemon macht den Habitus deutlich. Paulus setzt sich sehr für den entlaufenen Sklaven Onesimus ein. Und er macht dessen Herrn Philemon schon klar, dass die Bruderbeziehung, in der er zu Onesimus steht, die Beziehung Herr – Sklave entscheidend relativiert, unterläuft und letztlich aufhebt (vgl. den Duktus des Philemonbriefs). Hier begegnet uns nicht eine bestimmte Ethik von wertvoller Innen- und zu vernachlässigender Außenwelt, allein wichtiger innerer Einstellung und relativ unwichtiger Stellung im sozialen Gefüge, von innerer Glaubenshaltung und sozialen Ordnungen, die absolut gelten und nicht infrage zu stellen sind, von Pflichten, die der jeweilige Mensch zu erfüllen hat – vielmehr eine Weltanschauung und Welterfahrung, die weiß: Das, was jetzt ist, inkl. Innen und Außen, sozialen Verhältnissen, fast gleich, ob Herr oder Sklave, Mann oder Frau usw., hat nur noch sehr begrenzten, vorläufigen Wert.

30  «Da ist nicht Jude noch Grieche, da ist nicht Sklave noch Freier, da ist nicht Mann und Frau; denn ihr alle seid einer in Christus Jesus.» (Gal 3,28)

Schon die Idee ist abwegig, sich für diese Welt verbindliche Normen und Regeln zu geben und Pflichten aufzuerlegen. Paulus handelt als eschatologischer Pragmatiker. Er kennt nur ein Gebot; ihn bestimmt nur eine Perspektive: Was für Konsequenzen hat es, *en kyrio* zu sein? Was bedeutet es für unsere Lebensgestaltung, dass Jesus als Herr bald wiederkommt; dass die in die alte Welt eingebrochene, sich in ihr auswirkende, auf ihre endgültige Vollendung zugehende und auf ihre Durchsetzung wartende Herrschaft Christi vor der Tür steht?

Die neue Welt stabilisiert nicht die bestehende Ordnung; sie lässt sie vielmehr buchstäblich «alt» aussehen. Sie verändert und durchdringt ja jetzt schon alles. Nicht umsonst wurden christliche Apokalyptiker, die diese Perspektiven des Christusglaubens nicht preisgeben oder wiedergewinnen wollten, immer wieder zum Ärgernis der Herrschenden, denen an einer Stabilisierung des Bestehenden liegt, von den Aufständen und Bauernkriegen der Reformationszeit bis zur lateinamerikanischen Befreiungstheologie.

Was für einen Weg der Angleichung musste das Christentum gehen, bis es – unter stoischem Einfluss aus dem Neuen Testament – eine feste Geschlechterethik mit zugewiesenen Rollen ableiten konnte?

Der Vergleich mit der Stoa zeigt: Das Ergebnis in der Gestaltung des Lebens weist zwar Parallelen auf. Aber die Gründe für diese Lebensgestaltung unterscheiden sich fundamental von den Gründen, die in der Ethik der Stoa genannt werden. Es gilt eben nicht: Die Welt ist nicht zu ändern, sondern: Die Welt ist in einer fundamentalen Veränderung begriffen. Es gilt eben nicht: Das Äußere ist unwichtig, sondern: Weil es Gott so wichtig ist, hat er in der Auferstehung Jesu eine neue Welt begonnen, die sich endlich durchsetzen wird. Es gilt eben nicht: Rückzug aus dem realen Leben; gelingendes Leben ist nicht wichtig, darum passt euch an, sondern: Weil gelingendes Leben umfassend wichtig ist, darum will Gott selbst einen neuen Himmel und eine neue Erde. Und weil wir uns auf sie fokussieren, relativiert sich die Bedeutung dessen, was überholt ist und was unsere Fixierung nicht verdient. Es gilt eben nicht: Diese Welt ist gut, weil sie die Götter gut gemacht und unser Leben gut eingerichtet haben – so der sich über viele Seiten hinziehende Rechtfertigungsversuch bei Seneca[97] –, sondern diese Welt zerbricht, sie ist morsch, sie vergeht, und Gott sieht sich genötigt, eine neue, ganz neue zu schaffen, weil er uns liebt und ihm an uns liegt.

Ein Beispiel neben anderen ist der Brief des Paulus an die Epheser. Man hat aus Eph 5 die Forderung nach Unterordnung der Frauen unter ihre Männer als ihr «Haupt» ableiten und dann eine patriarchale Grundhaltung legitimieren wollen. Man kann aber selbst in diesem oft verachteten Text die eigentlich entscheidende Stoßrichtung und die sich daraus ergebende Pointe herausarbeiten. Paulus sagt zwar einerseits: Die Frauen sollen sich den eigenen Männern unterordnen. Sein Spitzensatz findet sich aber am alles entscheidenden und Sinn wie Gefälle des Textes bestimmenden Anfang der Gemeindebelehrung. Er formuliert die Überschrift über alles Folgende und stellt eine enorme, das damalige Verhältnis der Geschlechter revolutionierende Provokation dar: «Ordnet euch *einander* unter *in der Furcht Christi*» (5,21).

Pflicht bei den Stoikern:  31

«Pflicht *(kathekon)* […] nennen sie dasjenige, was, wenn man es handelnd vollzogen hat, sich mit guten Gründen rechtfertigen läßt, wie das Naturgemäße im Leben, das sich auf Pflanzen und Tiere bezieht; denn auch bei ihnen lassen sich Pflichten erkennen. Der Name ist von Zenon aufgebracht worden, und zwar ist die Bezeichnung daher genommen, daß sie [= die Pflicht] sich als Forderung an gewisse Menschen richtet. Sie sei aber eine Willensbetätigung, die mit den naturgemäßen Einrichtungen in innigem Einvernehmen steht. […] Pflichtgemäß sei alles, wofür sich die Vernunft entscheidet, wie z.B. Eltern, Brüder, Vaterland in Ehren zu halten […]; pflichtwidrig dagegen, was die Vernunft verwirft, wie z.B. Pflichtversäumnis gegen die Eltern […].»
(DL, Leben und Meinungen berühmter Philosophen, VII, 107f)

97 Über die Vorsehung 1 ff.

«In der Furcht Christi» markiert die Ortsanweisung und Hinsicht. Entscheidend sind nicht soziale Ortsanweisungen, wie sie schon der in der Exegese übliche Begriff der «Haustafeln» fälschlicherweise suggeriert. Entscheidend ist die alles verändernde gemeinsame Positionierung in der Christus-Beziehung, die sich auch auf unsere sozialen Beziehungen auswirkt.

Die von Paulus in 1Tim 3,1–13 aufgezählten Qualifikationen für den Aufseher- und Diakonendienst erinnern stark an stoische Kataloge von moralischen Qualifikationen, deren Pflichterfüllung den Weisen auszeichnet.[98]

Schaut man genauer in den Text, erkennt man die Begründungszusammenhänge: Es geht nicht um die Untadeligkeit von Menschen, ihre Ehrbarkeit und ihren Anstand, der dazu führt, dass der Weise gelobt und anerkannt wird, weil er naturgemäß und damit vernünftig lebt; und es geht nicht um die zentrale Tugend, seine – der Natur entsprechende – Pflicht zu erfüllen, die sich aus dem jeweiligen Stand ergibt. Es geht nicht um die Suche nach dem perfekten oder zu perfektionierenden Menschen, der zum Vorbild[99] für andere wird. Es geht – im Gegensatz zur Stoa – überhaupt nicht um den Menschen, seine ethischen Qualitäten, seine Lebensweisheit, seine Verehrenswürdigkeit. Es geht allein um Gott, seine Ehre, das Zeugnis für ihn und die Rolle, die die Gemeinde und ihre Mitarbeiter in diesem Rahmen spielen.

3.3.3.2 Kinder der Vernunft versus Gotteskindschaft

Die Überzeugung, dass Gott unser Vater ist und wir seine Kinder sein dürfen, gehört in die Mitte der Verkündigung Jesu (vgl. schon das Vaterunser, Mt 6,5–15)[100] und ist Kernaussage neutestamentlicher Soteriologie: Es ist das alles entscheidende Datum im Evangelium als der guten Botschaft, dass Gott uns wie ein guter Vater gegenübertritt, nicht als uns verurteilender Richter. Genau hier scheint eine weitere, elementare Übereinstimmung mit stoischen Anschauungen zu bestehen. So sind nach dem berühmten, frühen stoischen Zeus-Hymnus des Kleanthes «die Sterblichen […] aus deinem Geschlecht», also Kinder des Zeus.[101]

Und auch der letzte der großen stoischen Philosophen betont immer wieder, dass eine Verwandtschaft zwischen den Menschen besteht, den Einzelnen wie dem gesamten Menschengeschlecht. Sie ist fundamental, weil sie nicht biologischer Natur ist – dann wäre sie ja nur körperlicher Art. Sie ist vielmehr über die Vernunft als das Göttliche gegeben, das alle Menschen verbindet. Verwandt sind die Menschen also durch das, «was der Mensch

98 Vgl. bei Paul Barth: Die Stoa, Stuttgart ^{6}1946, 266–269 («Das Stoische im Neuen Testament»).

99 Wo Paulus sich als Vorbild für andere empfiehlt (vgl. Phil 3,17), weist er sogleich über sich hinaus auf Christus, der für ihn Vorbild ist: vgl. 1Tim 1,16; 2Tim 1,13. Er vollzieht eine christliche Aufnahme und zugleich entscheidende Transformation des Stoischen. Das stoische Konzept des ethischen Vorbilds des weise Lebenden wird übernommen, aber zugleich geknackt. Nicht der weise Mensch steht im Mittelpunkt, der als solcher in seiner Perfektion vorbildlich ist, sondern Christus und die Beziehung zu ihm.

100 Vgl. Klaus Haacker: Was Jesus lehrte: Die Verkündigung Jesu – vom Vaterunser aus entfaltet, Neukirchen-Vluyn 2010.

101 Vgl. bei Weinkauf (Hg.): Die Stoa, 114.

von den Göttern hat» (Mark Aurel)[102]. Die Gotteskindschaft – bei Kleanthes noch in einer poetisch-mythischen Gestalt als Zeus-Kindschaft gefasst – ist stoisch begründet in der natürlich gegebenen Verwandtschaft aller Seelen, in denen sich die Vernunft als das Göttliche, als Gott in mir, findet, der uns alle verbindet. Grundlegend anders als in der Stoa ist Gotteskindschaft im Neuen Testament gerade keine natürliche Gegebenheit, sondern ein dem Menschen als Geschenk zukommendes, ihn rettendes Widerfahrnis: «Denn ihr seid alle Söhne und Töchter Gottes durch den Glauben in Christus Jesus. » (Gal 3,26). Zur Begründung heißt es: «Ihr alle nämlich, die ihr auf Christus getauft wurdet, habt Christus angezogen. » (3,27). Die Identität als Gotteskind ist nicht einfach da, sie ist nicht naturgemäß gegeben. Sie ist neu, und sie dominiert, überschreibt die alte (vgl. Gal 3,28). Sie ist keine Gegebenheit, die mir selbstverständlich zukommt, sondern eine Stiftung neuer Existenz, die mich aus der alten rettet.[103]

Du darfst nicht vergessen, «wie eng die Verwandtschaft des Menschen mit dem ganzen Menschengeschlecht ist; denn sie ist keine Gemeinschaft des Blutes oder der Abstammung, sondern eine Gemeinschaft des Geistes». (Mark Aurel: Selbstbetrachtungen XII, 26)  32

Spannend ist, wie von Christentumskritikern immer wieder hervorgehoben, dass Renaissance und Aufklärung auf die naturrechtliche Vorstellung der Gleichheit aller Menschen, auch der Ungetauften und Nicht-Glaubenden, zurückgegriffen haben, um Menschenwürde und Menschenrechte gegenüber einer Kirche zu begründen, die das volle Mensch-Sein nur den getauften Mitgliedern zusprach.[104] Im Rahmen scholastischer Theologie war unter dem Einfluss griechisch-ontologischer Konzepte und unter Abkehr von hebräisch-biblischem Denken aus der Relation, die unsere neue Existenz begründet, ein seinsmäßiger Status geworden. Die christliche Theologie hatte naturrechtliche Konzeptionen zwar aufgenommen, im Endeffekt aber gegen die Anerkennung der natürlich gegebenen Würde des Menschen gewendet.

3.3.3.3 Vorsehung: ehernes Schicksal vs. Gott als Vater

Als Vater von allen ist Gott auch der, der für alles sorgt: «Er ist der Schöpfer der Welt und gewissermaßen der Vater von allen, insofern er im Ganzen und mit seinen Teilen alles durchdringt.»[105] Das klingt zumindest ganz ähnlich wie die christliche Schöpfungs- und Vorsehungslehre. Wie das stoische Wirken von «Gott» zu denken ist, erläutert aber näher Cicero im Anschluss an Poseidonios: «Es gibt [...] einen Urstoff, der die ganze Welt zusammenhält und ihr Bestehen sichert.» Cicero bestimmt diesen näher als die «herrschende Kraft»: «Unter ‹herrschender Kraft› verstehe ich das, was die Griechen *hegemo-*

---

102 Selbstbetrachtungen I, 18.

103 Die Gotteskindschaft ist für biblische Theologie gerade keine natürliche Gegebenheit. Zum einen würde sie ontologisch in häretischer Weise eine gleiche Qualität von Gott und Mensch behaupten; zum anderen ist die den Menschen konstituierende Gottesbeziehung ja durch die Sünde gerade zerbrochen.

104 Vgl. etwa Herbert Schnädelbach: Der Fluch des Christentums, in: Das Christentum. Eine Kontroverse, hg. von Thomas Assheuer, in: Zeit-Dokument Hamburg 2 (2000), 6–12.

105 DL, Leben und Meinungen berühmter Philosophen, VII, 147.

nikon nennen. Es ist das Beste in jeder Art von Dingen und kann und darf von nichts übertroffen werden.»

33  «Es gibt also einen Urstoff, der die ganze Welt zusammenhält und ihr Bestehen sichert. Er hat Bewusstsein und Vernunft. [...] Jedes Wesen [...] muss notwendigerweise in sich eine herrschende Kraft haben. Bei den Menschen ist das der Geist. Bei den Tieren etwas Ähnliches, woraus die Triebe kommen. Bei den Bäumen und anderen Pflanzen [...] befindet sich dieses Herrschende in den Wurzeln. Unter ‹herrschender Kraft› verstehe ich das, was die Griechen *hegemonikon* nennen. Es ist das Beste in jeder Art von Dingen und kann und darf von nichts übertroffen werden. Deshalb muss auch dieses Vorherrschende in der Gesamtnatur das Allerbeste sein, welchem am meisten die Herrschaft und Macht über alles zukommt. Nun sehen wir aber, dass in den einzelnen Bestandteilen der Welt – in ihr gibt es ja nichts, was nicht ihr Teil wäre – Bewusstsein und Vernunft enthalten sind. Deshalb muss zwingend jener Teil der Welt, in dem sich das Hegemonikon befindet, Bewusstsein und Vernunft enthalten [...]. Folglich muss die Welt weise sein und das Wesen, das alle Dinge umfasst und zusammenhält, sich durch die vollkommene Vernunft auszeichnen. Deshalb muss auch die Welt eine Gottheit sein und die ganze Kraft der Welt auf einem göttlichen Wesen beruhen.»
(Cicero: De natura Deorum II, 29; im Anschluss an den Stoiker Poseidonios)

Dieses *hegemonikon* ist in allen «einzelnen Bestandteilen der Welt», sofern in ihnen «Bewusstsein und Vernunft enthalten sind.» Cicero folgert: «Folglich muss die Welt weise sein und das Wesen, das alle Dinge umfasst und zusammenhält, sich durch die vollkommene Vernunft auszeichnen.» Die pantheistische Auffassung bringt es dann auf den religionsphilosophischen Punkt: «Deshalb muss auch die Welt eine Gottheit sein und die ganze Kraft der Welt auf einem göttlichen Wesen beruhen.»[106]

Gott steht der Welt nicht gegenüber, die Welt *ist* eine Gottheit. Die Welt ist nicht aus dem Nichts geschaffen (vgl. Röm 4,17: Gott, «der die Toten lebendig macht und was nicht ist, ins Dasein ruft. »), sie besteht im Kern aus Gott, dem Logos, der Vernunft. Das, was an ihr und in ihr wesentlich ist, ist Geist, Logos, Vernunft. Fürsorge für die Welt geschieht nicht in einem gezielten, personalen Handeln eines theistisch zu denkenden Gottes. Als «Fürsorge» ist hier das der Welt innewohnende Vernünftige zu denken, das als wohl geordnet erscheint.[107] Wiederum ist die Ähnlichkeit nur oberflächlicher Art und beruht auf einem per Übersetzung herbeigeführten Gleichklang.

Es existiert kein personales Gegenüber, das ich anrufen, gar beeinflussen, mit dem ich ver*handeln* kann, wie Abraham mit Gott vor Sodom (vgl. Gen 18,16ff). Es existiert kein Gott, der den Menschen liebt, der ihm nachgeht, entgegenkommt (vgl. Lk 15,20). Es gibt kein dynamisches Verhältnis, sondern allein die Ergebung: «Du, Zeus, und du, mein Schicksal, führet mich dorthin, wo ich nach eurem Rat und Willen stehen soll. Ich folge

106 Cicero: Über das Wesen der Götter 2,23 ff.

107 In der Konsequenz stellen für eine stoische bzw. stoisch beeinflusste Vorsehungslehre die Übel dieser Welt nur Störfaktoren dar, die mental einzuebnen und zu beseitigen sind, aber nicht wirklich als widerständig ernstgenommen werden. Für den biblischen Gottesglauben sind sie dagegen Ausgangspunkt und zentrale Herausforderung für die Soteriologie.

ohne Zaudern. Wollte ich es nicht, so tät' ich übel dran und müßte endlich doch. Wer der Notwendigkeit sich willig unterwirft, dünkt weise uns und kennt der Götter Walten wohl.» (Epiktet)[108]

Es gilt die Gleichung: Gott = Schicksal = Notwendigkeit, der der Mensch nicht entkommen kann. Dieses Gottesbild ist wenig tröstlich. Es erklärt aber die stoische Strategie der «Existenzbewältigung». Sie besteht im Kern allein darin, sich mit dem Unvermeidlichen abzufinden und sich mit ihm zu arrangieren. Ist für jüdischen und christlichen Glauben Vorsehung ein Implikat der Hoffnung auf Gottes Hilfe, ist hier von vornherein jede Hoffnung ausgeschlossen.

3.3.3.4 Zur Theodizee: Das Böse als Problem falscher innerer Haltung oder als zerstörerische Realität, die das Leben angreift

Es ist evident, dass in der stoischen Weltanschauung kein Raum für eine Klage zu Gott oder gar eine Anklage Gottes besteht. Alles ist ja vernünftig eingerichtet. Die Aufgabe des Menschen ist es allein, die von Gott «zugewiesene Rolle ordentlich zu spielen; sie auszuwählen, ist Sache eines anderen.» (Epiktet)[109] Wenn man Pech hat, ist es dann die Rolle eines «Bettlers» oder «Kranken». Die Frage nach der Gerechtigkeit des Schicksals verbietet sich;[110] die Welt ist gerecht, weil sie göttlich ist. Die Stoa fällt hier kein empirisches Urteil, das auf Erfahrung beruht; sie urteilt analytisch und leitet die Gerechtigkeit aus ihren Grundsätzen ab. Diese gelten absolut.

 34

«Was die Frömmigkeit gegenüber den Göttern betrifft, so wisse, daß es hauptsächlich darauf ankommt, richtige Vorstellungen über sie zu haben: daß sie existieren und das Weltall gut und gerecht regieren und daß du die Bereitschaft haben mußt, ihnen zu gehorchen und dich allem, was geschieht, zu fügen und freiwillig zu folgen, in der Überzeugung, daß es von der vollkommensten Einsicht zum Ziel geführt wird. Dann wirst du die Götter nämlich niemals tadeln und ihnen vorwerfen, sie kümmerten sich nicht um dich.
Das ist aber nur dann zu erreichen, wenn du die Begriffe Gut und Böse von allem trennst, worüber wir nicht gebieten, und sie lediglich in dem Bereich gelten läßt, über den wir gebieten. Denn wenn du etwas von jenem für gut oder böse hältst, so wirst du zwangsläufig die Verursacher tadeln und hassen, sobald du verfehlst, was du erstrebst oder dem anheimfällst, was du nicht wünschst.»
(Epiktet: Handbüchlein der Moral, 31)

Widerstand gegen das Erfahrene würde nur auf den Einzelnen zurückfallen und ihn als unvernünftig ausweisen.

Das Böse gibt es demzufolge nicht. Das zeigt sich beim Versuch Senecas, den Zweifler und Angefochtenen «mit den Göttern [zu] versöhnen, die für die Besten nur das Beste

108 Handbüchlein der Moral, 53.
109 A. a. O., 17.
110 Vgl. ebd.

bereithalten»[111]. Das, was schlimm zu sein scheint, ist es nicht wirklich. Das, was böse zu sein scheint, ist es nicht wirklich. Zum einen ist es ja «schlimm», «böse», «lebenswidrig» nur in unserer Vorstellung, durch unsere Prädikation als solches, sind wir also eigentlich die, die es zum Bösen, Schlimmen, Lebenswidrigen erst machen.

35  Seneca zur Theodizeefrage:
«Ich will dich mit den Göttern versöhnen, die es mit den Besten auch immer am besten meinen. Denn es wäre wider die Natur, dass je dem Guten das Gute schade. Zwischen guten Menschen und Göttern besteht Freundschaft, und was sie vermittelt, ist die Tugend. Und etwa bloß Freundschaft? Nein, auch Verwandtschaft und Ähnlichkeit; denn der Gute ist nur in Beziehung auf die zeitliche Dauer von Gott verschieden, sein Schüler und Nacheiferer und wahrhaftiger Abkömmling, den jener hochherrliche Vater, kein lauer Wächter der Tugend, nach Art gestrenger Väter nicht ohne Härte aufzieht. Bemerkst du also, dass gute und den Göttern wohlgefällige Menschen sich abmühen, sich plagen und mühsam emporklimmen, während schlechte in Schwelgerei und Wollust ihr Leben dahinbringen, so bedenke: Auch wir finden Gefallen an dem bescheidenen Auftreten unserer eigenen Söhne, während wir an dem Mutwillen jugendlicher Sklaven nichts auszusetzen haben; jene werden durch strengere Zucht in Schranken gehalten, diese in ihrer Keckheit bestärkt. Ebenso sollst du von der Gottheit denken: Den guten Menschen verhätschelt sie nicht, sie lässt ihn harte Proben durchmachen und gestaltet ihn nach ihrem Muster.»
(Seneca, Von der göttlichen Vorsehung, I, 1, zit. nach: Seneca: Das große Buch vom glücklichen Leben. Gesammelte Werke. Aus dem Lateinischen von Otto Apelt, München 2014/2023)

Dagegen gilt aber doch, was felsenfest sicher ist: «Einem guten Menschen kann nichts wirklich Schlimmes widerfahren»[112]. Zum anderen könnte das Böse – für einen guten Menschen – nur «draußen» sein. Aber das, was draußen, was außerhalb von ihm ist, ist ja letztlich gleichgültig. Wichtig ist ja nur mein Innenleben, meine Einstellung zu dem, was ist. Im letzten Fall sind die «Widrigkeiten […] Übungen»[113]. Und braucht der tugendhafte Weise nicht die Herausforderung? Gilt doch: «Die Tugend erschlafft, wenn sie keinen Gegner hat.»[114] Den sittlich, also einstellungsmäßig guten Menschen widerfährt so auch gar nichts – wirklich – Böses: «Alles Böse hält sie [die Gottheit] von ihnen fern, Schandtaten und Verbrechen, schlechte Gedanken und habsüchtige Pläne, blinde Begierde und die Habsucht, die nach fremdem Eigentum trachtet.»[115]

Ziel der stoischen Argumentation ist es allein zu zeigen, «wie unzutreffend die Vorstellung ist, dass, was ein Übel scheint, es auch wirklich ist.»[116] Die Frage nach der Gerechtigkeit Gottes stellt sich also recht verstanden gar nicht, zum einen weil diese Welt vernünftig, mithin göttlich (vom Logos durchwirkt), mithin gerecht ist, zum anderen, weil

111 Von der göttlichen Vorsehung I, 1.
112 Ebd.
113 A. a. O., I, 2.
114 Ebd.
115 A. a. O., I, 6.
116 A. a. O., I, 3; zit. nach der Übersetzung von Otto Apelt.

das, was böse, schlimm, schlecht sein könnte, es ja nur in meinen Vorstellungen ist. Ohne die Kritik an dieser Position zu sehr vorwegnehmen zu wollen, wird erkennbar, wie mögliche Probleme schlicht hinwegdefiniert werden.

Es gibt sie nicht, weil es sie nicht geben kann und darf. Der Gottesbegriff lässt sie schlicht nicht zu.

Verhängnisvoll wird es für die Kirche dort, wo sie solche Verteidigungen Senecas rezipiert und nicht realisiert, welcher heidnische, offenbarungsfremde Gottesbegriff mit ihnen transportiert wird.

«Wie ein Ziel nicht aufgestellt wird, damit es verfehlt werde, so hat das Böse seinen Ursprung auch nicht in der Weltordnung.» (Epiktet: Handbüchlein der Moral, 27)

 36

3.3.3.5 Logos und Kosmos: Vernunftprinzip und personale Offenbarung

Wenn vor allem der Prolog des Johannesevangeliums (JohEv) vom Logos spricht (vgl. 1,1–4), dann wird hier zunächst ein in der Antike seit Heraklit philosophisch weit verbreiteter und nicht nur stoischer Begriff aufgenommen. Traditions- und rezeptionsgeschichtlich ist zudem auf alttestamentliche Traditionen, etwa Weish 8, hinzuweisen, die erkennbar eine Rolle spielen.[117] Vor allem aber ist auf einen tiefen Gegensatz hinzuweisen, der Neues Testament und Stoa trennt. Wenn der Logos auch zunächst in großer Nähe zu panhellenistischen Vorstellungen als Gott, göttlich, qualifiziert wird (vgl. Joh 1,1–3), ist er nach Joh 1 gerade im Gegensatz zur Stoa beschrieben. Diese denkt ihn als universellen Klebstoff der Welt und identifiziert ihn mit der Welt, weil diese Ordnung besitzt, Ordnung ist, also Vernunft ist.

 37

«(1) Im Anfang war das Wort, der Logos, und der Logos war bei Gott, und von Gottes Wesen war der Logos. (2) Dieser war im Anfang bei Gott. (3) Alles ist durch ihn geworden, und ohne ihn ist auch nicht eines geworden, das geworden ist. (4) In ihm war Leben, und das Leben war das Licht der Menschen. (5) Und das Licht scheint in der Finsternis, und die Finsternis hat es nicht erfasst. (6) Es trat ein Mensch auf, von Gott gesandt, sein Name war Johannes. (7) Dieser kam zum Zeugnis, um Zeugnis abzulegen von dem Licht, damit alle durch ihn zum Glauben kämen. (8) Nicht er war das Licht, sondern Zeugnis sollte er ablegen von dem Licht. (9) Er war das wahre Licht, das jeden Menschen erleuchtet, der zur Welt kommt. (10) Er war in der Welt, und die Welt ist durch ihn geworden, und die Welt hat ihn nicht erkannt. (11) Er kam in das Seine, und die Seinen nahmen ihn nicht auf. (12) Die ihn aber aufnahmen, denen gab er Vollmacht, Gottes Kinder zu werden, denen, die an seinen Namen glauben, (13) die nicht aus Blut, nicht aus dem Wollen des Fleisches und nicht aus dem Wollen des Mannes, sondern aus Gott gezeugt sind. (14) Und das Wort, der Logos, wurde Fleisch und wohnte unter uns, und wir schauten seine Herrlichkeit, eine Herrlichkeit, wie sie ein Einziggeborener vom Vater hat, voller Gnade und Wahrheit. (15) Johannes legt Zeugnis ab von ihm, er hat gerufen: Dieser war es, von dem ich gesagt habe: Der nach mir kommt, ist vor mir gewesen, denn er war, ehe ich war. (16) Aus seiner Fülle haben wir ja alle empfangen, Gnade um Gnade. (17) Denn

117 Wichtige Hinweise bei Hartmut Gese: Der Johannesprolog, in: ders.: Zur biblischen Theologie. Alttestamentliche Vorträge, München 1977, 152–201.

> das Gesetz wurde durch Mose gegeben, die Gnade und die Wahrheit ist durch Jesus Christus geworden. (18) Niemand hat Gott je gesehen. Als Einziggeborener, als Gott, der jetzt im Schoss des Vaters ruht, hat er Kunde gebracht. »
> (Joh 1,1–18)

Ganz anders das JohEv: (1) Im JohEv steht der Logos der Welt gegenüber; ist eben nicht Teil von ihr, sondern will sie erreichen. (2) Der Logos ist, so wie er im Prolog prädiziert wird, keine Struktur, sondern eine personale, ja sogar eine geschichtlich sich manifestierende Größe. Für stoische Ohren ist das mythologische Rede. Die religionsgeschichtliche Schule maß dann auch nicht die Stoa an der Christus-Offenbarung, sondern ging umgekehrt vor. Im Ergebnis wird dann die Offenbarung des Logos «im Fleisch» als mythologische Rede qualifiziert. Damit geht aber gerade die Pointe von Joh 1,14 – das Wort / der Logos *wird Fleisch* – verloren. (3) Vor allem ist der Logos gerade nicht das vernünftige Weltprinzip, das alles und alle verbindet. Er ist eine apokalyptische Größe, an der sich die Geister scheiden und die Unvernunft des Menschen und der Welt offenbar wird: «Er war in der Welt, und die Welt ist durch ihn geworden, und die Welt hat ihn nicht erkannt. » (1,10) Die vernünftige Welt erkennt ihren Logos nicht? Das ist fast polemisch zu nennen. Das ist nicht Rezeption der Stoa, sondern stärkster Widerspruch zu ihr: «Er kam in das Seine, und die Seinen nahmen ihn nicht auf.» (1,11). Die Welt ist alles andere als vernünftig. Kann ihre Unvernunft stärker als dadurch zum Ausdruck kommen, dass sie den sich ihr zeigenden Gott, den Gegenstand ihres Begehrens, da und dort abweist, wo er sich offenbart?

38 

> «(18) Denn das Wort vom Kreuz ist Torheit für die, die verloren gehen, für die aber, die gerettet werden, für uns, ist es Gottes Kraft. (19) Es steht nämlich geschrieben: Zunichte machen werde ich die Weisheit der Weisen, und den Verstand der Verständigen werde ich verwerfen. (20) Wo bleibt da ein Weiser? Wo ein Schriftgelehrter? Wo ein Wortführer dieser Weltzeit? Hat Gott nicht die Weisheit der Welt zur Torheit gemacht? (21) Denn da die Welt, umgeben von Gottes Weisheit, auf dem Weg der Weisheit Gott nicht erkannte, gefiel es Gott, durch die Torheit der Verkündigung jene zu retten, die glauben. (22) Während die Juden Zeichen fordern und die Griechen Weisheit suchen, (23) verkündigen wir Christus den Gekreuzigten – für die Juden ein Ärgernis, für die Heiden eine Torheit, (24) für die aber, die berufen sind, Juden wie Griechen, Christus als Gottes Kraft und Gottes Weisheit. (25) Denn das Törichte Gottes ist weiser als die Menschen, und das Schwache Gottes ist stärker als die Menschen.»
> (1Kor 1,18–25)

Paulus verarbeitet die Abwehr des Fleisch gewordenen und leidenden wie sterbenden Logos theologisch, indem er genau diese Reaktion als Beleg für die Torheit/Verrücktheit der Welt begreift.

Damit fällt auch eine Parallele, die lange behauptet wurde und deren Behauptung in ihrer Wirkung auf die christliche Theologie nicht überschätzt werden kann. Stoisch zeichnet die Welt gerade aus, dass sie göttlich ist. Sie ist göttlich, weil sie durch und durch vernünftig bestimmt, geordnet ist. Darum verdient sie Anerkennung, Achtung, Demut. Stoa ist darin Religion, dass sie hier die Qualifikation der Welt aufs Engste an den Gottesbegriff bindet. Auch wenn dieser in der Sache nicht mehr ist als die Behauptung einer intelligenten und eben intelligiblen, einsehbaren Struktur, so bedeutete eine solche metaphysisch-religiös unterlegte «Weltanschauung» eben doch ein fundamentales Aufgehobensein in einem größeren, sinnvollen Ganzen, das trägt, auch wenn das Verstehen fehlt. Wer diesen Sinn, die Logoshaftigkeit der Welt leugnet, der stellt damit den theologischen Kern der Stoa infrage. Demgegenüber begegnet uns in den biblischen Traditionen und der durch sie angeleiteten Perspektive eine ganz andere, differenziertere und damit tragfähigere Konzeption, die die oft bedrückende Welterfahrung ganz anders integrieren kann: Diese Welt vergeht (1Kor 7,1); eine neue kommt, besser: Sie ist im Kommen; sie ist schon da; sie macht sich schon bemerkbar, hat sich aber noch nicht durchgesetzt. Sie ist die neue Schöpfung, die an die Stelle der alten tritt. Sie ermöglicht neu Leben, neues Leben. In der alten Schöpfung waren wir «tot durch unsere Verfehlungen» (Eph 2,1.5; vgl. Kol 2,13). Tod und Verfehlung sind die universalen Vorzeichen dieses alten «Äon», inkl. aller negativen Qualitäten, die diese Welt auszeichnen: soziale Ungerechtigkeit, Leiden, auch der Unschuldigen, Unterdrückung, Sinnlosigkeit, Krankheit, die Herrschaft der Bosheit aller Art. Die ursprüngliche Beschaffenheit der von Gott gut geschaffenen Schöpfung vermag nur hin und wieder durchzuscheinen und aufzublitzen. Der christliche Glaube bot hier eine Perspektive, die die alltäglichen Krisenerfahrungen viel plausibler und noch dazu verbunden mit einer fundamentalen Hoffnung zu integrieren vermochte. Skeptisch und nüchtern, was den Zustand der Welt anging, waren ja auch die Pyrrhonisten, aber sie boten überhaupt keine Perspektive. Die Stoa geht auch deshalb unter, weil sie als Philosophie die sich so krisenhaft zuspitzenden und anhaltenden Zeitläufe nicht mehr auf ihren philosophischen Nenner der Vernünftigkeit der Welt zu bringen vermag. Stoa ist Philosophie als Weisheitslehre, der man deshalb anhängt, weil sie praktisch hilft, die Welt verstehen und die Welterfahrung bewältigen zu können. Genau in dieser ihrer zentralen Funktion versagt sie.[118] Der Logos leuchtet nicht mehr ein. Die Bereitschaft, ihr sozusagen einen Vertrauensvorschuss einzuräumen, schwindet mehr und mehr.

Umso verhängnisvoller wirkt es sich aus, wenn in der Folge christliche Theologie und Frömmigkeit – bei allem Festhalten an der Lehre von dem Sohn Gottes, der sein Leben für uns gibt – die stoische Voraussetzung der Ordnung und den Habitus der Akzeptanz des Gegebenen als von Gott gegeben internalisieren und dabei den apokalyptischen Stachel des Glaubens abbrechen:[119] Diese Welt ist nicht in Ordnung; sie geht auch nicht in Ordnung. Ihr Herr ist der Weltbeherrscher dieser Finsternis (Eph 6,12), der Diabolos, der Vater

118 Philosophiegeschichtlich zeichnet das detailliert Malte Hossenfelder nach, in seiner Einleitung zu: Sextus Empiricus; anschaulich wird die Lage bei Gabriel Zuchtriegel: Pompejis letzter Sommer. Als die Götter die Welt verließen, Berlin 2025.

119 Die Dahingabe göttlichen Lebens wird zu einer immer weniger verständlichen allein soteriologischen Tatsache, die mit den Tatsachen des Lebens immer weniger zu tun hat. Sie kann und darf die christliche Welterfahrung in einer stoisch fundierten Weltanschauung nicht mehr fundieren. Vielmehr gilt dann im Mittelalter noch mehr als zuvor in der Antike, dass diese Welt, weil absolut von Gott gelenkt, so zu nehmen ist, wie sie ist.

der Lüge (vgl. Joh 8,44) – kurz: der, der alle tragenden, heilsamen und bewahrenden Ordnungen gerade durcheinanderwirft (griech. *diaballein*) und so zerstört.

Eine Spiritualität, die nach Harmonie und Geborgenheit strebt, eine Frömmigkeit, die vor allem nach stoischer Ruhe sucht, eine Kirche, die darum Institutionen und Gebäude für die Ewigkeit schafft; eine Ordnungstheologie, die sich in der vergehenden Schöpfung prima eingerichtet hat, die das Bestehende zu bewahren und zu erhalten sucht, wird genau das verlieren, wonach sie sich zunehmend sehnt. Sie muss umkehren von eingeschlagenen Wegen, die nicht im Einklang mit dem neutestamentlichen Zeugnis stehen, vielmehr eine Fernwirkung stoischer Weltanschauung darstellen. Wenn sie angeleitet von der Anschauung des Kreuzes die Sinnlosigkeit der Welt aufdeckt, kann sie wieder Menschen beheimaten, die auf Sinn hoffen, aber an Sinnzumutungen verzweifeln und zerbrechen, und sie kann die Perspektive auf eine neue, ganz andere Welt eröffnen.

3.3.3.6 Gewissen als Ort sicherer Orientierung oder als ambivalentes, irrendes Organ ethischer Erkenntnis

Für die späte Stoa – neben Epiktet ist vor allem Seneca zu nennen – spielt das Gewissen, bei Seneca speziell das gute Gewissen,[120] eine zentrale Rolle. Es ist der Ort der im Menschen von Natur aus fest verankerten Neigung zum Guten. Der Mensch ist nicht immer gut, und er handelt nicht immer fehlerlos. Aber er hat eine letzte, gültige, göttliche Instanz in sich, an die er sich – wenn er nur will – halten kann: «Es wohnt in uns ein heiliger Geist, ein Beobachter und Wächter alles dessen, was sich in uns von Schlechtem und Gutem findet. Dieser verfährt mit uns ebenso wie wir mit ihm.»[121]

Und in seiner Schrift über den Zorn rät Seneca zur regelmäßigen Gewissensprüfung, um ein besserer Mensch zu werden, der mit einem guten, ruhigen Gewissen auch besser und glücklicher leben kann.

39  «Gott ist dir nahe, ist mit dir, ist in dir.» (Seneca: Briefe an Luc., 41; prope est a te deus, tecum est, intus est).

Mittelalterliche Philosophie und christliche Moral-Lehren haben diese Überzeugungen aufgegriffen und eine ganze Lehre vom *habitus naturalis* (einer von Natur aus im Wesen des Menschen verankerten Gewissensinstanz) naturrechtlich verankert.[122] Die Morallehre baut darauf auf, dass man den Menschen auf sein Gewissen ansprechen und ihn bei dieser ihm inhärenten, unfehlbar gegebenen Größe behaften und dass man ihn darum auch verantwortlich machen kann. Letztlich lebt auch die Ethik Kants von der Vorstellung – oder besser: Unterstellung einer solchen, die Autonomie des Menschen begründenden und zu sittlichem Handeln verpflichtenden Gegebenheit. Die Vorstellung vom Gewissen kann sich dann auch vom christlichen Glauben lösen, säkularisieren und Bestandteil eines humanistischen Menschenbilds werden, nach dem sich der Mensch selbst Maßstab und Richter ist.

---

120 Vgl. De tranquillitate animi. 3,4.

121 Seneca: Briefe an Lucilius, 41; übersetzt von Otto Apelt.

122 Vgl. etwa Thomas von Aquin: De veritate 16,1c.

Auch wenn Paulus Röm 2,15 sagen kann, dass die Werke des Gesetzes selbst den Heiden in die Herzen geschrieben sind, so ist auch hier der Kontext dieser Aussage zu beachten. Sie steht im Zusammenhang der Rechtfertigung der Kernthese von Röm 1,18, dass der Zorn Gottes über dieser Welt liegt und dass darum die Menschen noch nicht einmal von Natur aus das eigentlich Klare und Selbstverständliche von Gott (1,19ff) und über den Menschen (1,24ff) erkennen können. Das Gewissen und die Natur sind eben postlapsarisch, d.h. nach dem Sündenfall, keine Instanz mehr, die das Menschsein konstituieren und auf die man den Menschen ansprechen kann. Paulinische Theologie bringt dies auf den Nenner, dass der Mensch verloren, «tot» und nicht mehr lebensfähig ist (vgl. Röm 3,9f). Zum Beweis erläutert Paulus das Gewissenszeugnis durch den Hinweis: «ihre Gedanken verklagen oder verteidigen sich gegenseitig » (2,15). Das Gewissen ist eben gerade nicht die sichere Orientierungsinstanz. Es wird von Paulus sehr realistisch beschrieben als der Ort, an dem die Auseinandersetzung tobt: in Selbstanklage und Selbstrechtfertigung. Das Gewissen kann «schwach» sein (1Kor 8,7); es kann in die Irre führen (1Kor 8,8). Es löst eben nicht Konflikte als allgemeine Appelationsinstanz; es kann sie vielmehr erst generieren (1Kor 8,9f; 10,28f). Das Gewissen kann geistlich umbringen (Röm 14,20), als zu starkes und als zu schwaches Gewissen (1Kor 8,11). Paulus warnt geradezu davor, das eigene – starke oder schwache – Gewissen zum Maßstab des Handelns zu machen. Auch das Gewissen steht unter der Macht der Sünde. Man kann es regelrecht von sich stoßen (1Tim 1,19). Es ist darum nicht an sich Orientierungsinstanz, sondern abhängig von der Beziehung in der es steht. Ist die Gottesbeziehung intakt, kann auch das Gewissen Orientierung geben (vgl. Tit 1,15). Fundamental und wesentlich ist dann aber nicht das Gewissen an sich, sondern der Glaube, der es prägt und bewahrt. Wer sich auf das Gewissen verlässt, wer durch Gewissensprüfung und entsprechendes Handeln nach Vollkommenheit strebt – ein im Mittelalter als Regel beschriebener Weg! –, der scheitert (vgl. Hebr 9,9). Erst das gerechtfertigte Herz ist in der Lage, sich von dem bösen Gewissen zu befreien, das die Gottesbeziehung stören will, zur Verzweiflung führen und den Glauben dann sogar zerstören kann (vgl. Hebr 10,22). Ausgerechnet der Ort der Moralität, Sittlichkeit und der spirituellen Orientierung ist nicht nur unzuverlässig, sondern kann zum Fallstrick des Glaubens an Gott werden. Es ist darum – wie Martin Luther aus eigener Erfahrung neu entdecken durfte – das Wort Gottes, das «die Gedanken und Gesinnungen des Herzens» kritisch bewerten muss (Hebr 4,12). Weil wir «von Natur» Kinder des Zorns sind, indem wir tun, «was das Fleisch [will] und wonach der Sinn uns [steht]» (Eph 2,3), ist es nicht der Mensch, nicht eine anthropologische Instanz in uns, sondern der Friede Gottes, der die Herzen und Gedanken bewahrt (Phil 4,7).

Das Gewissen ist also – im Gegensatz zur Anschauung der Stoa – nicht göttlich, nicht Gott in mir; es ist nicht verlässlicher Ort und Repräsentant des Wirkens des Geistes; es bietet nicht sichere Orientierung, sondern leitet ebenso auch in die Irre; es begründet nicht die sittliche Autonomie des Menschen; es ist vielmehr auf das befreiende Wort Gottes als *verbum externum* angewiesen: auf das äußere Wort, das Wort, das von außen kommt und nicht aus dem Inneren; auf das Wort, das im Gegenteil aus Selbstverstrickung und Fremdverstrickung in die Vorgaben anderer Gewissen befreit.

Senecas Aufforderung «Verzeih', um selbst Verzeihung zu erhalten!»[123] unterscheidet sich fundamental von der Aufforderung Jesu, unbedingt und unbegrenzt zu verzeihen (Mt 18,22). Seneca wägt vernünftig ab: Auch wir könnten in die Situation geraten, auf Verzeihung angewiesen zu sein, und wir sollten deshalb selbst zu verzeihen bereit sein. Jesus dagegen begründet den Aufruf zur Vergebung fundamental anders: Wer nicht bereit ist zu verzeihen, auch immer wieder zu verzeihen, hat noch nicht verstanden, wie unendlich viel ihm selbst verziehen worden ist; wie wenig die Schuld anderer uns gegenüber ins Gewicht fällt gegenüber der Schuld, die wir Gott gegenüber haben und die er uns abgenommen hat.

40 

«Allen zu verzeihen ist genauso gefühllos wie keinem.» (Seneca: De clementia 1,2.2)

Seneca wägt ab, wem man verzeihen soll, und er begründet, warum man nicht jedermann verzeihen kann. Die christliche Bereitschaft zur Verzeihung erwächst demgegenüber aus der Erfahrung der Vergebung eigener, eigentlich nicht zu tilgender Schuld, die in der Konsequenz keine andere Haltung den Mitmenschen gegenüber zulässt.

3.3.3.7 Natur: Unversehrt oder nach Erlösung seufzend

Es wurde bisher schon verschiedentlich deutlich, welche Rolle die Natur in der stoischen Philosophie spielt. Die Physik erforscht die *physis* (griech. für Natur) und ist darin die Grundlage der Ethik, die das Ziel eines naturgemäßen Handelns verfolgt.

41 

Nach Diogenes Laertios «erklärte Zenon als erster in dem Buch über die Natur des Menschen als Endziel das mit der Natur in Einklang stehende Leben, welches übereinkommt mit dem tugendhaften Leben. Denn zu diesem leitet uns die Natur.»
(DL, Leben und Meinungen berühmter Philosophen, VII, 87 f)

Schon die kynische Philosophie (Diogenes von Sinope; Antisthenes) spielt *physis* gegen *nomos* aus, also gegen die vom Menschen gemachte kulturelle Wirklichkeit, der gegenüber die Natur als das Ursprüngliche, Vorgegebene normativ ist. Paulus und Petrus sprechen angesichts des Fehlens eines Pendants im Hebräischen zum griechischen *physis*-Begriff – ein auffälliger Sachverhalt – von «Natur» *(physis)* meistens im Sinne von «Ursprung» (vgl. z.B. Röm 2,27; 11,24; Eph 2,3). Paulus argumentiert aber an mindestens einer Stelle in einer Weise, die an die Stoa erinnert: «Lehrt euch nicht die Natur selbst, dass es für den Mann eine Schande, für die Frau aber eine Zierde ist, langes Haar zu haben?» (1Kor 11,14f) Hier soll eine ethische Norm aus einer Beobachtung der Natur gewonnen werden. Bei aller Ähnlichkeit dieser Stelle mit stoischer Argumentationsweise ist wieder auf die Unterschiede im Grundsätzlichen hinzuweisen.

42 

«Denn in sehnsüchtigem Verlangen wartet die Schöpfung auf das Offenbarwerden der Söhne und Töchter Gottes. Wurde die Schöpfung doch der Nichtigkeit unterworfen, nicht weil sie es wollte, sondern weil er, der sie unterworfen hat, es wollte – nicht ohne die Hoffnung aber,

123 Seneca: De beneficiis VII, 28.

dass auch die Schöpfung von der Knechtschaft der Vergänglichkeit befreit werde zur herrlichen Freiheit der Kinder Gottes. Denn wir wissen, dass die ganze Schöpfung seufzt und in Wehen liegt, bis zum heutigen Tag.»
(Röm 8,19–22)

Sie sind bereits berührt worden. Die Natur ist biblisch *Schöpfung,* also geschaffen und erhalten von Gott. Sie ist eine relationale Größe, keine naturphilosophisch zu erhebende, an sich existierende Qualität der Welt. Weil die Natur sich Gott verdankt, darum kann sie auch pervertiert werden.

«Beachte immer, wie die Natur der ganzen Welt als auch deine eigene beschaffen ist, was für ein Verhältnis zwischen beiden herrscht und welchen Teil von diesem Ganzen du ausmachst, und bedenke dann, dass niemand es dir nehmen kann, dasjenige zu sagen oder zu tun, was mit der Natur, deren Teil du bist, übereinstimmt.»
(Mark Aurel: Selbstbetrachtungen II, 9)

 43

Das zeigt schon die bemerkenswerte Redeweise von denen, die «von Natur aus Kinder des Zorns» sind (Eph 2,3), noch deutlicher aber die Reflexion auf den Zustand der Natur resp. Schöpfung, die Paulus Röm 8 vorlegt. Sie leidet; sie liegt in Wehen und seufzt; sie wartet auf ihren erlösten, eigentlichen Zustand; sie ist – auch das könnte stoisch nicht gesagt werden – der Vergänglichkeit unterworfen. Das bedeutet: Biblisch-theologisch ist es gerade nicht möglich, vom Zustand der Natur auf das Wesen der Dinge zurückzuschließen und ethische Ableitungen vorzunehmen. In der Natur treffen wir eben nicht auf Gott/Zeus, sondern auf eine postlapsarische, gefallene, pervertierte Gestalt der ursprünglichen Intentionen des Schöpfers. «Fügt euch nicht ins Schema dieser Welt» ist der größte Gegensatz, der sich zur Aufforderung einer Ethik formulieren lässt, die sich nach der Natur und dem Gegebenen richtet. Nicht die Natur, die wie das Gewissen fehlleiten kann, sondern Gottes Wille ist allein verlässliche Richtschnur (vgl. Röm 12,2b).

3.3.3.8 Affekte: «Dem Geist gelte die ganze Sorge»?

Das Göttliche im Menschen ist gemäß der Stoa die Vernunft. Ihr ist zu folgen. Gefühle, Emotionen, Leidenschaften lenken sie womöglich ab und gefährden sie. Der Weise lebt in einer Gemütsruhe, die ihn vor solcher Gefährdung durch Emotionen bewahrt. Dementsprechend kommt dem Geist der absolute Vorrang vor dem Körper zu und vor dem, was von ihm an «Störgeräuschen» ausgeht. Triebe und Leidenschaften, Empfindungen und Gefühle gehören paradoxerweise nicht zur natürlichen Verfasstheit des Menschen. Sie bedeuten «eine widernatürliche Bewegung der Vernunft»[124]. Die Stoa kennt vier Sorten von Leidenschaften: Schmerz, Furcht, Begierde, Lust.[125]

«Die Leidenschaft selbst [ist] eine unvernünftige und naturwidrige Bewegung der Seele oder ein das Maß überschreitender Trieb», so formuliert es Diogenes Laertios unter Verweis auf Zenon (Leben und Meinungen berühmter Philosophen, VII, 110). Weil die

124 Forschner: Stoa, 233.
125 Vgl. DL, Leben und Meinungen berühmter Philosophen, VII, 110.

Affekte eine Pervertierung der Vernunft darstellen und die Vernunft, also die logosmäßige Orientierung, bedrohen, ist das Ziel der Stoa die Ausrottung der Affekte und die Affektprophylaxe. Wichtig ist, gar nicht erst in eine aufgewühlte Seelenlage hinein zu kommen. Auch wenn Poseidonios und die mittlere Stoa diese Einstellung etwas mildern, kehrt die späte Stoa zu dieser radikalen Haltung zurück.

Hier zeigt sich, dass eben nicht – wie beansprucht – die *physis* vorgibt, wie zu handeln wäre; dass vielmehr ein schon selektiv vorbestimmter Begriff vom Natürlichen vorgibt, was als natürlich zu gelten hat und was zu tun ist – römisch: was die Pflichten sind. Die affektive Seite des Menschen wird – ausgehend von der Vernunft als Kern der Natur des Menschen und seinem divinatorischen Wesen – «aus seiner Vernunftnatur exkommuniziert»[126].

44  «Und nun kommt das Paradox. Die Stoa hat nicht nur Begriffe verbunden, so *physis* und *logos,* sie hat auch Begriffe getrennt, so logos und pathos, ‹Vernunft› und ‹Leidenschaft› bzw. ‹Affekt›. Aus der seit Platon bekannten Opposition von *logos* und *pathos* und der radikalstoischen Forderung nach Herrschaft des *logos* folgt der idealtypische Zustand des Menschen als Weisen: *apatheia.* Die Identität von *logos* und *physis* läßt die unvernünftigen Affekte und Leidenschaften als widernatürlich erscheinen – *alogos kai para physin* heißt die psychische Bewegung, die das *pathos* kennzeichnet. Selbst bei Platon gehörten die Triebe und Leidenschaften zur natürlichen Verfassung des Menschen; jetzt werden sie als widernatürlich aus seiner Vernunftnatur exkommuniziert. Damit ist eine Position grundgelegt, deren natur- und sinnenfeindlicher Rigorismus die asketischen Züge der platonischen Ethik weit hinter sich läßt – nicht zuletzt in ihren immensen geschichtlichen Folgen, bis Kant und darüber hinaus. In anthropologischer Hinsicht bedeutet die stoische Gleichung von *physis* und *logos* die Reduktion der *physis* auf *logos:* Natürlichkeit ist Vernünftigkeit, das Wesen des Menschen ist Vernunft und nichts außerdem. Affekte und Leidenschaften sind als Verwirrungen der menschlichen Natur Perversionen und Fehlurteile der Vernunft […].»
(Bremer: Von der Physis zur Natur, 257)

Die Pflicht tritt an die Stelle der emotionalen Motivation. In der Wirkungsgeschichte dieses Ansatzes kann das bei Kant dazu führen, dass es schon fast verdächtig ist, wenn jemand aus Neigung, nicht aus purer Pflichterfüllung handelt. Nach Kant ist einzig die Handlung moralisch, die nicht aus mittelbarer oder unmittelbarer Neigung entsteht, sondern allein dem Vernunftgesetz in mir folgt.[127] Diese Kombination von Sympathie für Apathie, von Gefühl-Losigkeit und Pflichterfüllung bringt Friedrich Schiller (1759–1805), der seinen Kant gut kannte, zu der bekannten, poetischen Kritik: «Gerne dien ich den Freunden, doch tu ich es leider mit Neigung. Und so wurmt es mir oft, daß ich nicht tugendhaft bin.»[128]

126 So Dieter Bremer: Von der Physis zur Natur, in: Zeitschrift für philosophische Forschung 43/2 (1989), (241–264) 257 [= Von der Physis zur Natur].

127 Vgl. Grundlegung zur Metaphysik der Sitten. Erster Abschnitt: Übergang von der gemeinen sittlichen Vernunfterkenntnis zur philosophischen.

128 Aus den Xenien und Votivtafeln, in: ders.: Sämtliche Werke Bd. 1, München ^{3}1962, 299.

Es bleibt den beiden wichtigsten Religionskritikern des 19. und 20. Jahrhunderts, Ludwig Feuerbach und Sigmund Freud, vorbehalten, diese Verengung des Menschen auf ein dem Wesen und Anspruch nach sittlich agierendes Vernunftwesen, für das Gefühle, die vom Leib ausgehen, eher eine Gefährdung darstellen, aufzubrechen. Das fast panhellenische, vor allem aber durch die Stoa propagierte Konzept der Abwehr des Körpers und seiner Gefühle sowie die Alleinschätzung der Vernunft und dessen, was sie dem Menschen vorgibt, wirkt sich über Augustinus und später den deutschen Idealismus bis in die christliche Theologie des 18. und 19. Jahrhunderts und schließlich auch auf Frömmigkeitsbewegungen aus, die allem Leiblichen und Emotionalem mit Misstrauen begegnen. Es ist höchste Zeit für die evangelische Theologie, dass sie das Alte Testament, speziell dessen Anthropologie, ohne die sie verkümmert, wieder mehr zur Geltung bringt.

In seiner Schrift «Mut zum Leib» fragt der große Religionsphilosoph Paul Tillich, ob die Stoa nicht «die einzig wirkliche Alternative zum Christentum» sei.[129] Vielleicht ist es an der Zeit, diese Frage umzukehren und zu fragen: Ist der christliche Glaube nicht vielleicht die einzige Alternative zu einem Stoizismus, der sich in unserer von Multikrisen geschüttelten Welt vielen als einzige und letzte Lösung anzubieten scheint?

3.4 Stoische Philosophie: Kritische Rückfragen

Bereits in den letzten Abschnitten haben wir einige kritische Rückfragen formuliert. Diese sollen im Folgenden weitergeführt und vertieft werden.

3.4.1 Hält das Fundament stoischer Ethik kritischen Rückfragen stand?

Die Ethik der Stoiker ruht auf dem Grundsatz auf: Das Handeln soll der Wirklichkeit, der Welt, der Natur, den Verhältnissen, wie sie sind, entsprechen. Für die Ethik braucht es die Hilfsdisziplin der «Physik», antik verstanden als umfassende Wirklichkeitswissenschaft, und der Logik als Lehre vom richtigen Schlussfolgern. Zwei mit der Stoa konkurrierende Philosophenschulen haben genau die Verlässlichkeit dieses Fundaments immer wieder infrage gestellt: die Schule der Pyrrhon folgenden Skeptiker,[130] aber auch Mitglieder der ursprünglich auf Platon zurückgehenden Schule, nun «neue Akademie» genannt. Die Pyrrhonische Skepsis belegt, dass es erkenntnistheoretisch am besten ist, wenn man auf Urteile jeglicher Art verzichtet. Sie argumentiert, dass man zu jedem Satz, den man plausibilisieren und begründen kann, einen ebenso plausiblen Gegen-Satz finden und begründen kann. Unter diesen Umständen sei die Epoché, die Urteilszurückhaltung, das Vernünftigste. Damit ist aber das Fundament gelegt, für eine Lebensweltethik, die davon ausgeht, zu wissen, was der Fall ist.

---

129 Ges. Werke Bd. XI, Stuttgart 1976, 18.

130 Vgl. unten Teil 5 zur Pyrrhonischen Skepsis.

3.4.2 Was ist denn die «Natur» einer Sache?

Stoische Ethik ist der Natur gemäße Ethik. Was aber ist die Natur der Welt, die Natur einer Sache? Die Stoiker kommen hier zu sehr weitreichenden Aussagen, die nicht nur erkenntnistheoretisch und logisch angefochten werden können. Ein Beispiel ist die Anthropologie. Es ist stoische Überzeugung, dass sich der vollkommene Mensch dadurch auszeichnet, dass er seiner Natur nach nur vernunftgemäß lebt und den Einfluss der Emotionen ausschaltet, da diese die vernünftige Wahrnehmung verzerren und darum in der Konsequenz vernünftiges Handeln pervertieren. Das ist nicht nur aus heutiger Perspektive[131] eine sehr einseitige, wesentliche Züge des Menschen vernachlässigende Sicht. Es handelt sich zudem um einen Zirkelschluss. Stoische Philosophie setzt ja voraus, dass (1) der Logos, die Vernunft, göttlich ist und dass (2) die Vernunft, das Vernunft-Durchwirktsein des Menschen an ihm das Wesentliche ist.

3.4.3 Ist die Rede von «der Natur» einer Sache nicht autoritär und dogmatisch?

Schon in der Antike begegnet der Stoa der Vorwurf eines Dogmatismus. Wer die Natur einer Sache meint erkannt zu haben, der äußert ja nicht nur eine private Anschauung, sondern einen sehr umfassenden Anspruch. Er behauptet, die Dinge zu erkennen, wie sie an sich sind, die Welt zu erfassen, wie sie an sich ist, ihrem Wesen nach, mythologisch gesprochen: wie die Götter sie ursprünglich und damit normativ für uns geschaffen haben. Genau diese metaphysische, religiös anmutende Fundierung gibt der Argumentation mit der Natur noch einmal einen zusätzlichen Schub. Die Götter sind ja in ihrer Autorität und Wirkmächtigkeit nicht zu toppen. Wenn sie in ihrer Weisheit etwas geschaffen haben, dann ist das schon darum gut, weil es göttlichen Ursprungs ist; oder – was in der Sache dasselbe aussagt: Es ist deshalb gut, weil es logosdurchwirkt, vernünftig, eben göttlich ist. Was immer darum als «Natur» behauptet wird: Es ist unumstößlich, und es wäre unvernünftig, eine solche Bestimmung anzuzweifeln, und es wäre ein Frevel gegen die Götter.

Auch heute finden sich zahlreiche essenzialistische, d. h. sich auf das Wesen (lat. die *essentia*) beziehende Diskurse. Sie leben davon, dass sie die Natur einer Sache, des Menschen usw. zu kennen meinen und diese als selbstverständlich ansehen und diesen Begriff als normativ voraussetzen. Er muss für jeden, der einen gesunden Menschenverstand hat, vernünftig ist, sich moralisch orientiert, selbstverständlich gelten.

3.4.4 Wie überzeugend sind die Begründungen durch biografische Evidenz?

G. W. F. Hegel stellt die spezifische Form der Begründung stoischer Ethik infrage. Sie geschehe als «Räsonement aus Gründen». Nicht, dass ethische Haltungen begründet werden, stört Hegel, sondern wie diese Begründung geschieht: «Aus Umständen, Zusammenhang, Folgen, einem Widerspruch oder Gegensatz leiten sie [die Gründe] ab». Das

131 Vgl. die Forschungen zur EQ, der emotionalen Intelligenz, die die kognitive Intelligenz (IQ) mindestens ergänzen sollte, wenn unter Intelligenz in einem sehr allgemeinen Sinn das Maß der Fähigkeit verstanden sein soll, in verschiedenen Kontexten durch Anpassungsleistung zu überleben.

geschehe zwar sehr geistreich, «mit großem Witz, erbaulich», aber mache letztlich doch einen beliebigen Eindruck: «Gründe sind eine wächserne Nase, für alles gibt es gute Gründe; wie ‹eingepflanzt von Natur diese Triebe›, ‹kurzes Leben›.»[132] Mit anderen Worten: Gründe pro und contra lassen sich viele angeben. Entscheidend ist, welche «gut» sind, als «gut» gelten sollen. Entscheidend sind also die Kriterien, nach denen ein Grund gut und d.h. akzeptabel und überzeugend sein kann. Und hier legt Hegel den Finger auf eine wunde Stelle in der Argumentationsweise stoischer Ethiker. Diese Kriterien, die «Kraft geben», motivieren sollen, sind «das Vorausgesetzte», werden also nicht selbst diskutiert. Sie sind zwar unterhaltend, mit ihren autobiografischen, auf Erfahrung beruhenden – wir würden heute sagen: erfahrungsbasierten – Reflexionen, aber sie sind genau darum bloß subjektiv; sie besitzen keine allgemeine Gültigkeit. Die Stoa bietet damals wie heute eine Feuilleton-Ethik,[133] angenehm zu lesen, aber ohne normative Kraft.

3.3.5 Transportiert die stoische Philosophie nicht ein sehr einseitiges, verkopftes Menschenbild?

Schon in der Antike hat die Debatte über die Affekte, über die Notwendigkeit, sie zu differenzieren, über die Unterscheidung von Affekten und Gefühlen eine Rolle gespielt, sowohl als Anfrage an die Stoa von außen, aber auch als Diskurs innerhalb der Strömung der Stoa. Bei allen Differenzierungen steht zweierlei fest: Der Logos, die Vernunft, das gefühlsreduzierte oder bestenfalls affektfreie Reflektieren und Agieren ist das Ideal. Und: Affekte, Emotionen stellen eine potenzielle Gefahr für die Orientierung dar. Es ist grundsätzlich besser, ohne Begehren durchs Leben zu gehen, ganz gleich, ob es um Geschlecht, Besitz, Macht oder Schönheit geht; von alledem hat man sich ja distanziert. Der stoische Weg führt zwar einerseits zu einer gewissen Sicherheit, weil Unverletzlichkeit. Diese ist aber andererseits durch den Verzicht auf eine Seite des Menschseins erkauft, die das Leben nicht nur sehr viel reicher und bunter macht, auf die aber auf Basis heutiger Erkenntnisse auch gar nicht verzichten werden kann. Wer versucht, seine Gefühle auszuschalten, beschädigt womöglich seine Persönlichkeit.

Sigmund Freud wies nicht nur darauf hin, dass Triebe und Leidenschaften ein konstitutiver Bestandteil des Menschen sind; er machte im Rahmen seiner anthropologischen Gliederung von *Ich* (das rationale Prinzip), *Es* (das Unterbewusstsein mit seinen oft verdrängten Wünschen, Trieben, Leidenschaften) und *Über-Ich* (die externe, vom Menschen

---

132 Vorlesungen über die Geschichte der Philosophie, Teil 1: Griechische Philosophie, Abschnitt Dogmatismus und Skeptizismus, Kapitel A: Philosophie der Stoiker, 3. Moral, in: Georg Wilhelm Friedrich Hegel: Vorlesungen über die Geschichte der Philosophie, Bd. 2, hg. von Eva Moldenhauer / Karl Markus Michel (Georg Wilhelm Friedrich Hegel Werke, Bd. 19), Frankfurt a. M. 1986, 292.

133 Vgl. drei aktuelle Beispiele für viele mögliche: Gerhard Fink: «Wie man Schweres leichter trägt». Seneca für Gestresste. Handreichung zum Entspanntsein, Frankfurt a. M. ³2014. Kein Geringerer als Ferdinand von Schirach lässt sich auf der Reclam-Ausgabe von Senecas Briefen an Lucilius mit der Empfehlung zitieren: «Vergessen Sie moderne Glücksratgeber und lesen Sie Senecas Briefe an Lucilius.» (Ausgabe Stuttgart 2022). Auf anderer Flughöhe aber in derselben Richtung bewegt sich Helmut Lethen in seiner autobiografischen Reflexion mit dem Titel: Stoische Gangarten. Versuche der Lebensführung, Berlin 2025.

zu rezipierende Normierung) vor allem deutlich, dass nicht das *Ich* der Herr im mentalen Haus ist, wie von der stoischen und sittlich-idealistischen Tradition unterstellt, dass vielmehr das *Es,* also das Unbewusste, die Instanz ist, die selbst noch das sich nüchtern und rational wähnende *Ich* bestimmt. Man kann einen solch dominanten Persönlichkeitsanteil nicht ohne Folgen unterdrücken.

Darüber hinaus zeigt die Intelligenz-Forschung, dass einerseits eine rationale Definition des Intelligenz-Begriffs, der ja ein Konstrukt ist und von den gewählten Parametern abhängt, zu einseitig ist; dass andererseits Gefühle, Intuitionen und Affekte eine wesentliche Rolle für eine intelligente Orientierung in der Welt spielen.

Neuere philosophische Debatten über «das Andere der Vernunft»[134], die Eingebundenheit der Vernunft in eine leibliche Existenz, popularisiert diskutiert unter dem Begriff «Embodiment», holen ein, was biblische Anthropologie und Ethik schon lange wissen. Sie bewahren die Einsicht auf, dass es keine abstrakte, vom Kontext unabhängige Erkenntnis gibt, und weisen auf die Relationen hin, die das Erkenntnissubjekt bestimmen. Dieses ist eben nicht abstrakt, abgehoben als eine reine Vernunft zu denken, sondern als bestimmt durch die Beziehungen, in denen es steht.[135] Biblisch sitzen «die Gedanken» eines Menschen, seine Vernunfterwägungen, seinem «Fleisch», also seinem In-der-Welt-Sein auf. Biblische Anthropologie rechnet damit, dass nicht der Logos des Menschen sein Erkennen und nachfolgend sein Handeln bestimmt, sondern umgekehrt: Sein Eingebunden-Sein in Lebens- und Machtsphären beeinflusst seine Vernunft oder das, was er dafür hält (vgl. Kol 3,18; Eph 2,; Röm 8,6f; Röm 7).[136] Dieses alternative Zeugnis vom Menschen hätte schon damals die Vernunftfixiertheit der Antike korrigieren können. Es blieb dem Atheisten jüdischer Herkunft Sigmund Freud vorbehalten, diese – biblisch (hebräisch/griechisch) gesprochen –*Basar-*/*Sarx-*/«Fleisch»-Perspektive kritisch gegen moderne Engführungen des Menschenbilds ins Feld zu führen.

3.4.6 Verkauft die stoische Lebensberatung nicht pseudonormative Leerformeln?

Stoische Ethik lebt von der Unterscheidung dessen, was in unserer Macht steht, von dem, was nicht in unserer Macht steht. Ersteres können wir beeinflussen, so Freiheit gewinnen und unnötiges Leid vermeiden – Letzteres dagegen nicht. In diesem Sinne ist das sogenannte Gelassenheitsgebet des US-amerikanischen evangelischen Theologen Reinhold Niebuhr oft als in der Tradition der Stoa stehender Ratschlag verstanden worden. Die entscheidende Frage lautet allerdings: Was können wir nicht ändern?

---

134 Vgl. Gernot und Hartmut Böhme: Das Andere der Vernunft. Zur Entwicklung von Rationalitätsstrukturen am Beispiel Kants, Frankfurt a. M. 1983; Karen Goy: Vernunft und das Andere der Vernunft, Freiburg 2001.

135 Vgl. die Zusammenfassung bei Heinzpeter Hempelmann: «Erkennen wie man erkennen soll». Zu Aktualität und Relevanz des Erkenntnis-«Begriffs» biblischer Traditionen, in: ders.: Die Wirklichkeit Gottes. Bd. 1: Theologische Wissenschaft im Diskurs mit Wissenschaftstheorie, Sprachphilosophie und Hermeneutik, hg. von Thomas Pola, Neukirchen-Vluyn 2015, (45–68) 50 ff.

136 Das Material wird dargestellt bei Heinzpeter Hempelmann: Art. Vernunft/Verstand, in: Helmut Burkhardt u. a. (Hg.): Das große Bibellexikon, Bd. 3, Wuppertal-Gießen, 163–167.

Und: Was können wir ändern? Ist nicht genau das eine Frage der Einschätzung? Und hängt die Weisheit zur Unterscheidung nicht von den Kriterien ab, die mich bestimmen bzw. die ich mir zu eigen mache? Ist der Eindruck, hier auf eine hilfreiche, objektive Regel zu stoßen, auf eine nicht subjektive Verbindlichkeit u stoßen, der eigenen Subjektivität entnommen zu sein, nicht falsch?

Kurz, die entscheidende Grundlage stoischer Ethik stellt eine Mogelpackung mit bloß normativ anmutenden, aber nicht substanziellen Ratschlägen dar.

«Gott, gib mir die Gelassenheit, Dinge hinzunehmen, die ich nicht ändern kann, den Mut, Dinge zu ändern, die ich ändern kann, und die Weisheit, das eine vom anderen zu unterscheiden.» (Reinhold Niebuhr zugeschriebenes Gelassenheitsgebet)

45

3.4.7 Verurteilt der stoische Habitus nicht zur Passivität?

Stoische Ethik zielt gerade nicht ab auf Veränderung der Welt. Sie ist weitgehend passiv.

«Erwäge, daß nicht der dich mißhandelt, welcher dich lästert oder schlägt, sondern deine Vorstellung, daß dies eine Schande sei. Macht dich jemand böse, so reizt dich nur deine eigene Vorstellung. Bemühe dich also vor allem, nie im Augenblicke von ihr hingerissen zu werden; später, wenn du einmal Zeit zur Überlegung gehabt hast, wirst du dich schon beherrschen können.» (Epiktet: Handbüchlein der Moral, 20)

46

Was sie verändern will, sind lediglich – so die ins Extrem ausgezogene These – die subjektiven, individuellen Meinungen und Haltungen, die das Leben schwer machen können. Wenn ich mich und meine Einstellungen verändere, muss ich die Welt nicht mehr verändern. Für mich gilt allein: «Befleißige dich dessen, was du vermagst!» (Epiktet).[137]

3.4.8 Trost durch Philosophie?

Für stoisches Denken ist es nun freilich auch gar nicht erforderlich, diese Welt zu verändern. Zum einen ist die alles entscheidende, allein relevante Wirklichkeit meine Innenwelt mit meiner Konstruktion von Wirklichkeit. Zum anderen haben Zeus und die Götter diese Welt ja vernünftig und d. h. gut eingerichtet. Aufstand wäre Frevel, Unzufriedenheit allein mein Problem. Es bleibt angesichts fremden und eigenen Leidens nur, das Unvermeidliche hinzunehmen und in es einzustimmen. Es wird verständlich, warum diese Philosophie in Krisen- und Notzeiten immer weniger zu überzeugen wusste: Die Situation ist ja unabänderlich. Wenn ich etwas als schlecht empfinde, liegt es nur an mir. Die Götter haben es so gewollt. Und es gibt keinen Ausweg, keine Hoffnung. Das Individuum wird allein auf sich zurückgeworfen. Begehrt es auf, begeht es Frevel. Leidet es, leidet es an sich selbst, ist also auch noch selbst schuld an seinem – im Prinzip – unnötigen Leiden.

Ganz anders hingegen der Exodus-Impuls des Auszugs aus dem Sklavenhaus Ägypten, der die Thora bestimmt, und der Grundtenor der Erlösung und des neuen Himmels wie einer neuen Erde. Und selbstkritisch gefragt: Welche Wege ist eine christliche Spiritu-

137 Handbüchlein der Moral, 14.

alität gegangen, die diesen Grundtenor vergessen hat und sich stattdessen lieber einrichtet im stoischen Denkgebäude einer festen, unveränderlichen, angeblich göttlich legitimierten Weltordnung?

3.4.9 Machen die Götter wirklich alles gut? Wo ist die Antwort auf die Theodizeefrage?

Stoische Denker, allen voran Seneca, bügeln die Theodizee-Frage ab, mit Antworten, die wir bis heute im Bereich christlicher Seelsorge finden: *Die Widrigkeiten sind nur Übungen. Alles scheint nur schlecht, böse, nicht gut zu sein. In Wahrheit begegnen wir einem göttlichen Willen, der alles wohl ordnet. Gott macht alles gut. Willst du als Mensch dich gegen Gott auflehnen? Siehst du nicht, wie begrenzt deine Erkenntnis ist? Es wird alles gut, wenn du in das einstimmst, was dir begegnet.*

Der biblische Gott setzt in seinem Sohn sein göttliches Leben ein, um seinen Geschöpfen neue Lebensmöglichkeiten zu schaffen: «Darin erweist er seine Gerechtigkeit» (Röm 3,25). Der Sohn Gottes stirbt durch den Widerstand der Sünder (vgl. Hebr 12,3; Joh 1,10f). An ihm wird das Böse und der Böse offenbar. Er ist gekommen, «dass er die Werke des Teufels zerstöre» (1Joh 3,8). So gut kann also diese Welt nicht sein, wenn in ihrem Erdboden das Kreuz des Sohnes Gottes steckt; des Gottes, der sich in Wort und Tat als pure Liebe zu erkennen gegeben hat.

3.5 Texte

1. Kleanthes: Hymnus auf Zeus
2. Seneca: Von der Vorsehung
3. Friedrich Nietzsche: Fröhliche Wissenschaft

T1 Kleanthes: Hymnus auf Zeus

Heil dir, erhabenster Gott, mit zahlreichen Namen Verehrter,
stets Allmächtiger, Zeus, du Fürst der Natur, der du alles
lenkst nach der Satzung, dich dürfen ja sämtliche Sterblichen grüßen:
Dir entstammen wir, stellen von allem, was sterblich auf Erden
lebt und wandelt, als einzige dar das Abbild der Gottheit.
Deshalb will ich dich preisen, dein Walten immer besingen.
Unser geordnetes Weltall, das rings um die Erde sich breitet,
folgt dir, wohin du es führst, läßt gerne von dir sich beherrschen.
Derart hältst du bereit in unbezwinglichen Händen
deinen zweischneidigen, feurigen, ewig zuckenden Blitzstrahl.
Jedes Geschöpf der Natur ist dessen Schlag unterworfen;
damit bewahrst du die Einheit des Ganzen, die alles Vorhandne
machtvoll durchdringt, mit dem riesigen Lichtquell die kleinen verbindend,
durchweg bestätigt durch deine Gewalt als oberster Herrscher.

Nichts vollzieht sich auf Erden ohne dein Eingreifen, Gottheit,
weder am göttlichen Himmelsgewölbe noch in den Fluten,
lediglich das, was die Bösewichter aus Torheit verüben.
Du verstehst das Übermäßige sinnvoll zu stutzen,
gleichzeitig Wirres zu ordnen, und schenkst auch dem Unlieben Liebe.
Derart verschmolzest du sämtliches Gute mit Bösem zu Einem,
daß sich ein ewiger Sinn im All zu entwickeln vermochte.
Sterbliche Bösewichter versuchen sich ihm zu entziehen;
elend die Armen, die stets den Besitz des Guten erstreben,
doch die gültige Satzung der Gottheit nicht sehen, nicht hören:
Folgten sie ihr vernünftig, sie führten ein glückliches Leben!
Aber sie stürmen vernunftlos von einem Unglück zum andern,
teils um nichtige Meinungen eifrig und leidig sich streitend,
teils auf Gewinn erpicht in unzulässigem Maße.
Andere schweifen zuchtlos, ergeben den Lüsten des Körpers,
ohne ein sicheres Ziel zu erstreben, bald hierhin, bald dorthin,
und ihr Eifer bewirkt das Gegenteil nur vom Erwünschten.
Zeus, Allgebender, wolkenumdüsterter Werfer der Blitze,
schütze die Menschen vor Unwissenheit, dem heillosen Übel!
Scheuche das Übel, Vater, von dannen, lehre die Menschen
jene Einsicht, kraft deren gerecht du den Weltenlauf lenkest!
Denn wir wollen dir, selber geehrt, mit Ehren vergelten,
ständig dein Walten besingen, so wie es den Sterblichen zukommt;
wird doch Menschen wie Göttern kein höherer Vorzug beschieden,
als das für alle stets wirksame Recht gebührend zu preisen.

(Übersetzt von Dietrich Ebener, aus: Dichtung der Antike von Homer bis Nonnos, Digitale Bibliothek, Bd. 30, www.decemsys.de/sonstig/quellen/zeushym.htm [02.02.2026])

T2 Seneca: Von der Vorsehung

Doch will ich nun im weiteren Verlauf meiner Darstellung zeigen, wie unzutreffend die Vorstellung ist, dass, was ein Übel scheint, es auch wirklich ist. Zunächst behaupte ich, dass das, was du als hart, als widerwärtig und abscheulich bezeichnest, erstens nur zum Besten derer diene, die davon betroffen werden, sodann zum Besten der Gesamtheit, deren Wohl den Göttern mehr am Herzen liegt als das des Einzelnen, ferner, dass es in Einklang mit ihrem Willen geschehe und dass sie das Unglück verdienen, wenn das nicht der Fall ist. Dem soll dann der Nachweis folgen, dass dieser Lauf der Dinge ein Werk des Schicksals sei und sich für die Guten nach genau demselben Gesetze vollziehe, nach welchem sie selbst gut sind. Endlich werde ich dir klarmachen, dass du niemals einen tugendhaften Mann bemitleiden darfst, denn wohl kann er unglücklich genannt werden, aber sein kann er es nicht.

Von allen genannten Punkten scheint der schwierigste der erstgenannte zu sein, nämlich, dass das Gefürchtete und Beängstigende denen, welchen es zustößt, selbst zum Besten diene. «Zu ihrem Besten soll es dienen, erwiderst du, in die Verbannung gestoßen zu werden, Weib und Kind zu Grabe zu tragen, Schande und Schaden über sich ergehen zu lassen?» Wenn du dich wunderst, dass dies einem zum Besten dienen soll, dann müsstest du dich auch wundern, dass so manche durch Wasser und Feuer geheilt werden und nicht minder durch Hunger und Durst. Bedenkst du aber, dass zum Zwecke der Heilung Knochen vom Fleische abgelöst und herausgenommen, Adern hervorgezogen und manche Glieder abgenommen werden, deren Verbleiben an ihrem Platze das unausbleibliche Verderben des ganzen Körpers zur Folge gehabt hätte, so wirst du dir auch den Nachweis gefallen lassen, dass manches Ungemach zum Besten derer dient, die es trifft: Das genaue Gegenspiel zu der Tatsache, dass manches, was man preist und leidenschaftlich begehrt, denen zum Nachteil gereicht, die daran ihr Wohlgefallen gefunden haben; man denke nur an das Nächstliegende, an Überladung des Magens und Trunkenheit, die durch die Lustbegier tödlich wirken. Zu den vielen vortrefflichen Aussprüchen unseres Demetrius gehört der folgende, der mir noch frisch im Gedächtnis ist; noch klingt er und rauscht er mir in den Ohren. «Nichts», sagte er, «kommt mir unglücklicher vor als ein Mensch, dem nie etwas Widerwärtiges begegnet ist.» Denn er hat keine Gelegenheit gehabt, sich selbst auf die Probe zu stellen. Mag ihm auch alles nach Wunsche gegangen, ja seinem Wunsche vorausgeeilt sein, das Urteil der Götter über ihn war doch kein günstiges: Er schien ihnen nicht würdig, aus einem Kampfe mit dem Schicksal dereinst als Sieger hervorzugehen. Das Schicksal weicht gerade den größten Memmen aus, als spräche es: «Was soll mir dieser als Gegner taugen? Er wird alsbald die Waffen strecken; gegen ihn bedarf es nicht meiner vollen Macht; eine leichte Drohung wird ihn zurückscheuchen; er kann meinen Blick nicht aushalten. Nach einem anderen muss ich mich umschauen, mit dem ich mich auf einen Kampf einlassen kann; es wäre schamlos, mich mit einem Menschen zu messen, der die Niederlage selbstverständlich findet.» Der Gladiator sieht es als eine Schmach an, mit einem Schwächeren sich zu messen; er weiß, dass es kein Ruhm ist, den zu besiegen, der ohne Gefahr zu besiegen ist. Ebenso hält es das Schicksal: Es sucht sich die Tapfersten heraus, die ihm gewachsen sind; an manchen geht es verächtlich vorüber. Gerade den Trotzigsten und in stolzester Haltung Dastehenden greift es an, um seine Kraft gegen ihn anzustrengen: Mit Feuer probiert es seine Kraft an Mucius, mit Armut an Fabricius, mit Verbannung an Rutilius, mit Folterqualen an Regulus, mit Gift an Sokrates, mit dem Tode an Cato. Ein erhabenes Beispiel ist nur möglich als Folge eines bösen Schicksals.

Ist Mucius etwa unglücklich, weil seine Rechte in das Feuer der Feinde greift und sich selbst für seinen Irrtum bestraft? Dass er den König, den er mit bewaffneter Hand nicht in die Flucht schlagen konnte, mit der verbrannten forttreibt? Wie? Wäre er etwa glücklicher, wenn er die Hand am Busen einer Geliebten wärmte?

Ist Fabricius etwa unglücklich, weil er, soweit er von Staatsgeschäften frei war, sein Ackerland bestellt? Dass er Krieg führt so gut gegen Pyrrhus wie gegen den Reichtum? Dass er vom eigenen Herde eben die Wurzeln und Kräuter verzehrt, die er dem Boden durch eigene Arbeit abgewonnen hat, er, der greise Triumphator? Wie? Wäre er etwa glücklicher, wenn er seinem Bauche Fische von fernen Küsten her oder ausländisches Geflügel zuführte, wenn er mit Austern aus dem adriatischen und tyrrhenischen Meer der Trägheit seines überladenen und übelgestimmten Magens wieder aufhülfe, wenn er das ausgesuchteste Wildbret, die blutreiche Beute der Jäger mit einem mächtigen Obstkranze umrahmte?

Ist Rutilius unglücklich, weil diejenigen, die ihn verurteilt haben, sich der Verantwortung vor allen Jahrhunderten ausgesetzt sehen? Weil er mit größerem Gleichmut den Verzicht auf das Vaterland über sich ergehen ließ, als die Rückkehr aus dem Exil? Dass er der Einzige war, der es wagte, dem Sulla ein Nein entgegenzusetzen und, als er zurückgerufen ward, nahe daran war, seine Flucht noch fortzusetzen und sich noch weiter zu entfernen? «Da magst du», sagt er, «deine Zuschauer finden an denen, die dein Glück mit dir teilen. Mögen sie die Blutströme schauen auf dem Forum, und am Servilianischen See – das ist ja die Mördergrube für Sullas Geächtete – die Häupter der Senatoren und die Mörderbanden, die die Stadt durchstreifen, und die vielen Tausende römischer Bürger, die auf dem einen Platze hingeschlachtet wurden nach empfangener Sicherheitsbürgschaft, nein, vielmehr gerade aufgrund derselben: Mögen dem die zuschauen, die es nicht über sich bringen, im Exil zu leben.» Wie? Ist also Sulla glücklich, weil ihm, wenn er sich nach dem Forum begibt, mit dem Schwerte Platz gemacht wird, dass er die Köpfe der hingerichteten Konsulare öffentlich ausstellen und den Mörderlohn durch den Quästor und die Staatskasse zahlen lässt? Und das alles tut der Mann, der das Cornelische Gesetz gab!

Nun mag Regulus an die Reihe kommen. Was hat ihm das Schicksal geschadet, dass es ihn zu einem Muster von Treue, zu einem Muster von Geduld gemacht hat? Nägel durchbohren ihm die Haut, und wo er auch für seinen erschöpften Leib eine Lagerstätte sucht, immer kommt er auf eine Wunde zu liegen, nie senken sich seine Augenlider zum Schlafe: Je größer die Qual, umso größer der Ruhm, dessen er teilhaftig werden wird. Willst du wissen, wie wenig es ihn reue, den Preis der Tugend so hoch veranschlagt zu haben? Gib ihm das Leben zurück und schicke ihn in den Senat: Er wird nicht anders stimmen.

Du hältst also den Mäcenas für glücklicher, der von Liebesqualen gepeinigt und in Tränen sich verzehrend über die tägliche Sprödigkeit seiner eigensinnigen Gattin durch die sanften Melodien der aus der Ferne erklingenden Musik den Schlaf sucht? Mag er sich durch stärksten Wein betäuben, mag er durch das Rauschen von Wasserfällen den Geist ablenken, mag der durch den Trug von tausend Lustbarkeiten seine geängstete Seele täuschen: Er bleibt auf seinem Flaumlager ebenso wachend wie jener auf seiner Marterbank. Aber jener hat den Trost, dass es die Ehre ist, für die er Hartes erduldet, und er blickt von dem Leiden zurück auf die Ursache, während dieser, durch Wollust erschlafft und an dem Übermaß von Glück leidend, mehr gequält wird durch das, was er duldet, als durch die Ursache seines Leidens. Noch haben die Laster nicht dermaßen die Oberhand bekommen über das Menschengeschlecht, dass es zweifelhaft wäre, ob nicht, wenn der Mensch sein Schicksal selbst wählen dürfte, er in der Regel lieber zu einem Regulus als zu einem Mäcenas geboren sein möchte. Sollte sich aber einer finden, der sich nicht entblödete zu sagen, er hätte es vorgezogen, als Mäcenas und nicht als Regulus geboren zu werden, so hat er, mag er es auch nicht aussprechen, es doch zugleich vorgezogen, als eine Terentia geboren zu werden.

Meinest du, es sei dem Sokrates schlecht ergangen, weil er jenen Giftbecher, zu dem ihn der Staat verurteilt hatte, gerade so austrank, als wäre es eine Arznei für die Unsterblichkeit, und vom Tode sprach, bis dieser selbst eintrat? Ist es ihm übel ergangen, dass sein Blut erstarrte und das Pulsieren der Adern durch die eintretende Kälte allmählich zum Stillstand kam? Wie viel mehr ist er zu beneiden als jene Schlemmer, denen mit Gefäßen aus Edelstein aufgewartet wird, denen ein elender, sich zu jeglicher Gefälligkeit hergebender Lotterbube von ausgemachter Impotenz oder zweifelhafter Mannheit den auf goldener Schüssel präsentierten Schnee zerrinnen lässt. Was sie trinken, das geben diese Kumpane durch Erbrechen zu ihrem Leidwesen wieder von sich, wobei sie ihre eigene Galle zu kosten bekommen. Dagegen wird jener freudig und gern seinen Giftbecher leeren.

Was den Cato anlangt, so genügt das Gesagte. Die Menschheit wird ihm immer das Zeugnis ausstellen, dass ihm das höchste Glück widerfahren sei.

Ihn hat die Natur auserwählt, um als furchtbare Gegnerin ihn im Kampfe zu erproben. «Mit der Feindschaft der Großen (so spricht die Natur) hat es nicht wenig auf sich: So stelle er sich denn dem Pompejus, Caesar und Crassus zu gleicher Zeit entgegen. Es will etwas heißen, sich hinter schlechtere Menschen an Ehre zurückgestellt zu sehen: So trete er denn hinter einen Vatinius zurück. Es ist nichts Geringes, an Bürgerkriegen teilzunehmen: So mag er denn auf dem ganzen Erdenrund für die gute Sache so unglücklich wie beharrlich kämpfen. Es ist keine Kleinigkeit, Hand an sich zu legen: Mag er es denn tun. Was will ich damit erreichen? Es soll jedermann wissen, dass das kein Übel sei, dessen ich einen Cato würdig erachtete.»

(Seneca: Von der Vorsehung, zit. nach: Seneca: Das große Buch vom glücklichen Leben. Gesammelte Werke, übersetzt von Otto Apelt, München 2014/2023, 12–17)

T3 Friedrich Nietzsche: Fröhliche Wissenschaft

Die krasse Gegenposition zur Stoa findet sich in Nietzsches «Fröhlicher Wissenschaft». Nietzsches radikaler Bruch mit der abendländischen Tradition wird vielleicht gerade im Gegenüber zur Stoa und ihrem metaphysischen, fast religiösen Weltordnungsdenken greifbar. Wie stark abendländische Metaphysik und abendländisches Christentum zusammen gewachsen und verklammert sind, zeigt sich gerade in ihrer gemeinsamen Voraussetzung einer solchen Ordnung, die Schickung ist und in die man sich zu schicken hat. Wie wenig Nietzsche – und ihm folgende Denker, bis hin zu postmodernen Dekonstruktivisten – ihr noch zu folgen wussten, wie sehr dem eine Daseinswahrnehmung zu Grunde liegt, macht dieser Text deutlich.

«Die Ungöttlichkeit des Daseins galt ihm [= A. Schopenhauer] als etwas Gegebenes, Greifliches, Undiskutierbares; er verlor jedes Mal seine Philosophen-Besonnenheit und geriet in Entrüstung, wenn er jemanden hier zögern und Umschweife machen sah. An dieser Stelle liegt seine ganze Rechtschaffenheit: der unbedingte redliche Atheismus ist eben die *Voraussetzung* seiner Problemstellung, als ein endlich und schwer errungener Sieg des europäischen Gewissens, als der folgenreichste Akt einer zweitausendjährigen Zucht zur Wahrheit, welche am Schlusse sich die Lüge im Glauben an Gott verbietet … Man sieht, was eigentlich über den christlichen Gott gesiegt hat: die christliche Moralität selbst, der immer strenger genommene Begriff der Wahrhaftigkeit, die Beichtväter-Feinheit des christlichen Gewissens, übersetzt und sublimiert zum wissenschaftlichen Gewissen, zur intellektuellen Sauberkeit um jeden Preis. Die Natur ansehn, als ob sie ein Beweis für die Güte und Obhut eines Gottes sei; die Geschichte interpretieren zu Ehren einer göttlichen Vernunft, als ständiges Zeugnis einer sittlichen Weltordnung und sittlicher Schlussabsichten; die eignen Erlebnisse auslegen, wie sie fromme Menschen lange genug ausgelegt haben, wie als ob alles Fügung, alles Wink, alles dem Heil der Seele zuliebe ausgedacht und geschickt sei: das ist nunmehr *vorbei,* das hat das Gewissen *gegen* sich, das gilt allen feineren Gewissen als unanständig, unehrlich, als Lügnerei, Feminismus, Schwachheit, Feigheit […]. Indem wir die christliche Interpretation dergestalt von uns stoßen und ihren Sinn wie eine Falschmünzerei verurteilen, kommt nun sofort auf eine furchtbare Weise die Schopenhauersche Frage zu uns: *hat denn das Dasein überhaupt einen Sinn?* jene Frage, die ein paar Jahrhunderte brauchen wird, um auch nur vollständig und in alle ihre Tiefe hinein gehört zu werden.»

(Fröhliche Wissenschaft [= FW], in: ders.: Werke, hg. von Karl Schlechta, Darmstadt/ München 1954–1956, Bd. II, 227f)

3.6 Literaturhinweise

Wir geben hier wie auch in Teil 4 und Teil 5 nur ausgewählte Literaturhinweise. Sie können zu einer ersten Vertiefung helfen. Wer darüber hinaus Material zu speziellen Fragen sucht, wird fündig v. a. bei Forschner und Weinkauf (s. u.).

Maximilian Forschner: Die Philosophie der Stoa. Logik, Physik und Ethik, Darmstadt 2018; das neue Standardwerk; ziemlich umfassende Darstellung unter Einbeziehung der neueren Erkenntnisse.

Wolfgang Weinkauf (Hg.): Die Philosophie der Stoa. Ausgewählte Texte, Stuttgart 2001; eine nach Themen gegliederte Edition der vom Herausgeber selbst und d. h. neu übersetzten Texte mit einer sehr ausführlichen Einleitung zum geistesgeschichtlichen Hintergrund, zur geschichtlichen Entwicklung und mit Einleitungen zu den Texten, mit denen Hg. die einzelnen Themen vorstellt.

Max Pohlenz: Die Stoa. Geschichte einer geistigen Bewegung. Bd. 1, Göttingen [6]1984; Bd. 2: Erläuterungen, Göttingen [6]1984; das Standard- und Grundlagenwerk und die ausführlichste Darstellung.

A.A. Long / D.N. Sedley: Die hellenistischen Philosophen. Texte und Kommentare, (Cambridge 1987) Stuttgart 2006; eine aus dem angelsächsischen Raum stammende Fundgrube an Material, das thematisch geordnet wird und mit Kommentaren versehen ist; der größte Teil des Werkes betrifft die Stoa: 183–522.

3.7 Aufgaben

1. Bestimmen Sie den Unterschied zwischen stoischer Vorsehungslehre und christlicher Hoffnung auf Gottes Hilfe! Belegen Sie Ihre Auffassung!
2. Vergleichen Sie die Vorsehungslehre Senecas (T2) mit den Aussagen des Apostels Paulus in Röm 8,18–39! Wo scheint Paulus ähnlich zu argumentieren wie Seneca? Wo liegen die entscheidenden Differenzen?
3. Welche Einwände erhebt Nietzsche gegen die Stoa und ein von ihr beeinflusstes Christentum seiner Zeit? Worin liegen diese begründet? Warum sieht sich Nietzsche nicht (mehr) in der Lage, das stoische Weltordnungsdenken nachzuvollziehen?
4. Inwiefern trifft der Einwurf Nietzsches (nicht) die paulinische Argumentation in Röm 8?

4. Epikur

4.1 Leben und Zeitumstände

Über das Leben von Epikur wissen wir vergleichsweise wenig. Vgl. unten unter 4.2 (Quellen) die Angaben zum Bericht von Diogenes Laertios: Leben und Meinungen berühmter Philosophen. Einen Überblick über den Stand dessen, was wir relativ sicher erschließen können, gibt: Malte Hossenfelder: Epikur, München (1991) ⁴2017, 14–21. Er hat selbst keine Schriften hinterlassen. Was wir an schriftlichen Aussagen von ihm haben, stammt im Wesentlichen von dem im 3. nachchristlichen Jahrhundert lebenden antiken Philosophiegeschichtsschreiber Diogenes Laertios. Epikur lebte von 342/341–270 v. Chr. Platon ist sieben Jahre vor seiner Geburt gestorben,[138] Aristoteles lebt noch, als er geboren wird. Auch wenn er Sokrates und Platon nicht erlebt hat und Aristoteles vermutlich nicht begegnet, weil er erst später nach Athen wechselt, ist es diese griechische Klassik, die das philosophische Leben in Athen als Hochburg der kulturellen Debatte bestimmt. Ungefähr zur selben Zeit wie Epikur lebt und wirkt Pyrrhon von Elis (um 365–275 v. Chr.), der Begründer der Pyrrhonischen Skepsis und des später sogenannten Pyrrhonismus. Von ihm wissen wir eher noch weniger als von Epikur. Ein Schüler Pyrrhons, Nausiphanes von Teos, wird später zu einem Lehrer Epikurs, der ihn maßgeblich beeinflusst. Ungefähr zur selben Zeit lebt Zenon von Kition (* 334 v. Chr.), der Gründer der Schule der Stoa.

Die politischen und damit wirtschaftlichen Verhältnisse sind geprägt durch die Alexanderzüge (Alexander der Große: 356–323 v. Chr.) und das Schwächerwerden wie schließlich das Zerbrechen der Vorherrschaft Athens. Nach den verlorenen Kriegen beginnt eine politisch unsichere Zeit und Athen erlebt einen beginnenden Kulturzerfall. Diese Umstände bilden den biografischen Anstoß und den Rahmen für die nicht nur von Epikur als Ziel des Philosophierens ausgegebene «Seelenruhe» *(ataraxia),* die helfen soll, mit Furcht und Unwägbarkeiten umzugehen, und die die Aufmerksamkeit des Individu-

138 Vgl. DL, Leben und Meinungen berühmter Philosophen, X, 14 f.

ums von der großen Politik auf die privaten Belange lenkt: den Umgang mit Furcht, Begierden und Schmerz, die Suche nach einem trotz allem glücklichen Leben.

Nach dem Tod Alexanders 323 v. Chr., den nachfolgenden politischen Unruhen und der «Vertreibung der Athener»,[139] also der Parteigänger Athens auf der Insel Samos, die sich immer wieder von Athen zu befreien suchte, sind die Eltern Epikurs gezwungen, nach Colophon in Kleinasien, der heutigen Türkei, auszuwandern. Epikur, der die Insel schon vorher verlassen hatte, folgt ihnen dorthin, nachdem er zuvor, 18 Jahre alt, nach Athen gegangen war, um dort einen zweijährigen Militärdienst zu leisten. Wahrscheinlich ist, dass er in dieser Zeit eines ersten Athenaufenthalts zwar nicht Aristoteles, der sich in Chalkis aufhielt, aber dessen Schüler und Nachfolger in der Schulleitung, Theophrastus, begegnet ist und dem aktuellen Leiter der platonischen Akademie, Xenokrates.

Epikur wird 341 v. Chr. als Sohn athenischer Siedler auf Samos geboren, das nur gut einen Kilometer vor der kleinasiatischen Küste im ägäischen Meer liegt, eine wichtige See- und Handelsmacht darstellt und von Athen aus strategischen Gründen immer neu erobert wird. Samos war auch der Geburtsort des vorsokratischen und weiter wirksamen Philosophen Pythagoras (* um 570 v. Chr., † nach 510 v. Chr.). Es verwundert nicht, dass Epikur in diesem anregenden Umfeld schon sehr früh[140] philosophische Interessen entwickelt haben soll. Er soll dort bei einem Platoniker, Pamphil[i]os, von dem wir sonst keine weiteren Nachrichten haben,[141] in die Schule gegangen sein. Immerhin hat er durch diesen Unterricht Berührung mit platonischem Gedankengut bekommen, vermutlich in einer bereits scholastisch/dogmatisch erstarrten Form. Die Akademie gehört später zu den Schulen, die Epikur sehr kritisch bewertet und von deren Positionen er sich energisch distanziert. Einen bleibenderen Erfolg hat Nausiphanes, ein Schüler des Vorsokratikers und Atomisten Demokrits, der Epikur auf Colophon auch mit der Skepsis Pyrrhons bekannt macht. Diese hat später einen erheblichen Einfluss auf die Erkenntnistheorie Epikurs und hilft ihm durch ihre herausfordernden Fragen zur Ausarbeitung seiner eigenen Position.

Um das Jahr 310 v. Chr. sammelt Epikur ein erstes Mal auf der Insel Lesbos, zunächst in Mytilene, dann in Lampsakos Schüler um sich. In dieser Zeit baut er Beziehungen auf, die ein Leben lang halten, u. a. die zu seinem Schüler Menoikos. Ein wichtiger Lehrbrief zur Frage der richtigen Lebensgestaltung an Menoikos wird uns von Diogenes Laertios überliefert,[142] der eine der Hauptquellen für unsere Kenntnis von Epikurs Denken ist.

«Es bleibt noch der für diese Debatte sehr wichtige Gegenstand der Freundschaft übrig, von der ihr behauptet, dass sie, wenn die Lust das höchste Gut ist, überhaupt nicht existiert. Über diese sagt Epikur allerdings, dass von allen Dingen, die die Weisheit für das glückliche  47

139 A. a. O., X, 1.

140 Diogenes Laertios berichtet, er sei schon vierzehnjährig mit Philosophie in Berührung gekommen (X, 2), an anderer Stelle, er habe bereits «mit zwölf Jahren zu philosophieren angefangen» (X, 14).

141 Vgl. a. a. O., X, 14.

142 Vgl. a. a. O., X, 129–138.

Leben bereitgestellt habe, nichts besser sei als die Freundschaft, nichts fruchtbarer und nichts angenehmer.
Und er hat dies nicht nur durch die Rede allein, sondern noch viel mehr durch sein Leben, durch seine Taten und seinen Charakter bewiesen.» (Cicero: De finibus bonorum et malorum I, 65)

Vier oder fünf Jahre später, 307/306 oder 305/304 zieht er nach Athen, dem angesagten Zentrum für Philosophie, und gründet dort mit einem Teil seiner Schüler eine eigene Philosophenschule. In Athen kauft er in einem Vorort einen Garten, griech. *kepos,* der seiner Schule den späteren Namen «Kepos/Garten» gibt.[143] Was Epikur hier startet, ist aber weit mehr und ganz etwas anderes als eine weitere Philosophenschule. Schon bald steht sie in Konkurrenz zu anderen Schulen. Im «Garten» lebt man «bei einfachster und bescheidenster Lebenshaltung»[144] zusammen. Der *Kepos* ist ein einzigartiges Theorie-Praxis-Projekt. Epikurs Philosophie spürt der Frage nach, wie ein – möglichst – glückliches Leben möglich ist. Der *Garten* versucht, dieses Konzept umzusetzen. Der Garten Epikurs ist eine Gemeinschaft, die durch gegenseitige Freundschaft und die Verehrung für den gemeinsamen Meister und seine Weltanschauung verbunden ist.

48 

Epikur – «wie groß sind die Freundesscharen, die er in einem einzigen Haus, und zudem in einem beengten, versammelte, und mit was für einem außerordentlichen Liebesband hielt er diese zusammen! Das ist bei den Epikureern auch heute noch so.» (Cicero: De finibus bonorum et malorum I, 65)

Vielleicht ist es nicht zu gewagt, von einer Art antiker Kommune[145] zu sprechen, die bestimmt ist durch die Suche nach Lebensweisheit, die philosophisch Bestand hat und zu überzeugen vermag; die bestimmt ist durch Menschenliebe und gegenseitigen Beistand und Hilfeleistung, auch bei finanziellen Problemen und in politischen Schwierigkeiten, und das «bei einfachster und bescheidenster Lebenshaltung»[146].

49 

Epikur in seinem letzten Brief (an Idomeneus): «Es ist der gepriesene Festtag und zugleich der letzte Tag meines Lebens, an dem ich diese Zeilen an euch schreibe. Harnzwang und Dysenterie haben sich bei mir eingestellt mit Schmerzen, die jedes erdenkliche Maß überschreiten. Als Gegengewicht gegen alles dies dient die freudige Erhebung der Seele bei der Erinnerung an die zwischen uns gepflogenen Gespräche. Du aber sorge, entsprechend deiner von jung auf mir und der Philosophie entgegengebrachten herzlichen Gesinnung, für die Kinder des Metrodoros.» (DL, Leben und Meinungen berühmter Philosophen, X, 22f)

Bezeichnend ist, dass zu ihr auch Frauen und Sklaven, u. a. sein Sklave Mys gehören.[147]

143 A. a. O., X,17.
144 A. a. O., X, 11.
145 Allerdings unter Ausschluss der Gütergemeinschaft.
146 DL, Leben und Meinungen berühmter Philosophen, X, 11.
147 Vgl. a. a. O., X, 3.10.

271/270 v. Chr. stirbt Epikur im Alter von 72 Jahren nach langer, zum Schluss schwerer, aber gelassen ertragener Krankheit.[148] Er stirbt – wie berichtet wird – an einer sehr schmerzhaften «Urinversperrung (Harnzwang)».[149]

Wie Diogenes Laertios ausführlich berichtet, ist Epikur früh Polemik, ja Schmähungen, dem Vorwurf der Wollust ausgesetzt gewesen.[150] Laertios weist dessen Gegner jedoch entschieden in die Schranken: Sie «alle sind nicht recht bei Sinnen».[151] Er verweist auf die Gutherzigkeit, Mildherzigkeit und die «allgemeine, keine Ausnahme kennende Menschenliebe» Epikurs,[152] sowie auch auf seine «fromme Ergebenheit gegen die Götter»[153]) – womöglich eine Schutzbehauptung angesichts der Religionsphilosophie und Religionskritik Epikurs, die wir noch genauer untersuchen werden.

4.2 Quellen

Auch wenn Epikur «ein Vielschreiber ersten Ranges»[154] war und nach dem Bericht des Diogenes Laertios 300 Buchrollen hinterlassen hat, ist sein Werk heute weitgehend verloren. Die wichtigsten Quellen zu Epikur und dem Epikureismus sind (1) die Darstellung, die der antike Philosophiehistoriker Diogenes Laertios ihm im zweiten Band seiner Schrift *Leben und Meinungen berühmter Philosophen* widmet. Epikur ist hier neben Platon der einzige der 82 Philosophen, dem er ein eigenes Kapitel, zudem noch das längste, widmet. Das zeigt die Bedeutung, die Diogenes Laertios ihm beimisst. Er dokumentiert mehrere Lehrbriefe: an Herodot, an Pythokles (Echtheit umstritten) und an Menoikus. Diese sind keine Gelegenheitsschreiben. In ihnen fasst Epikur vielmehr seine Lehre zusammen. Dazu kommen «Epikurs Hauptlehren» *(kyriai doxai)*. In 40 für den Gebrauch im Unterricht verfassten Sentenzen, die die Schüler auswendig zu lernen hatten,[155] um sie mental präsent zu haben. Ergänzt wird dieser relativ sichere Kernbestand (2) durch eine Fülle von Fragmenten,[156] die bei Freunden und Gegnern durch Polemiken und Exzerpte überliefert sind. Wir finden sie bei Kirchenvätern, aber auch bei Philosophen wie Plutarch und Seneca. Ende des 19. Jahrhunderts wurde dann (3) eine Vatikanische Handschrift entdeckt, die aus dem 14. Jh. stammt. Sie enthält 81 Lehrsätze *(gnomena)* und wird zitiert als *Gnomologion Vaticanum*.[157] Für den Epikureismus ist darüber hinaus (4) das sechs große Bücher umfassende Lehrgedicht des römischen Philosophen Lukrez (Titus Lucretius Carus, ca. 97–55

148 Vermutlich hat er einen durch einen Nierenstein verursachten, 14 Tage lang andauernden Harnverschluss erlitten, bevor er starb.

149 DL, Leben und Meinungen berühmter Philosophen, X, 15.

150 A. a. O., X, 3–8.

151 A. a. O., X, 9.

152 A. a. O., X, 9 f.

153 A. a. O., X, 10.

154 A. a. O., X, 26.

155 Vgl. a. a. O., X, 12.

156 Zugänglich über Epikur: Wege zum Glück: Griechisch – Lateinisch – Deutsch (Sammlung Tusculum), hg. von Rainer Nickel, 3. überarbeitete Aufl., Mannheim 2011.

157 Zugänglich ebenfalls über Epikur: Wege zum Glück.

v. Chr.) bedeutend. Lukrez versteht sich – 200 Jahre nach Epikur – als Schüler Epikurs. In seinem Monumentalgedicht *De rerum natura / Von der Natur der Dinge,* das in der Mitte des letzten vorchristlichen Jahrhunderts entstanden ist, dichtet er die Philosophie des verehrten Meisters nach. Eine weitere wichtige Quelle ist (5) die Darstellung der Position Epikurs durch Cicero (106–43 v. Chr.). In seiner religionsphilosophischen Schrift *De natura Deorum / Über das Wesen der Götter* aus dem Jahr 45 v. Chr. enthält das erste Buch eine Darstellung und kritische Erörterung der Theologie Epikurs. Ebenso bietet seine Schrift *De finibus bonorum et malorum / Über das höchste Gut und das schlimmste Übel* im ersten Buch eine Darstellung und im zweiten Buch eine kritische Erörterung der Aussagen Epikurs in Form eines fingierten Gesprächs zwischen Vertretern unterschiedlicher Positionen.

4.3 Die Epikureische Philosophie in ihrem Zusammenhang

4.3.1 Die Dreiteilung in Kanonik, Physik und Ethik

Epikurs Lehren besitzen damals wie heute eine besondere Überzeugungskraft, weil ihre einzelnen Teile nicht nur zusammenpassen und einander ergänzen, sondern sich auch gegenseitig stützen. Ein wissenschaftlich begründeter Materialismus und ein praktisch-pragmatisch orientierter Naturalismus bilden eine überzeugende Einheit. Selbst die spätere Polemik lässt noch ein Gespür für die Kohärenz der einzelnen Teile des *Kepos* erkennen, wenn etwa Augustinus Epikur vorwirft, eine zerrüttete Tradition, eine zerrüttete Weltanschauung und eine zerrüttete Lebensweise zu vertreten.[158] Eine zerstörte, m. a. W. verlassene und preisgegebene philosophische Begrifflichkeit kann nur zu einer zerstörten, weil preisgegebenen Metaphysik und einer zerstörten, perversen Ethik und Lebensweise führen.

Nach Diogenes Laertios zerfällt die Philosophie Epikurs «in drei Teile: den kanonischen, physischen und ethischen»[159]. Diogenes nimmt hier die auf den Platoniker Xenokrates aus Kalchedon (339–314 v. Chr.) zurückgehende, gängig gewordene Dreiteilung der Philosophie auf. Im «Kanon», der Kanonik geht es – modern gesprochen – um Erkenntnis- und Wissenschaftstheorie. Sie «gibt die Mittel und Wege zur wissenschaftlichen Behandlung der Gegenstände an»[160]. In der «Physik» wird die erkenntnistheoretische Position dann auf die «gesamte Naturbetrachtung»[161] angewandt. Physik meint hier dabei mehr als Naturwissenschaft im modernen Sinne. Sie ist Naturphilosophie und bietet eine umfassende Gesamtschau des Wirklichen. In der «Ethik» geht es dann um die normative Frage, wie zu leben ist. Sie handelt «von Wahl und Verwerfung in Bezug auf die Lebensfragen»[162]. Wie nun näher zu entfalten sein wird, vertritt Epikur wissenschaftstheoretisch einen streng empiristisch-sensualistischen Standpunkt: Epikur will auf alle metaphysi-

158 Vgl. bei Schmid: Epikur, 793.
159 DL, Leben und Meinungen berühmter Philosophen, X, 29.
160 A. a. O., X, 30.
161 Ebd.
162 Ebd.

schen Elemente verzichten und sich allein auf das Sichtbare konzentrieren. Dem entspricht eine Natur- und Wirklichkeitsauffassung, die nahezu positivistisch nur das für wirklich hält, was empirisch gegeben ist, und eine Ethik, die sich nicht mit metaphysischen Spekulationen über das Eigentliche, Gute und Schöne oder die spekulativ erschlossenen Ordnungen des Seins («logos») aufhält, sondern danach fragt, was denn auf der Basis unseres erworbenen Wissens angemessene und praktikable Lebensweisen sind. Für platonische und neuplatonische Spekulationen über das ideale Wesen des Seins oder eine Verehrung der Götter ist hier weder Platz, noch sind solche Einstellungen nötig. Es ist nicht verwunderlich, dass ein solcher metaphysikfreier, praktisch-atheistischer, adaptiv-pragmatischer Standpunkt zum Gegner schlechthin wird, sowohl für die dominierende stoische wie später für die christliche Position.

4.3.2 Philosophie als Hilfe zum Leben in einer irrationalen Welt

Epikurs Lehre ist nicht Philosophie im engeren akademischen Sinne. Es geht Epikur nicht darum, die Welt zu erkennen und ihre Ordnungen zu identifizieren. Er geht im Gegenteil und anders als die Stoa davon aus, dass in dieser Welt keine Ordnungen erkennbar sind und dass das Leben irrational ist. Epikurs Philosophie betreibt Erkennen nicht als Kunst um ihrer selbst willen, sondern ausschließlich zu einem ganz und gar praktischen Zweck.

 50

> «Nach alldem muss man noch Folgendes beachten: Nämlich dass die größte Unruhe in den menschlichen Seelen erstens durch die Meinung entsteht, diese Wesen, die Götter, seien glückselig und unvergänglich; gleichzeitig aber sollen sie wollen, handeln und verursachen, was damit nicht zu vereinbaren ist; zweitens durch die Erwartung oder Vermutung von etwas Schrecklichem, das ewig dauert, wie es durch Mythen überliefert ist; drittens dadurch, dass die Menschen sich fürchten vor der Wahrnehmungslosigkeit beim Totsein, als beträfe diese sie. Und all das beruht nicht etwa auf einem Gefühl, das durch Überlegungen entstand, sondern durch irgendeinen gedankenlosen Impuls. Darum werden die, die das Schreckliche nicht definieren, gleich viel oder noch quälender beunruhigt, als wenn sie wenigstens an diese Göttermärchen glaubten.»
> (Epikur: Über das Glück, Zürich 2011, 142–143)

Es geht um die Förderung der Glückseligkeit des Menschen. Sie ist «Tätigkeit, die durch Argumentation und Diskussion das glückselige Leben verschafft»[163]. Und «wie die Heilkunst keinerlei Nutzen hat, wenn sie nicht die Krankheiten der Körper vertreibt, so auch nicht die Philosophie, wenn sie nicht das Leiden der Seele vertreibt.»[164] Es ist diese praktische Zielsetzung, die beachtet werden muss, wenn man die Anlage und Durchführung der Philosophie Epikurs recht verstehen will.

Den Ausgangspunkt hat Epikur zunächst mit der Stoa und der Pyrrhonischen Skepsis gemeinsam. Es geht um das Ziel der *ataraxia,* der Seelenruhe, modern gesprochen: einer mentalen, nicht mehr zu erschütternden Ausgeglichenheit als Voraussetzung für Zufrie-

163 Us. Fr. 219, zit. nach Hossenfelder: Epikur, 27.
164 Us. Fr. 221, zit. nach Hossenfelder: Epikur, 27.

denheit. Dieser *ataraxia* steht nach Epikur v.a. eines entgegen: die Furcht. Es sind v.a. drei Gegenstände der Furcht, die Epikur immer wieder nennt: die Furcht vor Schmerzen, die Furcht vor dem Tod und die Furcht vor den Göttern. Andere Befürchtungen können hinzutreten, etwa die Furcht, die aus der Gier nach Leben entspringt: die Furcht, nicht genug zu bekommen.

51 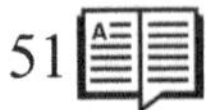

«Die Natur lehrt folgendes: Die Gaben des Schicksals für ziemlich unbedeutend zu halten, und wenn man ein gutes Schicksal hat, zu erkennen, was es bedeutet, kein gutes Schicksal zu haben, wenn man aber kein gutes Schicksal hat, dem guten Schicksal nicht zu viel Bedeutung zu geben; [...] und dass jedes Gut und jedes Übel der meisten Menschen vergänglich und schlecht ist, Weisheit aber auf keinen Fall etwas mit Schicksal zu tun hat.» (Porph. ad Marc. 30; Us. Fr. 489; zit. nach Hossenfelder: Epikur, 101)

Der Weg, den Epikurs Heilmethode einschlägt, ist aber – trotz gemeinsamen Ausgangspunktes – ein anderer als etwa der der Stoa. Für die Stoa ist die Natur logosdurchwirkt, und die Vernunft dient dazu, die Natur der Dinge zu erkennen und sich an die gottgegebenen Wirklichkeiten anzupassen, um nicht zu scheitern. Epikur dagegen bestreitet die Rationalität der Welt unter Berufung auf den ganz anderen Augenschein. Glück und Unglück, Kontingenzen aller Art bestimmen unser Leben, und eine nachvollziehbare Gerechtigkeitsordnung ist nicht erkennbar.

52 

«Aber lasst uns dann überlegen [...], wenn irgendeine Todesgefahr zu nahen scheint, wieviel näher andere Gefahren sind, die wir nicht fürchten. Ein Feind bedrohte jemanden mit dem Tod: schlechte Verdauung kam ihm zuvor.» (Sen. ep. 30,16; Us. Fr . 503; zit. nach Hossenfelder: Epikur, 104).

Der Vernunft und damit der Philosophie kommt darum bei Epikur eine ganz andere Funktion zu: (1) Sie soll die Wirklichkeitserfahrung ernstnehmen und das sinnlich Gegebene nicht einfach zugunsten einer metaphysischen Sinnunterstellung überspringen. Hier hat die Erkenntnis- und Wissenschaftstheorie – *Kanonik* – ihren Platz, mit ihrem empirischen, metaphysikkritischen Ansatz. Die Erfahrung zeigt doch: die Götter haben kein Interesse an uns. Könnten sie sonst glücklich und unbeschwert sein, und sähe unser Leben nicht notwendig anders aus, wenn ihnen an uns läge? Die Vernunft hat (2) die Aufgabe, als *Physik* die gegebene Realität so weit wie möglich zu durchdringen. Die Natur, deren Teil wir sind, ist ja der Rahmen und Horizont, in dem wir leben und auf den wir uns einstellen müssen. Physikalische Erkenntnisse sind hier von elementarer Bedeutung. Die Physik klärt, ob alles determiniert ist, oder ob der Mensch in gewissen Grenzen Freiheit besitzt. Ihre Untersuchungen der Materie zeigen, dass alles aus Zusammenballung von Atomen besteht, die sich beim Tod wieder voneinander lösen. Es gibt also keine Unsterblichkeit, kein Leben nach dem Tod und auch kein Gericht der Götter, vor dem sich viele so sehr fürchten. Physik hilft gegen schlechte Metaphysik.[165] Die Vernunft ist (3) nicht wie in der Stoa Mittel der Anbetung der Götter und des Logos, der in der Welt waltet; sie ist lediglich

165 Die Naturerkenntnis ist also kein Zweck an sich, wie etwa in der Stoa: «Wenn uns nicht die Furcht vor den Himmelserscheinungen quälen würde und der Verdacht, der Tod könnte uns doch irgendwie betreffen, und

«das Instrument des Menschen zur Orientierung in einer an sich irrationalen Welt»[166]. Die Vernunft kann dann dem Menschen helfen, zu erkennen, dass Unglücklichsein auch aus einer unbegrenzten und nichtigen Begierde resultieren kann;[167] dass es also vernünftig ist, das eigene Streben nach Lust, Schmerzvermeidung und Bedürfnisbefriedigung einzuhegen, um so größere Unlust zu vermeiden.

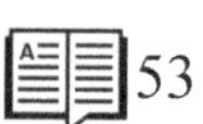 53

«Was nun die Himmelskörper angeht, so dürfen wir keinesfalls glauben, dass ihre Bewegung und Drehung, ihre Verfinsterung, ihr Aufgang und Untergang sowie alles, was ähnlich bedeutend ist, durch das Walten eines höheren Wesens entstanden sei, das es angeordnet habe, es gegenwärtig in Ordnung halte und weiter halten werde, eines Wesens, das in vollster Glückseligkeit und Unvergänglichkeit verharre. Denn Werktätigkeit, Sorgen, Zorn und Liebe sind mit dem Begriff ‹Glückseligkeit› nicht in Einklang zu bringen, – sondern sie sind Äußerungen der Unvollkommenheit und Schwäche und bedürfen eines Nächsten.» (Brief an Herodot: DL, Leben und Meinungen berühmter Philosophen, X, 76f, zit. nach Epikur von Samos, Brief an Herodot, Books on Demand 2022, 20)

Philosophie treiben wir darum nach Epikur nicht um ihrer selbst willen, sondern um in einem erkennbar nicht geordneten kontingenten Universum besser zurechtzukommen und d. h. für Epikur, um Furcht zu minimieren und Glück zu maximieren.

4.3.3 Die Wissenschafts- und Erkenntnistheorie («Kanonik»)

Ursprünglich hat Epikur seine Erkenntnis- und Wissenschaftstheorie in einem eigenen Buch *(Kanonik)* entfaltet, das freilich nicht erhalten ist. Grundzüge hat er aber in seinem Brief an Herodot[168] zusammengefasst. Wir bieten hier nur eine knappe Zusammenfassung[169] seiner Aussagen. Wir konzentrieren uns dabei auf die Zusammenhänge, die dann auch theologisch relevante Konsequenzen haben.

Epikur vertritt modern gesprochen einen naturalistischen Sensualismus. Ausgangspunkt Epikurs ist – wiederum im Gegensatz zur Stoa, zur Skepsis wie zum Neuplatonismus – die individuelle Empfindung (darum die Bezeichnung als «Sensualismus»). Wenn wir Erkenntnis gewinnen wollen, dann nur auf dem Wege dessen, was uns unmittelbar gewiss ist, nicht auf dem Weg der Abstraktion oder gar Spekulation. Die Vernunft, so schon die Einsicht Epikurs, kann aus sich heraus keine Erkenntnis gewinnen, sie kann keine Werte aus sich selbst ableiten, weil sie ja immer weiter begründen müsste, worauf ihre Einsichten jeweils beruhen. Jede spekulative Antwort bietet ja Anlass zu weiteren Rückfragen. Um den unbegrenzten Regress zu vermeiden, der an kein Ende kommt und zu keinem verlässlichen Ergebnis führt, muss der Erkenntnis Suchende darum von dem Gegebenen und unmittelbar Gewissen ausgehen. Epikur ist natürlich bewusst, dass genau

---

außerdem unsere Unkenntnis der Grenzen von Schmerzen und Trieben, dann freilich benötigten wir keine Naturwissenschaften.» (Epikur: Über das Glück, Zürich 2011, 98).

166 Hossenfelder: Epikur, 19.

167 Vgl. die Analyse in Epikurs Brief an Menoikus.

168 DL, Leben und Meinungen berühmter Philosophen. X, 35–83.

169 Vgl. die detaillierte und übersichtliche Darstellung bei Hossenfelder: Epikur, 111–122.

dieser «empiristische» Ansatz mit erheblichen Problemen verbunden ist. Wir nehmen ja wahr, dass es verschiedene Empfindungen, verschiedene Wahrnehmungen und dementsprechend Aussagen über die Welt gibt. Sind die Sinne also zuverlässig? Führen sinnliche Wahrnehmungen nicht auch zu Irrtümern? Zudem ergibt sich ein weiteres Problem, wenn man auf den metaphysischen Ansatz des Neuplatonismus oder des *Peripatos,* also der Schüler des Aristoteles, verzichtet: Wie kommt man über die einzelnen Wahrnehmungen und Empfindungen hinaus? Die empirische Wahrnehmung, die sensorischen Empfindungen beziehen sich ja immer nur auf Einzelnes. Wie gelangt man zu allgemeineren Aussagen, die es ja für die Orientierung in der Welt braucht?

Epikur beschreitet einen geradezu modern anmutenden Weg, wenn er die genannten Probleme zu lösen sucht. Er unterscheidet zwischen den Wahrnehmungen der Sinne einerseits und der Vernunft andererseits. Die Sinne werden erkenntnistheoretisch dadurch entlastet und «vom Irrtum befreit», dass Epikur die Schuld für Irrtümer nur im Raum der Vernunft sucht. Die sensorischen Wahrnehmungen als solche sind – immer – richtig. Sie werden nur verfälscht durch die Urteile, die die Vernunft aus ihnen zieht. Um so zwischen sinnlicher Wahrnehmung und Vernunft unterscheiden zu können, weist Epikur den Sinnen eine rein passive, rezeptive, empfangende Rolle zu.

54  «Trug und Irrtum liegen immer nur in dem Hinzugedachten, das erst noch seine Bestätigung oder wenigstens seine Nichtwiderlegung abzuwarten hat und weiterhin nicht bestätigt oder widerlegt wird.»
(Epikur zur begrifflichen Fassung der rein passiven Empfindungen in seinem Brief an Herodot: DL, Leben und Meinungen berühmter Philosophen, X, 50)

55  «[…] jede durch Anschauung gegebene Wahrnehmung, auf die wir unsere Urteile zurückführen, muß man im Geiste erwägend festhalten; wo nicht, so entzieht sich alles der strengen Beurteilung und wird voller Wirrnis sein.» (Epikurs Hauptlehren: DL, Leben und Meinungen berühmter Philosophen, X, 146)

Es ist die Vernunft in ihrer Spontaneität, die – individuell – aktiv wird und reflexiv die an sich gegebenen Wahrnehmungen erst verarbeitet. Aus den Aussagen Epikurs kann man mehrere Gründe für die unbedingte Verlässlichkeit der Wahrnehmungen destillieren: (1) Sie sind rein passiv; sie haben also keinen Einfluss auf das, was sie wahrnehmen. In ihnen kommt darum nur das zur Geltung, was sich ihnen aufdrängt, sie beeindruckt und zur Empfindung führt.[170] (2) Die Wahrnehmungen sind unwiderlegbar; man denke nur an Zahnschmerzen, die man nicht hinweg disputieren kann. Als dritten Grund nennt Epikur (3) den «tatsächliche[n] Bestand des unmittelbaren Wahrnehmungsgefühls»[171]. Gemeint ist vermutlich:[172] Unsere Wahrnehmungen trügen uns dann nicht, wenn wir sie nicht mit metaphysischen Urteilen über die Natur der erkannten Dinge verbinden, sondern als das nehmen, was sie sind und wie sie unmittelbar wirken. Wenn etwas Lust erzeugt, hat es – so

170 Vgl. v. a. DL, Leben und Meinungen berühmter Philosophen, X, 50.
171 A. a. O., X, 32.
172 Vgl. Hossenfelder: Epikur, 113.

die sehr moderne, antimetaphysische Perspektive – wenig Sinn zu fragen, ob «es» «an sich» lustvoll ist, also die Eigenschaft hat, Lust zu sein. Es reicht doch die pragmatische Wahrnehmung: Es hat bei mir Lust erzeugt, ergo «ist» es lustvoll.

Es zeichnet Epikurs Erkenntnistheorie aus, dass sie nicht einfach empiristisch ist, sich auf die Empfindungen beschränkt und die Wahrnehmung des Einzelnen zur Basis macht. Denn das Einzelne, so erkennt Epikur, ist nicht das Letzte, die Basis von Wissen. «Alles Einzelne» muss ja seinerseits «zurückgeführt» werden «auf die einfachen Elemente und Beziehungen»[173]. Epikur stellt die Bedeutung der Begriffe heraus, in denen wir Einzelnes wahrnehmen und formulieren. Nur «vermittelst kurzer Bezeichnungen» gelinge es, «jedes Einzelne in voller Schärfe mit dem Geiste zu umfassen»/erfassen (ebd.). Auf die «einfachen [Theorie-]Elemente und Bezeichnungen» kommt es also an (ebd.). Hier hören aber die Reflexionen Epikurs noch nicht auf. Bezeichnungen sind «Worte», und Epikur erkennt, dass wir uns mit ihnen auf schwankendem Grund befinden. Die Frage ist ja, «was den Worten zugrunde liegt»[174]. Die Gefahr besteht bekanntermaßen darin, sich «mit unseren Darstellungen [...] ins Unendliche zu verlieren oder es mit leeren Worten zu tun zu haben»[175]. Im ersteren Fall geht es um die im Prinzip unendliche Wortanalyse: Wenn es gilt, die Bedeutung eines gebrauchten Begriffs zu entfalten, werden dafür ja wieder Worte gebraucht, die wieder in ihrer Bedeutung entfaltet werden müssen, mit weiteren Worten usw. Im letzteren Fall stehen wir vor der Frage, ob ein Begriff überhaupt einen empirischen Gehalt hat. Es ist ja durchaus möglich, sich von der Empirie abzukoppeln und dann vom Einhorn auf dem Mond zu sprechen und von ihm eine «sinnvolle» Vorstellung zu entwickeln, obwohl es dieses gar nicht gibt. Epikur geht also hier weder einen empiristischen Weg, wie er später von David Hume oder dem logischen Empirismus – erfolglos – versucht wird; er verfolgt aber auch nicht den spekulativen platonischen Weg wahrer, der Erkenntnis zugrundeliegender Begriffe. «Festen Anhalt», einen «festen Punkt»[176], auf den «das Gesuchte, Bezweifelte oder bloß vermutungsweise Erkannte» zurückzuführen ist, will Epikur auf andere Weise gewinnen. Er führt zwei Kriterien dafür an, dass das «Feste» erreicht wird: einerseits dadurch, (1) dass «bei jedem Wort [...] der zugrunde liegende Gedanke gleichsam mit Augen geschaut werden» muss und (2) «keines Beweises bedürfen»[177] soll. Der Begriff, die Bezeichnung muss sich also spontan, intuitiv ergeben. Sie muss so evident sein, dass ein Beweis sinnlos, weil unnötig wäre. Hat man einen solchen festen Ankergrund erreicht, wird dieser zum Ausgangspunkt für die «Deutung des Kommenden und Unbekannten»[178].

Um über den Bereich der bloßen Empfindung hinauszukommen, muss also nun zum rein Sensorischen noch die Vernunft hinzutreten. Sie operiert mit und in Urteilen. Sie

173 Brief an Herodot: DL, Leben und Meinungen berühmter Philosophen, X, 36.
174 DL, Leben und Meinungen berühmter Philosophen, X, 37.
175 Ebd.
176 A. a. O., X, 37 f.
177 A. a. O., X, 38.
178 Ebd.

kommt also deutlich als ein zweiter, vom unmittelbaren ersten Akt der Erkenntnis zu unterscheidender Faktor hinzu. Sehr anschaulich spricht Epikur bei dieser Arbeit der Vernunft vom «Hinzugedachten» (griech. *prosdoxazomenon*). *Hier* entsteht nun das Risiko falscher Erkenntnis: «Trug und Irrtum [...] liegen immer nur in dem Hinzugedachten, das erst noch seine Bestätigung oder wenigstens Nichtwiderlegung abzuwarten hat»[179]. Wir tragen also an die Wahrnehmungen Begriffe heran und überschreiten damit den Bereich des unmittelbar Gegebenen. Diese Anwendung von Begriffen ist unumgänglich, aber sie kann eben falsch, irrtümlich sein.[180] Sie bedarf der Bestätigung oder auch Widerlegung.[181]

Dadurch entstehen dann die Folgefragen, woher wir denn unsere Begriffe gewinnen und wie wir sie rechtfertigen. Epikur erläutert: Einerseits stellt die Anwendung von Begriffen auf die Wahrnehmung eine Art Vorwegnahme (griech. *prolepsis*) dar. Ich wende auf die Wahrnehmung etwas an, was den Bereich der unmittelbaren Wahrnehmung weit übersteigt. Der Begriff meint ja als Angabe einer Struktur und Ordnung einen allgemeinen, nicht bloß individuellen Sachverhalt. Und es ist darum immer die Frage, ob diese Anwendung denn gerechtfertigt ist. Wir sehen aus der Ferne eine personartige Erscheinung, und wir urteilen: Es handelt sich um einen Menschen. Wir können es aufgrund der Entfernung noch nicht wissen, aber wir haben eine Vermutung, dass das ein Mensch ist und nicht etwa eine Vogelscheuche. Wir benutzen einen Begriff, um diese zu artikulieren. Erst wenn wir uns dem Gegenstand nähern, sehen wir, ob diese *Prolepse* angemessen war oder nicht, ob wir etwa doch eine Vogelscheuche oder ein Standbild o. Ä. gesehen haben. Wir können uns dann korrigieren und ein verbessertes Urteil bilden.

Woher nun gewinnen wir unsere Begriffe? Epikur vertritt eine naturalistische und keine konventionalistische Sprachtheorie. Nach letzterer verständigen sich Menschen auf die Bedeutung von Worten, im Prinzip unabhängig von ihrer ursprünglich vielleicht einmal gegebenen Bedeutung. Epikur vertritt – wie gesehen – den Standpunkt, dass ein solches Verfahren viel zu unsicher ist. Vielmehr müssen wir uns auch in dieser Frage nach der Bedeutung von Begriffen auf unsere unmittelbaren Intuitionen verlassen, die wir in uns vorfinden. Wir müssen für die richtigen Zugänge zur Wirklichkeit «auf die in uns selbst erschauten Begriffe (Vorherbestimmungen; prolepseis)»[182] zurückgehen. Nur die richtigen Begriffe verbürgen dann die Wahrheit der Erkenntnis.

179 DL, Leben und Meinungen berühmter Philosophen, X, 50.

180 Vgl. die Hauptlehre XXII, DL, Leben und Meinungen berühmter Philosophen, X, 146. Genau genommen unterscheidet Epikur hier sogar drei Größen: die Anschauung, die Wahrnehmung und die Urteile. Die Anschauung ist rein passiv, auf ihrer Basis entstehen Wahrnehmungen, die dann Basis für unsere Urteile sind.

181 Auch hier begegnet mit dem Konzept der Bestätigung/Bewährung und Widerlegung/Falsifikation ein Ansatz, der in der modernen Wissenschaftstheorie, im Kritischen Rationalismus Poppers, eine maßgebende Rolle spielen wird.

182 DL, Leben und Meinungen berühmter Philosophen, X, 72.

4.3.4 Physik: Naturwissenschaft im Dienst der Metaphysikkritik

Dieses Konzept hat in gleich mehrfacher Weise unmittelbare theologische Bedeutung.

1. *Die richtigen Begriffe von Gott führen zum Verlust der unser Leben belastenden Gottesfurcht.* Gottesfurcht resultiert aus einem falschen Begriff von Gott.

 56

Epikur klärt den Begriff «Gott»: «Erstens halte Gott für ein unvergängliches und glückseliges Wesen, und dichte ihm nichts an, was entweder mit seiner Unvergänglichkeit unverträglich ist oder mit seiner Glückseligkeit nicht in Einklang steht; dagegen halte in deiner Vorstellung an allem fest, was danach angetan ist, seine Glückseligkeit im Bunde mit seiner Unvergänglichkeit zu bekräftigen. Denn es gibt Götter, eine Tatsache, deren Erkenntnis einleuchtend ist; doch sind sie nicht von der Art, wie die große Menge sie sich vorstellt; denn diese bleibt sich nicht konsequent in ihrer Vorstellungsweise von ihnen. Gottlos aber ist nicht der, der mit den Göttern des gemeinen Volkes aufräumt, sondern der, welcher den Göttern die Vorstellungen des gemeinen Volkes andichtet.» (Brief an Menoikus: DL, Leben und Meinungen berühmter Philosophen, X, 123)

Wer und was Gott ist, ist aus der unmittelbar einleuchtenden Vorstellung von Gott als natürlich und selbstverständlich glücklichem Wesen zu erheben. Ihrem Begriff nach, d. h. der unmittelbar einleuchtenden Anschauung nach sind Götter unvergänglich und glückselig. Damit verträgt sich nicht, was die Religionen und bestimmte Philosophien ihnen andichten: dass sie sich um den Menschen kümmern und dass sie ins Naturgeschehen eingreifen. Auf genau solche falschen Begriffe, die den Göttern etwas «andichten», müssen wir verzichten, um nicht zu falschen Urteilen zu kommen, wie dem, dass sie zu fürchten seien. Epikur hebt also ab auf die Forderung nach Kohärenz der Begriffe. Die verschiedenen mit einem Begriff wie «Gott» verbundenen Vorstellungen müssen in sich stimmig sein und zusammenpassen. Philosophie ist als Kanonik also auch Sprachphilosophie. Sie ist Bemühen um einen in sich kohärenten und in sich stimmigen Gebrauch der Sprache.[183]

Falsche theologische Theorien gehen auf falsche Urteile zurück. Und falsche theologische Urteile gehen auf falsche Begriffe von Gott zurück.

2. *Physik ersetzt schlechte Metaphysik:* Noch an anderer Stelle ist die Kanonik und Physik von unmittelbarer theologischer Bedeutung, ja dient geradezu der Abwehr unangemessener, übergriffiger und so Angst machender theologischer Anschauungen. Epikurs Ansatz ist in einem modernen Sinne reduktionistisch-naturalistisch. An sich, so Epikur, kommt Bildung und Wissenschaft gar keine Bedeutung zu. Auch physikalische Forschung und Wissen sind nicht um ihrer selbst willen wichtig.

 57

Epikur erklärt, warum die Götter / höheren Wesen nicht zuständig sind für das Naturgeschehen: Der Begriff von Gott verträgt sich nicht mit dem Charakter des Naturgeschehens: «Was

183 Das Programm der Philosophie als Klärung der Sprache, wie es vom sogenannten «Wiener Kreis», Ludwig Wittgenstein und später der sprachanalytischen Philosophie verfolgt wird, kündigt sich hier ansatzweise an. Wir verlieren metaphysische Probleme, wenn wir die Sprache klären (vgl. den Programmaufsatz des «Wiener Kreises» von Rudolf Carnap: Überwindung der Metaphysik durch logische Analyse der Sprache, in: Erkenntnis, Bd. 2 [1931], 219–241, sowie Ludwig Wittgenstein: Tractatus logico-philosophicus, 1918).

ferner die Himmelserscheinungen anlangt, so darf man die Bewegung der Himmelskörper, ihre abwechselnden Richtungen, ihre Verfinsterungen, ihren Aufgang und Untergang und was sonst dahin zu rechnen ist, nicht der Leistung und der jetzigen oder künftigen Anordnung irgendeines höheren Wesens zuschreiben, das zugleich die volle Glückseligkeit nebst Unvergänglichkeit besitzen würde (denn geschäftliche Tätigkeit und Sorge, verbunden mit Zornesausbrüchen und Gunstbezeugungen, vertragen sich nicht mit Glückseligkeit, sondern sind Zeichen der Schwäche und Furcht und der Anlehnungsbedürftigkeit an die Umgebung) [...].» (Brief an Herodot: DL, Leben und Meinungen berühmter Philosophen, X, 76f)

Man sollte auch die naturwissenschaftliche Forschung nur so weit treiben wie notwendig. Es ist z. B. gar nicht nötig, eine Pluralität von konkurrierenden Theorien zu beseitigen. Es fällt bei Epikur immer wieder auf, dass er im Brief an Herodot verschiedene Erklärungsursachen für Naturphänomene nebeneinander stellen und aufzählen kann, ohne sie sachlich abzugleichen und kritisch zu erwägen. Wichtig ist nicht, in jedem Fall genau Bescheid zu wissen über die exakte Ursache von Naturphänomenen. Hier kann man ruhig auch verschiedene konkurrierende Theorien nebeneinander stehen lassen. Wichtig ist allein, über *natürliche* Erklärungen von Naturphänomenen zu verfügen, um so dem «mythologischen Geschwätz»[184] über den Einfluss der Sterne auf das Schicksal, dem religiösen Aberglauben über Blitze schleudernde Götter und den theologischen Mythen über die theologischen Ursachen von Himmelsbewegungen widerstehen zu können. Physik und Wissenschaftstheorie tragen so zur Atharaxie bei. Indem sie überhaupt eine alternative, natürliche Ursache als möglich und denkbar erweisen, fördern sie den Seelenfrieden, weil sie die Angst vor den Göttern nehmen.

Eine dritte Entlastung durch diesen empirisch-sensualistischen Ansatz tritt hinzu.

3. *In der Anschauung kommen die Götter nicht vor.* Die Konzentration auf die *reine Erfahrung* bzw. *Empfindung* bzw. *Anschauung,* zu der wir ja nichts hinzufügen, die wir nur passiv empfangen und nicht durch unsere Begriffe und Deutungen verfälschen, zeigt sich nach Epikur:

58 

«Auch mit der Umlaufsordnung muß es so gehalten werden wie bei beliebigen Vorgängen hier unten bei uns. Die Gottheit soll damit durchaus nichts zu schaffen haben, sondern soll frei bleiben von jeder Dienstleistung für diesen Zweck und im vollen ungestörten Genuss der Seligkeit verharren, denn ist dies nicht der Fall, so wird jede Ergründung der Himmelserscheinungen zu einem nichtigen Gedankenspiel, wie es schon manchen begegnet ist, die sich nicht an eine mögliche Erklärungsweise hielten, sondern in leeres Gerede verfielen, indem sie nur *eine* Erklärung für zulässig erachteten und alle anderen möglichen Erklärungsweisen verwarfen, wobei sie ins Undenkbare abschweiften und die Erscheinungen, die man doch als Richtzeichen sehen muß, nicht in Betracht zu ziehen verstanden.» (Brief an Pythokles: DL, Leben und Meinungen berühmter Philosophen, X, 97)

184 DL, Leben und Meinungen berühmter Philosophen, X, 115.

Die Götter sind ja gar nicht da. Sie erscheinen uns ja nicht. In unseren reinen Anschauungen kommen sie nicht vor. Die Physik zeigt uns nur die reine Himmelserscheinung. Zeus ist hinzugedacht, schärfer: dazu gedichtet. Der Sensualismus dient hier der Begründung eines reduktionistischen Naturalismus. *Naturalismus* meint: Die Welt ist rein natürlich erklärbar. Diese natürlichen Erklärungen ersetzen die metaphysischen Spekulationen, machen sie mindestens überflüssig. Die Intentionen der vorsokratischen Aufklärung erlauben eine vernünftige Weltsicht, ohne zum Götterglauben Zuflucht nehmen zu müssen. *Reduktionismus* meint eben dies: Metaphysik, Götterglaube ist nicht mehr nötig, ist für eine suffiziente Erklärung der Welt überflüssig. Denn die Welt, so hat es dann v. a. der wichtigste Schüler Epikurs, Lukrez, in seinem umfassenden Lehrgedicht *De rerum natura,* episch herausgearbeitet, ist reine Materie, nichts sonst. Modern gesprochen: Wir leben in einem rein physikalisch erklärbaren Universum.

4. *Ein «nichtiges Gedankenspiel»,* eine Theoriebildung ohne reale Basis, spekulative Abschweifung «ins Undenkbare» kann vermieden werden, wenn man sich an eine «mögliche [!] Erklärungsweise» hält, sprich: an die Empirie und an das, was sie an Welterklärung ermöglicht. Die «Erscheinungen», Himmelserscheinungen, die hier[185] für alle physikalischen Widerfahrnisse stehen, haben für jede Suche nach Erklärung Vorrang. Epikur offenbart damit – ebenfalls in Vorwegnahme moderner Metaphysikkritik – ein weiteres Postulat seiner naturalistisch-reduktionistischen Kanonik: Vorrang hat in jedem Fall die physikalische, sogenannte «natürliche», d. h. eine sich auf Wahrnehmungen als «Richtzeichen» beziehende Erklärung. Und er vollzieht ein weiteres Mal eine scharfe Trennung: zwischen dem Empirischen und dem bloß Gedanklichen, Metaphysischen, Spekulativen. Physik als *Natur*-Wissenschaft, so der bereits hier anzutreffende Wissenschaftsbegriff, dient dazu, Metaphysik zurückzudrängen, «allem mythischen Gerede»[186] das Wasser abzugraben, es nach Möglichkeit so zu beseitigen.[187]

4.3.5 Ethik: Epikurs weisheitliches Verständnis von Lust

Vor allem Epikurs Ethik ist oft missverstanden oder sogar böswillig verzerrt worden (vgl. 4.4). Einerseits ist nach Epikur ganz eindeutig Lust-Gewinn das höchste Ziel des Lebens und eine ausreichende Begründung für die Ethik. Andererseits ist aber entscheidend, wie Epikur «Lust» versteht.

Er definiert zunächst «Lust als das Endziel»[188], bestimmt das aber sofort näher als «Freisein von körperlichem Schmerz und von Störung der Seelenruhe»[189]. Gemeint sind alle Vorkommnisse, Faktoren, Umstände, die die Seelenruhe beeinträchtigen oder gar ver-

185 Brief an Pythokles: DL, Leben und Meinungen berühmter Philosophen, X, 97.

186 DL, Leben und Meinungen berühmter Philosophen, X, 116.

187 Eine ähnliche Zielsetzung verfolgt im 20. Jh. ein früher Zweig der analytischen Philosophie, v. a. der «Wiener Kreis» um seinen philosophischen Vordenker Rudolf Carnap; im späten 20. und 21. Jh. vertreten die Giordano-Bruno-Stiftung und Verfechter eines «Neuen Atheismus» in Frankreich, Großbritannien und den USA dieselben Motive.

188 DL, Leben und Meinungen berühmter Philosophen, X, 131.

189 Ebd.

hindern könnten. Lustorientierung, das zeigt sich schon hier, meint also gerade nicht bedingungslosen, platten Hedonismus.[190]

Vernünftige Einsicht zeigt nun aber, «daß ein lustvolles Leben nicht möglich ist ohne ein einsichtsvolles und sittliches und gerechtes Leben, und ein einsichtsvolles, sittliches und gerechtes Leben nicht ohne ein lustvolles»[191]. Vernunft ist unabdingbar, um Lust zu erreichen. Lust ist zwar das höchste Ziel, aber dieses Ziel kann nur vernünftig erreicht werden. Es wäre demnach falsch, Vernunftorientierung und Luststreben als Gegensätze zu begreifen. Epikur erkennt die natürlichen Gegebenheiten des Körpers und des In-der-Welt-Seins an. Er fordert aber nicht dazu auf, sich Trieben, Affekten und gefühlten Bedürfnissen einfach hinzugeben, wie das für einen kruden Hedonismus unterstellt wird. Vielmehr kommt es auf einen reflektierten Umgang mit diesen Gegebenheiten an, um «jedes Wählen und jedes Meiden in die richtige Beziehung zu setzen zu unserer körperlichen Gesundheit und zur ungestörten Seelenruhe; denn das [!] ist das Ziel des glückseligen Lebens.»[192] Nicht Kontrollverlust, sondern Kontrolle ist vonnöten:

59 

«Liegt doch allen unseren Handlungen die Absicht zugrunde, weder Schmerz zu empfinden, noch außer Fassung zu geraten. Haben wir es aber einmal dahin gebracht, dann glätten sich die Wogen; es legt sich jeder Seelensturm, denn der Mensch braucht sich dann nicht mehr umzusehen nach etwas, was ihm noch mangelt, braucht nicht mehr zu suchen nach etwas anderem, das dem Wohlbefinden seiner Seele und seines Körpers zur Vollendung hilft.» (DL, Leben und Meinungen berühmter Philosophen, X, 128)

Es bedarf der Vernunft, damit die «Lust»-Orientierung nicht zu einer Qual wird, die die Seelenruhe stört und so das Glücklichsein gerade verhindert: «Denn der Lust sind wir dann benötigt, wenn wir das Fehlen der Lust schmerzlich empfinden.»[193]

Paradox formuliert: Die eigentliche, höchste Lust wird erreicht, wenn keine Lust mehr quält. Dazu braucht es Vernunft, Einsicht in die eigenen Möglichkeiten, Gegebenheiten und Grenzen. Wenn man sich auf sie einstellt, vermeidet man falsches, weil unerfüllbares Begehren: «Fühlen wir uns aber frei von Schmerz», körperlichem wie seelischem aufgrund von Entbehrung, «so bedürfen wir der Lust nicht mehr»[194].

Um Lust als höchstes Ziel zu erreichen, ist Lust zu disziplinieren, mit dem Ergebnis, dass man der Lust nicht mehr bedarf. Dieses scheinbar widersprüchliche Konzept ist Epikur möglich, weil er den Begriff «Lust» in einer doppelten Weise gebraucht. Die paradoxen Aussagen zwingen zur Differenzierung und sollen Kritiker dazu anleiten, seine Konzeption besser zu erfassen.

Epikur unterscheidet eine *Lust 1: voluptas in motu,* Lust in Bewegung, deutlich von einer *Lust 2:* der *voluptas stabilis* oder auch griechisch: der *katasteematikee heedonee,* als

190 Vgl. DL, Leben und Meinungen berühmter Philosophen, X, 131b–132a.
191 Vgl. a. a. O., X, 132.
192 A. a. O., X, 128.
193 Ebd.
194 Ebd.

Abwesenheit des Schmerzes»[195]. *Lust 1* kann qualvoll sein. *Lust 2* ist Lust als «Unlustfreiheit»[196]. *Lust 2* als eigentliche Lust, als Seelenfrieden, wird erst erreicht durch Befreiung von *Lust 1*. Diese Befreiung wiederum wird erreicht durch Einsicht, Disziplin und ein tugendhaftes Leben. Es war die späte Stoa mit ihrem Hauptvertreter Seneca, die die hier gegebene Nähe zu stoischem Gedankengut anerkannte und auf pauschale Verwerfungen des Epikureismus verzichtete.

«Die Seelenruhe und die Schmerzlosigkeit sind ruhige Lustempfindungen; für Freude dagegen und Fröhlichkeit ist Bewegung das charakteristische Kennzeichen.» (DL, Leben und Meinungen berühmter Philosophen, X, 136)  60

Zusammenfassung: Auch Epikur verfolgt das «Ziel des glückseligen Lebens[197]». Es wird erreicht durch den Gewinn maximaler Lust *(heedonee)*. Unter dieser «Lust als Endziel»[198] versteht Epikur aber «Freisein von körperlichem Schmerz und von Störung von Seelenruhe»[199]. Diese *Lust 2 (voluptas stabilis)* ist aber nur erreichbar durch Einsicht, Vernunft und ein sittliches, diszipliniertes Leben, das sich gerade nicht *Lust 1* hingibt.

Das bedeutet: (1) Es besteht Konsens mit den anderen Philosophenschulen über *ataraxia* als Ziel des Lebens. (2) Es besteht ebenfalls Konsens über die Notwendigkeit von Einsicht. Es geht gerade nicht um ein bedenkenloses Nachgeben gegenüber den eigenen Wünschen, Lüsten, Bedürfnissen. Wer das vertritt, kann sich zumindest auf Epikur nicht berufen. Für ein glückliches, erfülltes, von Lust bestimmtes Leben, das möglichst frei von körperlichem Schmerz und Störungen der inneren Ausgeglichenheit ist, bedarf es der Vernunft, Weisheit, Reflexion. (3) Bei Epikur steht damit nicht – wie oft unterstellt – Vernunft gegen Lust. Vielmehr bedingt das eine das andere. (4) Epikur geht über stoische und platonische Philosophie da hinaus, wo er erklärt, dass ein sittliches, gerechtes und einsichtsvolles Leben nicht möglich ist, ohne ein Streben nach Lust. Damit gibt er den Affekten einen Raum, den sie nach stoischer Auffassung nicht haben dürfen. Während diese nach der Affektenlehre der Stoa, zu disziplinieren, ggf. zurückzudrängen oder gar zu eliminieren sind, vertritt Epikur eine entgegengesetzte, sehr modern anmutende Anthropologie: keine Seelenruhe ohne Berücksichtigung der Sinne und Sinnlichkeit des Menschen; kein glückliches Leben ohne Rücksicht auf Bedürfnisse und Wünsche. Vernünftiges Streben nach Lust und umsichtiges Vermeiden von Schmerz – bis hin zur Empfehlung von Suizid, wenn das Leben nicht mehr zu ertragen ist – stehen im Zentrum. Es wäre darum (5) ein Missverständnis, Epikur zu unterstellen, ein quantitativ zu denkendes Maximum an Lusterfüllung anzustreben. Es kann im Gegenteil sein, das «Brot und Wasser […] den größten Genuß» gewähren, wenn nämlich «wirkliches Bedürfnis der Grund ist, sie zu sich zu nehmen.»[200]

195 A. a. O., X, 135.

196 Epikur: Wege zum Glück: Griechisch – Lateinisch – Deutsch (Sammlung Tusculum), hg. von Rainer Nickel, 3. überarbeitete Aufl., Mannheim 2011, 12 (Einleitung von Rainer Nickel).

197 DL, Leben und Meinungen berühmter Philosophen, X, 128.

198 A. a. O., X, 131.

199 Ebd.

200 Ebd.

4.4 Theologie und Religionskritik

4.4.1 Warum Theologie und Religion Thema werden

Auch die Theologie gehört in den Zusammenhang der epikureischen Philosophie. Streng genommen ist sie aber nicht konstitutiver Bestandteil des Denkens Epikurs, sondern in ihren speziellen Anschauungen eher dessen Folge. Deshalb wird sie hier auch gesondert behandelt.

Die sehr spezielle Theologie und Religionskritik Epikurs erschließt sich nur vom zentralen Ziel seiner Philosophie her. Epikur will weder den Götterglauben abschaffen, noch hat er ein atheistisches Interesse an Religionskritik – genauso wenig wie er ein Interesse an der Förderung der physikalischen Forschung, an einer ausgefeilten Wissenschaftstheorie oder an einer philosophischen Bildung hat. Der Zugang zu Naturwissenschaft, Erkenntnistheorie, philosophischer Reflexion und auch Theologie/Religion ist rein pragmatisch-adaptiv. Der zentrale Beweggrund der Philosophie Epikurs ist die Absicherung der Seelenruhe *(ataraxia)* des Menschen. Dieser stehen nach der Analyse Epikurs die Angst vor Schmerz, vor dem Tod und vor den Göttern (ihrem strafenden Handeln und Zorngericht) oder aber auch eine übergroße, das Gleichgewicht des Lebens störende Begierde entgegen. Philosophische Reflexion bearbeitet diese Hindernisse, etwa wenn es um die Angst vor dem Tod, speziell vor den Tantalus-Qualen[201] geht, die den Menschen womöglich nach dem Tod im Jenseits erwarten.

61 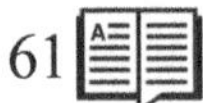

«Denn als ich umherging und mir eure Heiligtümer anschaute, fand ich auch einen Altar, auf dem geschrieben stand: Dem unbekannten Gott. Was ihr da verehrt, ohne es zu kennen, das verkündige ich euch.» (Apg 17,23)

Dazu kommt die Furcht vor den Göttern im Diesseits. Sie entsteht, wenn man glaubt, dass alles unter ihren allwissenden Augen geschieht; dass ihnen kein Fehltritt verborgen bleibt; dass sie sich rächen, wenn man ihnen nicht die nötige Verehrung entgegenbringt.[202]

62 

«[…] Und so habt ihr uns einen ewigen Herrn in den Nacken gesetzt, den wir Tag und Nacht fürchten müssen. Wer nämlich sollte einen Gott nicht fürchten, der alles voraussieht, bedenkt und bemerkt, der glaubt, alles gehe ihn etwas an, sich für alles interessiert und überhäuft ist mit Geschäften?» (So der Vertreter der Position Epikurs im Dialogwerk von Cicero: De natura Deorum I, 54)

Der Gedanke an das von Göttern festgelegte Schicksal, die über allem thronende, letztlich alles bestimmende *heimarmene;* die religiöse Anschauung einer dem Leben auferlegten Ordnung, in die man sich – stoisch! – nur einfügen kann, – all das lähmt zusätzlich. Diese

201 Tantalus ist in der griechischen Mythologie ein exemplarischer Mensch, der für seine Sünden bestraft wird. In der Unterwelt lebt er auf ewig mit nicht zu stillendem Hunger und andauerndem Durst. Tantalus steht in einem Becken aus Wasser, das sich zurückzieht, wenn er es erreichen will, und er steht unter einem Baum mit köstlichen Früchten, die ihm entfliehen, wenn er danach greift. Die nicht aufhörende Qual ist Konsequenz vor allem seiner respektlosen Haltung gegenüber den Göttern.

202 Das ist der Ansatzpunkt von Paulus in seiner Rede auf dem Areopag (Apg 17). Der Altar «für den unbekannten Gott» soll vor dem Zorn der Götter schützen, die man womöglich nicht berücksichtigt hat, weil man sie nicht kannte (vgl. Apg 17,23).

Ein Bild von Ixion, der an ein brennendes Rad gefesselt ist, wobei in diesem Fall sein Kopf der einzige menschlich anmutende Teil zu sein scheint.

theologischen Überzeugungen beeinträchtigen nicht nur die Ruhe, sie lähmen auch den Willen zur Selbstbestimmung. Sie tangieren die für Epikur wesentliche Voraussetzung der individuellen Freiheit zur Lebensgestaltung.

4.4.2 Distanzierung vom Atheismus

Anders als man das vielleicht erwarten könnte, bedeuten die Reflexionen im Ergebnis nicht, dass Epikur die Existenz von Göttern leugnet. Man mag erwägen, ob dabei eine Rolle spielt, dass im zeitgenössischen Athen Gottesleugnung als eine sehr gefährliche Straftat gilt. Jedenfalls stellt Epikur im Brief an Menoikus klar: «Es gibt Götter, eine Tatsache, deren Erkenntnis einleuchtend ist.»[203] Epikur bezieht sich hier immerhin auf die religionsphilosophische Überzeugung vom *consensus gentium,* also auf eine als starkes Argument geltende allgemeine Überzeugung innerhalb der Völkerwelt. Wenn so viele Menschen und Völker wie selbstverständlich von der Existenz von Göttern ausgehen, wäre es dann vernünftig, diese zu bestreiten? Im Sinne der Philosophie Epikurs, der den Streit und die Auseinandersetzung nicht suchte, gefragt: Wäre es nicht unnütz und noch

203 DL, Leben und Meinungen berühmter Philosophen, X, 123.

dazu konfliktträchtig, die Existenz der Götter zu bestreiten?[204] Auf die Gegenwart bezogen: Muss man harmlose Religion bekämpfen, wenn sie sich an bestimmte, durch Vernunft gesetzte Grenzen hält und die Menschen eher beruhigt, also im besten Sinne konservativ ist?

Einschränkend muss man allerdings sofort differenzieren. Epikur selbst und sein bedeutender, im Ton deutlich radikaler religionskritisch formulierender Schüler Lukrez vertreten zwar keinen weltanschaulichen Atheismus im Sinne einer theoretischen Position, sehr wohl aber einen praktisch-lebensweltlichen im Sinne von Psalm 1: *Der Tor spricht in seinem Herzen: Es ist kein Gott.* Genau in der Existenzmitte, im Herzen, will Epikur Gott nicht haben.

4.4.3 Die lebensferne Existenz der Götter in «Intermundien»

An sein Bekenntnis zur Existenz der Götter schließt Epikur auch sogleich eine entscheidende Korrektur des landläufigen, wie er meint abergläubischen und fehlgeleiteten Gottesbildes breiter Massen und auch führender Intellektueller an. Es gibt die Götter, «doch sind sie nicht von der Art, wie die große Menge sie sich vorstellt»[205]. Epikur geht für seine Korrektur landläufiger Vorstellungen wiederum vom allgemeinen Konsens über das Wesen der Götter aus. Das ist die Basis, auf der er argumentieren kann. Wir Menschen suchen ja, so zu sein wie die Götter. Sie sind für uns das Ideal, weil sie in perfekter Weise unseren Traum vom glücklichen Leben performen: «Kein Leben kann man sich [...] glücklicher und reicher vorstellen als ihr Leben.» Das ist doch unsere, uns verbindende Basisüberzeugung: Götter leben glücklich, darum ahmen wir sie nach. Aber, so fährt Epikur fort, verträgt es sich denn mit diesem einleuchtenden und anerkannten Begriff von Gott, dass sie sich tatsächlich, wie Religion und Stoa unterstellen, um die Menschen kümmern?

63 

«[...] Von daher habt ihr zuerst einmal jene bekannte Lehre von der schicksalhaften Notwendigkeit, die ihr *heimarméne* nennt, entwickelt; sie bringt euch zu der Aussage, daß alles, was geschehe, Ausfluß der ewigen Wahrheit und die unaufhörliche Folge von Ursachen sei. Wieviel muß man aber von der Philosophie halten, für die alles, wie für alte Weiblein, und zwar ungebildete, nach vorherbestimmtem Schicksal eintritt? Dann folgt noch eure *mantiké,* die auf lateinisch *divinatio* (‹Weissagung›) heißt und durch die wir, sollten wir auf euch hören, mit solchem Aberglauben erfüllt würden, daß wir auch Opferschauer, Vogelflugdeuter, Seher und Traumdeuter verehren müßten.» (So der Vertreter der Position Epikurs in der Kritik an stoischen u. a. Positionen in Cicero: De natura Deorum I, 56)

Bedeutet die Vorstellung, dass die Götter für Ordnung sorgen und sie erhalten, dass sie sich einmischen in Lebensläufe und Geschichte der Völker, nicht, sich die Götter als «von

204 Das tut im Übrigen noch nicht einmal der in seiner Religionskritik deutlich radikalere Schüler Epikurs Lukrez (vgl. De rerum natura V, 160–174).

205 DL, Leben und Meinungen berühmter Philosophen, X, 123.

äußerster Anstrengung Betroffene»[206] vorstellen zu müssen? Was kann denn «mit größerer Unruhe verbunden sein» als ein solchermaßen engagiertes Leben? «Was aber keine Ruhe hat, kann auch nicht glücklich sein.»[207] Es passt nicht zum Begriff Gottes, dass wir ihn uns «in mühsame und beschwerliche Geschäfte verwickelt» vorstellen.[208]

«Epikur hat uns [...] von diesen Schreckbildern erlöst und in die Freiheit entlassen, und so fürchten wir auch nicht die, die nach unserem Verständnis weder sich selbst Mühsal bereiten noch anderen zufügen wollen, sondern verehren ehrfürchtig und fromm ihr erhabenes und herrliches Wesen.» (So der Vertreter der epikureischen Position bei Cicero: De natura Deorum I, 56)  64

Wenn Götter – was feststeht – v. a. glücklich sind und so ewig existieren, dann ist die Vorstellung von Vorsehung, von göttlichen Ordnungen, die sie gegeben haben und auf deren Einhaltung sie achten, deren Verletzung sie sanktionieren – dann ist schon der Gedanke an göttliche Strafgerichte im Jenseits völlig gegenstandslos, kompletter Unsinn. Die Befreiung von dieser Furcht vor den Göttern, dem Jenseits, dem Schicksal, dem Aberglauben, ist die eine große Leistung Epikurs, für die ihn seine Anhänger rühmen (vgl. Text Nr. 64).

Um das Konzept des glücklichen Lebens der Götter abzusichern, werden sie von Epikur abgeschirmt vom Kosmos, von der Menschenwelt und sogar von allen möglichen anderen Welten, die Epikur für physikalisch denkbar hält. Die Götter leben in sogenannten «Intermundien», in einer «Zwischenwelt»[209], einem «Zwischenraum zwischen den Welten[210]». Sie sind getrennt von allem Wirklichen, ohne jede Verbindung zu dem, was die wirkliche Welt auszeichnet und was die Menschen so beunruhigt: Ungerechtigkeit, Leid, Schmerz, Tod und Begierde.

4.4.4 Aufklärung über Religion

Epikur betätigt sich als besonnener Aufklärer über Religion. Er bestreitet nicht ihr Recht, er stellt auch nicht die Existenz der Götter infrage, weist ihnen im Gegenteil sogar Bedeutung zu. Aber dazu nimmt er, wiederum vergleichbar besonnenen Aufklärern des 18. Jahrhunderts, eine Grenzziehung zwischen Religion und Wissenschaft vor und stellt den Begriff der Religion, präziser: den Begriff der Götter, scharf. Er gibt dafür mehrere Gründe an:

1. Der sprachphilosophische Grund: Wenn wir Götter als für den Menschen engagiert, als verantwortlich für die Erschaffung und Erhaltung der Welt denken, dann passt das nicht zur Basis-, zur Ausgangssemantik des Begriffs Gott. Der *common sense* über das Glücklich-Sein der Götter schließt ihre Interaktion mit, ihre Berührung oder auch nur Wahrnehmung der Menschenwelt aus. Auch wenn es also, wie er ausdrücklich einräumt, Götter gibt, «sind sie nicht von der Art, wie die große Menge sie sich vorstellt».

206 Cicero: De natura Deorum I, 52 = Us. Fragment (= Epicurea, hg. v. Hermann Usener [Cambridge Library Collection – Classics], Cambridge 2010) 352.

207 Ebd.

208 Ebd.

209 DL, Leben und Meinungen berühmter Philosophen, X, 89.

210 Ebd.

Sein Argument: «Denn diese bleibt sich nicht konsequent in ihrer Vorstellungsweise von ihnen»[211]. Theologie muss logisch sein. Epikur betreibt eine sprachlogische Reinigung religiöser Vorstellungen. Religionskritik rechtfertigt hier Religion: «Wir wollen den Göttern ehrfürchtig und formvollendet opfern, wie es sich gehört, und alles formvollendet den Bräuchen entsprechend verrichten»[212]. Epikurs Religionskritik reinigt Religion aber auch: «Was die gemeine Menge von den Göttern sagt, beruht nicht auf echten Begriffen, sondern auf wahrheitswidrigen Mußtmaßungen.»[213] Damit sind wir beim zweiten Grund für Epikurs Götterlehre.

2. Es ist geradezu eine Frage der Pietät, im Blick auf die Götter bei der Wahrheit zu bleiben und die echten Begriffe, die wahren, die ihr Wesen erfassen, zu bewahren und nicht zu verfälschen. Epikur geht hier in die Offensive und rechtfertigt sich ganz offenbar gegenüber Kritik an seiner Götterlehre, wenn er behauptet: «Gottlos» ist darum «nicht der, welcher mit den Göttern des gemeinen Volkes aufräumt, sondern der, welcher den Göttern die Vorstellungen des gemeinen Volkes andichtet.»[214] Nicht die Reinigung, sondern die Verfälschung der Theologie ist das Problem. Im Übrigen haben weder wir noch die Götter, so Epikur weiter, eine religiöse Praxis nötig, mit der wir die Götter um etwas bitten und dann für die Erfüllung unserer Wünsche ehren, als wenn sie – zu ihrem Glück – auf unseren Dank und unser Lob angewiesen wären. Eine solche Vorstellung würde auch ihrer göttlichen Bedürfnislosigkeit widersprechen und sie in pietät- und respektloser Weise vermenschlichen. Epikur kann hier traditionelle Überzeugungen wie das Apathieaxiom oder die Götterkritik anderer vorsokratischer Philosophen aufnehmen. Es gibt noch einen dritten Grund für die intermundiäre Ortansweisung für die Götter.
3. Die Distanzierung und weltliche Depotenzierung der Götter hat den Zweck, Theologie und Naturwissenschaft sauber auseinanderzuhalten. Die Götter sind einfach nicht zuständig z. B. für die Himmelserscheinungen, zu deren Erklärung sie immer wieder herangezogen werden: «Die Gottheit soll damit durchaus nichts zu schaffen haben»[215], lautet die Forderung und wissenschaftstheoretische Maxime Epikurs. Dabei geht es nicht nur um die Wahrung der Pietät gegenüber den Göttern, die ihnen nichts Ungehöriges unterstellt, und auch nicht darum, einer Theologie den Boden zu entziehen, die Gottesfurcht begründet. Es geht auch um die Schlüssigkeit und Erklärungskraft des naturalistischen Weltbildes. Theologische Theorien sind in der Sache defiziente, minderwertige Theorieansätze, weil ohne Erklärungskraft. Sie machen ja «jede Ergründung der Himmelserscheinungen zu einem nichtigen Gedankenspiel», weil sie «sich nicht an eine mögliche [!] Erklärungsweise» halten, «sondern in leeres Gerede»[216] verfallen und dabei «ins Undenkbare» abschweifen. Nur die Naturwissenschaft kann

211 A. a. O., X, 123.
212 Brief an Anaxarchos, Us. Fragment 387.
213 DL, Leben und Meinungen berühmter Philosophen, X, 124.
214 A. a. O., X, 123.
215 A. a. O., X, 97.
216 Ebd.

Erklärungen liefern. Die falsche Theologie, die Götter als Ursache für Naturerscheinungen einführt, produziert nur leeres Gerede, gegenstandslose, gehaltlose Aussagen.

4.4.5 Die Religionskritik des Schülers Lukrez

Die Religionskritik des Lukrez gehört streng genommen nicht in eine Darstellung der Philosophie Epikurs. Da sich Lukrez aber ausdrücklich als Schüler Epikurs versteht, der nur das Ziel verfolgt, den Meister groß zu machen und neu zur Geltung zu bringen, und da Lukrez die Philosophie Epikurs wie kein anderer hat wirksam werden lassen, ist es sinnvoll, seine Theologie, oder besser: seine Religionskritik, in diesem Zusammenhang darzustellen.

Der römische, dichtende Naturphilosoph Titus Lucretius Carus, kurz: Lukrez, ist der bedeutendste und wirkmächtigste Schüler Epikurs. Er wurde zwischen 99 und 94 v. Chr. geboren und starb 55 v. Chr. Sein Lehrgedicht *De rerum natura / Über die Natur der Dinge* ist auch deshalb so berühmt, weil er in ihm die trockenen Themen der Naturphilosophie bzw. der damaligen Naturwissenschaft in schönen, gewinnenden Hexameter-Versen entfaltet und damit zum Begründer einer ganzen literarischen Gattung – dem Lehrgedicht – wird.

Wir haben nur wenig verlässliche Nachrichten über ihn. Der Kirchenvater Hieronymus († 420 n. Chr.) berichtet, dass Cicero sein Werk herausgegeben habe. Wenn das stimmt, wäre es eine Tat intellektuellen Großmuts gewesen, steht dieses doch in inhaltlichem und rhetorischem Gegensatz zu seiner eigenen Dialogschrift *De natura Deorum / Über das Wesen der Götter*.[217] Wenn Hieronymus weiter berichtet, Epikur habe an einer Geisteskrankheit gelitten, kann das ein in Nachbarschaft zur christlichen Polemik gegen Epikur stehender Versuch sein, seinen Epikureismus von vornherein zu diskreditieren.

«Als das Leben der Menschen darnieder schmählich auf Erden lag, zusammengeduckt unter lastender Angst vor den Göttern, welche das Haupt aus des Himmels Gevierten prahlerisch streckte droben mit schauriger Fratze den Sterblichen dräuend, erst hat ein Grieche gewagt, die sterblichen Augen dagegen aufzuheben und aufzutreten als erster dagegen;» (Lukrez: De rerum natura I, 62 ff)  65

Ziel des umfangreichen, in sechs Büchern (in Anlehnung an die sechs Schöpfungstage) gegliederten Werks ist die Erinnerung und Wiederbelebung der Philosophie Epikurs, dem Lukrez mit seinem Lehrgedicht ein ehrendes Denkmal setzen will. Er ist es, der die Menschen durch seine Aufklärung von Gottesfurcht befreit hat und es als erster gewagt hat, «die sterblichen Augen» gegen die Götter «aufzuheben und als erster aufzutreten dagegen»[218].

Lukrez folgt im Wesentlichen Epikurs Spuren. Seine Bedeutung besteht v. a. darin, dass er das epikureische Denken in einer Weise entfaltet, die weit über die vergleichsweise wenigen und wenig umfangreichen Fragmente hinausgeht.

217 Wir zitieren nach der Ausgabe und Übersetzung von Karl Büchner, Stuttgart 1973.
218 Lukrez: De rerum natura I, 65 ff.

Basis ist – wie bei Epikur – die Atomtheorie Leukipps bzw. Demokrits. Alles lässt sich naturwissenschaftlich/naturphilosophisch/«natürlich» erklären. Ein Rückgriff auf übernatürliche Ursachen, auf Götter, ist unnötig. Ist «befreit die Natur, der herrischen Zwingherrn entledigt» (gemeint sind die knechtenden Gottesvorstellungen), kann erkannt werden, dass «die Natur […] selber, von sich aus, spontan, ohne Götter alles vollführet»[219].

66 

> «Über letzten Grund will dir von Himmel und Göttern/ ich zu sprechen beginnen, will zeigen der Dinge Atome,/ aus denen alles Natur erschafft, vermehret und nähret,/ in die zugleich sie Natur dann wieder vernichtet und auflöst» (Lukrez: De rerum natura I, 54–57)

Dieser naturalistische Reduktionismus wird nun aber viel radikaler als dies bei Epikur erkennbar ist religionskritisch gewendet und schärfer artikuliert. Epikur ist darum der philosophische Held, den Lukrez besingt, weil nach ihm, seinem Werk, «liegt die Furcht vor den Göttern unter dem Fuß, und zur Rache wird sie zerstampft, uns hebt der Sieg empor bis zum Himmel.»[220] Epikur hat die Religion besiegt. Darum ist er wichtig und muss erinnert werden.

Mindestens fünf Gründe für die radikale Religionskritik lassen sich bei Lukrez finden:

1. *Religion beruht auf falschen Gottesvorstellungen.* Wie Epikur ist auch Lukrez davon überzeugt, dass die landläufige Religion, die mit Vorsehung, Eingreifen der Götter und ihrer – zeitlichen wie ewigen – Strafe rechnet, korrigiert werden muss, weil sie auf falschen Vorstellungen beruht. Sie hat sich «von wahrer Lehre entfernt», ja ist von der korrekten, vernünftigen Reflexion über die Götter «weggeschlagen»[221].

Lukrez deutet hier eine gewaltsame, über falsches Denken hinausgehende Dimension an. Die Menschen werden regelrecht daran gehindert, richtig von den Göttern zu denken. Religion verführt mit Macht. Denn eigentlich ist ja klar: Die Götter leben gänzlich getrennt von unseren Angelegenheiten:[222] «Alle Natur der Götter muss nämlich für sich alleine/ ihres unsterblichen Lebens in tiefstem Frieden genießen,/ fern von unseren Dingen getrennt und weitab geschieden;/ denn von jeglichem Schmerz befreit, befreit von Gefahren,/ selber durch eigene Macht vermögend, nicht unser bedürftig,/ wird von Verdienst sie weder gewonnen, vom Zorne berührt nicht.»[223]. Lukrez macht – wie Epikur – darauf aufmerksam, dass ein unsterbliches, friedliches und damit glückliches Leben der Götter als die Basisvoraussetzung jeder Theologie nur angenommen werden kann, wenn diese getrennt von uns und abgeschieden von uns existieren; wenn sie selber nicht involviert sind in das menschliche Treiben. Das könnte ihnen ja sogar – feine Ironie – «gefährlich» werden. Damit sind wir beim zweiten Argument.

---

219 Lukrez: De rerum natura I, 1090–1092.

220 A. a. O. I, 77.

221 A. a. O. II, 645 (lat. repulsa, von lat. repellere: zurückstoßen, verhindern).

222 Vgl. a. a. O. II, 648 (lat. rebus).

223 A. a. O. I, 44–49. Nach Karl Büchner eine später in den vorliegenden Text eingedrungene Aussage, von daher eine – allerdings markante – Dublette zu Lukrez: De rerum natura II, 646–651: Titus Lucretius Carus: De rerum natura / Welt aus Atomen. Lateinisch/Deutsch. Übersetzt und kommentiert von Karl Büchner, Stuttgart 2023, 9 (markiert durch eckige Klammern im Text).

2. *Praktizierte Religion ist unnütz und sinnlos.* Wenn die Götter uns gar nicht wahrnehmen, dann ist es logischerweise auch nicht sinnvoll, dass wir ihnen zu dienen suchen; dass wir Gottesdienste und Feiern für sie veranstalten; dass wir versuchen, sie durch Opfer günstig zu stimmen: «Was könnte denn auch unsterblichen, seligen Göttern/ unsere dürftige Gunst schon reichliche Vorteile schenken,/ daß drum unseretwegen etwas sie zu wirken begönnen?»[224] Sie hören uns nicht, und sie wirken nicht auf die Welt ein, weder positiv noch negativ.

«Ebenso kann auf keinen Fall man dies glauben, daß hehre/ Sitze der Götter es gibt irgendwo in Teilen des Weltalls./ Weit ist nämlich entfernt von unseren Sinnen der Götter/ zarte Natur, und kaum wird erkannt sie mit Sinnen der Seele;/ da der Berührung, dem Schlag der Hände sie flüchtig entzieht sich,/ darf anrühren sie nichts, was uns sich zeigt als berührbar; kann doch berühren auch nicht, was selber sich nicht läßt berühren./ Darum muß auch ihr Sitz von unseren Sitzen verschieden/ sein, das heißt, geformt aus dem zarten Stoffe der Götter.» (Lukrez: De rerum natura V, 146–157)  67

Lukrez vertieft dieses Argument zunächst erkenntnistheoretisch: Sie können ja gar nicht mit uns kommunizieren, genausowenig wie wir mit ihnen. Die Götter sind ja kaum fassbar. Sie genügen nicht den Ansprüchen einer sensualistischen Erkenntnistheorie, die nur das für wirklich hält, was man mit seinen Sinnen erkennen kann. Man kann die Götter aber nicht sensorisch erfassen. Daraus lässt sich nur der Schluss ziehen: Ihre Existenz vorausgesetzt, sind sie aus einem qualitativ ganz anderen Stoff; sie besitzen eine ganz andere «Natur».

Lukrez vertieft dieses Argument noch weiter und zieht es aus gegen eine wie immer geartete Schöpfungstheologie. Wenn man sich, so Lukrez in seinen phantastischen Schilderungen der Natur, ihre Größe, Macht, Schönheit, Majestät anschaut, wenn man sie physikalisch erforscht, dann ist doch ganz klar, dass all das gar nicht auf die feinstaublichen Götter zurückgeführt werden kann. Ihre Natur und unsere sind doch viel zu unterschiedlich. Die Götter leben glücklich und sind dementsprechend auch impotent. Die Ursachen und Wirkungen müssen einander entsprechen. Diese Welt, dieses Universum kann sich nicht Göttern verdanken, die ganz anderer Natur sind als wir; die gar keinen Bezug zu unserer Wirklichkeit haben.

«[…] ihr Götter,/ die ihr friedliche Zeiten durchlebt und heiteres Leben/ wer vermag's, des Unermeßlichen All zu regieren,/ maßvoll wer zu behandeln die mächtigen Zügel der Tiefe,/ wer alle Himmel zugleich zum Kreisen zu bringen und alle/ fruchtbaren Erden durch Feuer des Äthers mit Wärme zu füllen» (Lukrez: De rerum natura II, 1090ff)  68

3. *Religion macht Angst.* Dieses Argument ist womöglich für den Epikureer Lukrez noch wichtiger. Religion führt zu einem Leben in Furcht. Religion beeinträchtigt den gesamten Lebensvollzug. Sie unterdrückt die Entfaltung des Menschen. Wo die Religion herrscht und gilt, da leben Menschen «zusammengeduckt unter lastender Angst vor den Göttern»; sie schauen – so ist jedenfalls das Lebensgefühl der durch Reli-

224 Lukrez: De rerum natura V, 165–167.

gion geknechteten Menschen – «droben mit schauriger Fratze herab den Sterblichen dräuend». Religion drückt «das Leben der Menschen darnieder schmählich auf Erden»[225]. Aufklärung über Religion, wie Epikur sie leistet und Lukrez sie durch sein Lehrgedicht verbreitet, ist darum Befreiung des Menschen.

4. *Religion macht den Menschen inhuman.* Sie verbessert den Menschen nicht, sondern im Gegenteil: Sie dient – so ein weiteres zum gängigen Versatzstück der Religionskritik gewordener Vorwurf – der Legitimation von Grausamkeit und Unrecht. Seitenlang referiert Lukrez das wüste Wüten in der Götterwelt.[226] Die Schilderungen der brutalen Verhältnisse unter den Göttern, die den Menschen als Vorbilder dienen, aber so gar keine sind, fördert die Grausamkeit unter den Menschen, legitimiert sie sogar. Wie oft wird Gewaltanwendung und Waffengewalt unter Menschen nicht nur rational begründet, sondern durch religiösen Schrecken geradezu erzwungen: *Gott, die Göttin will es!*

69  «Waffen trägt man voran, die Zeichen gewaltsamen Wütens,/ daß sie den danklosen Sinn und die unfrommen Herzen des Volkes/ schrecken können in Furcht mit dem göttlichen Willen der Göttin» (Lukrez, De rerum natura II, 621ff)

Inhumanität, Gewalttat, Verbrechen – ja Frevel werden begründet unter Berufung auf einen göttlichen Willen. Lukrez weist etwa exemplarisch auf die Opferung der Iphigenie hin.[227] Wie oft «hat […] jene Furcht vor den Göttern verursacht Frevles und Böses»![228]

70  «Diesen Schrecken [verursacht durch die Religion] muß, dieses Dunkel der Seele notwendig/ nicht der Sonnen Strahl, noch die hellen Geschosse des Tages/ schlagen entzwei, vielmehr Naturbetrachtung und Lehre./ […] / daß kein Ding aus nichts entsteht auf göttliche Weise. Hält doch drum die Angst in Banden die Sterblichen alle, weil geschehen sie vieles am Himmel sehn und auf Erden,/ dessen Gründe sie nicht, auf keine Weise erkennen/ können und zurück darum führen auf göttliches Walten./ Darum, wenn wir gesehen, daß nichts aus nichts kann entstehen,/ werden wir dann unser Ziel von daher richtiger schauen/ beides: Woher ein jedes Ding vermag zu entstehen/ und wieder jedes geschieht, ohne daß sich die Götter bemühen.» (Lukrez: De natura Deorum I, 148–155)

5. *Religion verdummt und hat keinen Erklärungswert.* Sie hält in Unwissenheit, und sie ist zur Welterklärung doch gar nicht nötig, vielmehr angesichts der naturwissenschaftlichen Einsichten völlig überflüssig. Die Welt kann aus der Welt erklärt werden, ohne Zuhilfenahme des Gottesgedankens. Auch das klingt sehr gegenwärtig.[229] Wissenschaft/Vernunft

225 Lukrez: De rerum natura I, 62ff.

226 Vgl. a. a. O. II, 600ff.

227 Vgl. a. a. O. I, 82ff.

228 Vgl. a. a. O. I, 83.

229 Wir stehen hier vor dem wissenschaftstheoretischen Programm, das selbst im Bereich der evangelischen Theologie über den Einfluss des Historismus im 20. Jh. prägend geworden ist. Vgl. die exemplarische wie programmatische Auseinandersetzung von Adolf Schlatter mit Paul Jäger, dokumentiert in: Adolf Schlatter: Atheistische Methoden in der Theologie, mit einem Beitrag von Paul Jäger, hg. von Heinzpeter Hempelmann, Wuppertal 1985. Dazu Heinzpeter Hempelmann: Kritischer Rationalismus und Theologie als Wissenschaft. Zur Frage nach dem Wirklichkeitsbezug des christlichen Glaubens, Wuppertal [2] 1987. – Die

ermöglicht Aufklärung. Aufklärung beseitigt die Herrschaft der Religion und ermöglicht Freiheit. Auch hier ist das Versprechen der Aufklärung nicht konkret naturwissenschaftlich eingelöst, aber seine Einlösung wird in Aussicht gestellt – genauso, wie es Epikur reicht, dass naturwissenschaftliche Erklärungen für die Blitze denkbar sind, ohne dass man die allein richtige schon kennen muss. Es braucht keine Götter, um die Welt zu verstehen. Sie sind erkenntnistheoretisch depotenziert; man muss sie darum auch nicht metaphysisch fürchten, sein Leben nach ihrem (imaginierten) Willen einrichten; man darf sich frei entfalten und dem individuellen Lebenskonzept folgen.

4.5 Epikur/eismus und Christentum

4.5.1 Die Notwendigkeit einer vorsichtigen, differenzierten Darstellung

Epikur, mit dem wir hier und im Folgenden immer auch seine Schule mitmeinen, und Christentum verbindet eine sehr komplexe und darum Differenzierungen benötigende Geschichte der Reaktionen und womöglich sogar der Rezeption. Diese Geschichte ist – mindestens was die Antike angeht – nur mit Vorsicht zu schreiben, weil die Dokumente, die wir besitzen, im Wesentlichen die Sicht der Sieger widerspiegeln. Wenn v. a. spätere Kirchenväter sich zu Epikur äußern, dann oft verzeichnend und polemisch.

Wir benennen zunächst ein paar wichtige Stationen und konzentrieren uns im Wesentlichen auf die Nachzeichnung von Sachgegensätzen, die auch angesichts der munteren Rezeption Epikurs in der Gegenwart von Bedeutung sein können. Dabei ist zu beachten, dass v. a. die Kritik, die von christlicher Seite an Epikur geübt wird, zu einem erheblichen Teil auf die Antike insgesamt (auch auf die Stoa) zielt, also teilweise nicht originell ist.

4.5.2 Die Sicht des Epikureismus auf das aufkommende Christentum[230]

Vergegenwärtigt man sich die materialistisch-reduktionistische (alles ist Materie), religionskritische (die Götter haben kein Interesse an uns) Perspektive, leuchtet es ein, dass sich für einen Epikureer eine Fülle von Anfragen ergeben, die in der Summe den schon in Apg 17,32 dokumentierten Spott plausibel machen:

1. Da ist zunächst die ja auch in Apg 17 erwähnte Vorstellung der Auferstehung: «Als sie von der Auferstehung der Toten hörten, begannen die einen zu spotten». Auferstehung, Weiterleben nach dem Tod, setzt für die Epikureer die Unsterblichkeit der Seele voraus. Für die Annahme eines rein physikalischen Universums wirkt diese Erwartung grotesk. Wenn die Seele aus Atomen besteht, die sich nach dem Tod wieder voneinander lösen, ist eine solche Vorstellung nichts anderes als ein nettes Märchen.

Existenz Gottes wird nicht explizit bestritten; das wäre ein *positioneller* Atheismus, für den man viel zu viel beweisen müsste. Der hier vertretene «bloß» *methodische* Atheismus klammert die Gottesfrage nur aus. «Gott» ist nicht notwendig, um die Welt zu erklären. Wo das mehr ist als eine aus der Not geborene wissenschaftstheoretische Maxime, wird aus dem methodischen ein praktischer Atheismus, der Gott zwar nicht leugnet, ihm aber keine Bedeutung mehr zuweist. Dies ist hier bei Epikur und Lukrez vorgebildet.

230 Wir folgen hier v. a. Stephen Greenblatt: Die Wende. Wie die Renaissance begann, München 2012, 107 ff.

2. Für den Epikureismus, der den Polytheismus, also die Existenz mehrer Götter, einräumt, ist die Überzeugung, dass es bloß einen Gott gibt, nicht plausibel.
3. Anstößig ist dann natürlich auch die Vorstellung von der *Mensch*-Werdung dieses einen Gottes: Warum nahm Gott ausgerechnet die Gestalt von Menschen an, warum nicht von Bienen, Ameisen oder Elefanten? Wo wäre da – für diese naturalistische, die Sonderstellung des Menschen ablehnende Auffassung – der Unterschied?
4. Und wenn er schon Mensch wird, warum hat Gott sich dann ausgerechnet das jüdische Volk ausgesucht?
5. Nicht glaubhaft ist natürlich schon die Verkündigung eines leidenden, ja sogar sterbenden, sich für den Menschen engagierenden Gottes. Das alles sind ja völlig ungöttliche Eigenschaften. Gott, weil er Gott ist, kann ja nur glücklich sein. Leiden, Engagement sind ihm fremd. Was wäre das für ein unglückliches Leben für einen Gott, wenn er sich tatsächlich um den Menschen kümmerte. Da hätte er ja viel zu tun.
6. Und fördert ein solches Gottesbild nicht wieder die Gottesfurcht als ein Hauptübel menschlicher Existenz, deren Beseitigung eines der vornehmsten Ziele Epikurs ist? Götter sind praktisch bedeutungslos, und das sollen sie auch bleiben.
7. Widerspricht die Vorstellung einer fürsorgenden Vorsehung, eines von Gott / den Göttern gelenkten gerechten Weltlaufs, nicht vollends dem gesunden Menschenverstand? Wie stark muss man die wirklichen Verhältnisse, Not, Schmerz, Leid, Tod verdrängen, um solche Überzeugungen zu haben?
8. Und handelt es sich aus der Sicht einer naturalistischen Weltanschauung nicht um einen kindlich-naiven Heilsegoismus, wenn Christen annehmen, diese Welt sei um ihretwillen geschaffen, Gott sei für sie gestorben: «Christen konnten nichts anderes sein als ein Rat von Fröschen, die in ihrem Teich hocken und mit allem, was ihre Lungen hergeben, quaken: ‹Für unser Heil wurde die Welt erschaffen.›»[231]

4.5.3 Die Haltung des frühen Christentums

Es zeichnet das frühe, verfolgte und unter Druck stehende Christentum aus, dass es eine differenzierte Haltung zu Epikur und dem Kepos einnimmt. Beispiel ist etwa Clemens von Alexandrien (* zw. 140 und 150 n. Chr, † um 215 n. Chr.). Einerseits kann er die epikureische Philosophie als die einzige bezeichnen, die unbedingt abzulehnen ist. Andererseits kann er aber unbefangen und undogmatisch einräumen, dass auch bei Epikur Wahrheit und Weisheit zu finden sind, und in seinem Vorwort zum Menoikeus kann er Epikur dafür loben, dass er den Jüngling wie den Greis zur Philosophie einlädt, also den Kepos für alle offen hält.

71 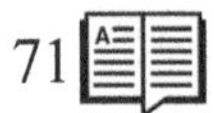

Clemens zu Epikur:
«Was aber Epikuros betrifft, so will ich ihn allein, und zwar mit Absicht, übergehen, da er, der in allen Stücken gottlos ist, glaubt, daß Gott sich um gar nichts kümmere.» (Protrepticus Kap. 5, 66/5)

231 Zit. nach a. a. O., 107.

«Wenn ich aber von Philosophie rede, so meine ich damit nicht [allein; HPH] die stoische oder die platonische oder die epikureische und aristotelische, sondern alle die guten Gedanken, die bei jeder einzelnen von diesen Richtungen ausgesprochen wurden und Gerechtigkeit, verbunden mit frommem Wissen, lehren, diese ganze Auswahl nenne ich Philosophie. Was sie aber aus menschlichen Gedankengänge hergenommen und gleich gefälschten Münzen ausgegeben haben, das werde ich nie göttlich nennen.» (Stromata I. Buch, Kap. VII, 37/6) «Richtig ist daher auch, was Epikuros an Menoikeus schreibt: ‹Weder soll jemand, so lange er noch jung ist, zögern Philosophie zu treiben, noch wenn er ein Greis ist, darin müde werden. Denn bei keinem ist es zu früh und bei keinem zu spät, die Gesundheit der Seele zu erlangen.›» (Stromata IV. Buch, Kap. VIII, 69/2)

Angesichts dieser Sachgegensätze wirkt es einigermaßen erstaunlich, dass das frühe Christentum durchaus auch anerkennende Worte über Epikur findet und der epikureischen Gemeinschaft einiges abgewinnen kann: «das Lob der Freundschaft, die Betonung von Wohltätigkeit und Vergebung, die Skepsis gegenüber weltlichen Ambitionen.»[232] Unter Bezug auf Richard Jungkuntz[233] und Ronald G. Witt[234] behauptet Greenblatt: «Tatsächlich fanden Tertullian, Clemens von Alexandrien und Athenagoras so viel Bewundernswertes am Epikureismus, [...] dass jede Verallgemeinerung der patristischen Ablehnung des Epikureismus tatsächlich sehr genauer Qualifikation bedarf, bevor sie als gültig gelten kann»[235].

Die epikureische Praxis von Gemeinschaft, das Lob der Freundschaft, die Betonung von Vergebung und die Bereitschaft zu wechselseitiger Hilfsbereitschaft und Wohltätigkeit, das Misstrauen gegen weltliche Werte und die Mahnung zum Leben in Verborgenheit[236] – all das ist christlichen Haltungen nahe. Man hat darum eine Zeit lang sogar vermutet, dass die ersten Christen von den Epikureern gelernt, ihre Gemeinschaft nach deren Regeln ausgerichtet und die Verehrung Epikurs als Gott[237] zum Vorbild für die Verehrung Christi genommen hätten. De Witt ging so weit, zu behaupten, dass es «‹für einen Epikureer ohne weiteres möglich gewesen wäre, ein Christ zu werden› – und, so möchte man ergänzen, umgekehrt auch für einen Christen, Epikureer zu werden.»[238] Diese These gilt

232 A. a. O., 111.

233 Vgl. ders.: Christian Approval of Epicureanism, in: ChHist 31 (1962), 279–293.

234 Vgl. In the Footsteps of the Ancients. The Origins of Humanism from Lovato to Bruni, Leiden 2000, 47.

235 Ebd. Anm. 40.

236 Schmid: Epikur, 805.

237 Vgl. das mehrfache Epikur-Elogium bei Lukrez: De rerum natura V, 6 ff.50; III, 10.43f; VI, 24ff – Wenn auf Ähnlichkeiten zu dem Christus-Elogium bei Laktanz (Divinae institutiones 3,14; 3,17.28 und 7,6.27) hingewiesen wird, dann ist diese Parallele gerade kein Beleg für die Nähe des Kepos zum christlichen Glauben, sondern im Gegenteil ein Beleg für den Gegensatz. Laktanz bestreitet ja gerade den von den Epikureern Epikur zugewiesenen Rang als Heilsbringer, indem er in ausgesprochener formaler Aufnahme der Epikureer diesen Status exklusiv für Christus behauptet.

238 Zit. nach Greenblatt: Wende, 292, Anm. 40. Vgl. Hyde W. de Witt: From Epicurus to Christ. A Study in the Principle of Personality, New York 1904.

heute als überzogen, nicht belegbar und irrig.[239] Dennoch bleiben «auffallende strukturelle Parallelen» (Karla Pollmann)[240]. Auch wenn keine traditionsgeschichtlichen Abhängigkeiten nachweisbar sind und der Epikureismus nicht als Wegbereiter des Christentums gelten kann, sind die aus religionsgeschichtlicher Sicht bestehenden phänomenologischen Übereinstimmungen zwischen epikureischer und früher christlicher Gemeinschaft überraschend: «In beiden finden sich der Anspruch, eine Heilslehre zu sein, die Hochstilisierung des Gründers der jeweiligen Bewegung als Heilsbringer, die Existenz von Jüngern, die die Heilslehre verbreiten, die Betonung der moralischen Ermahnung (Psychagogie) sowie der Anspruch, die Letztbegründung alles Seienden zu bieten».[241]

72 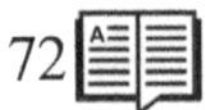

«Preis dir und Ehre, Quell der Barmherzigkeit! Elender ward ich, aber du kamst mir näher. Schon war deine Rechte nahe, um mich dem Schlamm zu entreißen und mich abzuwaschen, und ich wußte es nicht. Noch tiefer in den Abgrund fleischlicher Lüste zu versinken, hielt mich nur die Furcht vor dem Tode und deinem kommenden Gerichte ab; wie auch meine Meinungen wechseln mochten, sie wich niemals aus meiner Brust. Und wenn ich mit meinen Freunden Alypius und Nebridius die Frage nach dem höchsten Gut und dem höchsten Übel aufwarf, so hätte nach meiner Meinung wohl Epikur die Palme erhalten, wenn ich nicht entgegen Epikurs Lehre an das Fortleben der Seele nach dem Tode und an jenseitige Vergeltung geglaubt hätte. Ich stellte die Frage: Wenn wir unsterblich wären und in stetem körperlichen Wohlbefinden ohne die Furcht, es zu verlieren, dahinlebten, warum sollten wir dann nicht glücklich sein oder was noch weiter suchen? Ich Tor wußte nicht, daß das gerade die Größe meines Elends ausmache, daß ich in meiner Versunkenheit und Blindheit nicht imstande war, den Glanz der Tugend und einer um ihrer selbst willen zu liebenden Schönheit zu denken, die nicht vom Auge des Fleisches gesehen, sondern nur in der Tiefe der Seele geschaut wird.» (Augustinus: Confessiones 6,16)

Zu Beginn des 5. Jh. n. Chr. kann dann sogar Augustinus in den *Confessiones/Bekenntnissen* noch bekennen, er habe bei seiner Suche nach Wahrheit eine Zeit lang mit der epikureischen Position geliebäugelt, diese dann aber wegen der Bestreitung des Fortlebens der Seele nach dem Tod und der Verneinung einer Vergeltung im Jenseits nicht weiter in Erwägung gezogen. Dem Kepos kommt in dieser Zeit allerdings schon keine quantitative Bedeutung mehr zu.[242] Umso erstaunlicher ist es, dass die Polemik der patristischen und späteren Väter anhält. Zu erklären ist dies vermutlich dadurch, dass sich mit dem Namen Epikur ein Klischee einer zu verwerfenden Position und Lebensweise verbindet, die als solche abzulehnen ist.[243]

239 Kritisch W. Schmid: Art. Epikur, in: RAC 5 (1962), (681–819) 814ff; in neuerer Zeit: Karla Pollmann: Epikur als Typos Christi? Lukrez und die christlichen Folgen, in: Text und Bild, Wien 2010, 41–55.

240 Pollmann: Epikur als Typos Christi?, 42.

241 A.a.O., 42f.

242 Vgl. etwa das Zeugnis des Augustinus um das Jahr 410, dass der Schule Epikurs kaum noch Einfluss zukomme (Epistulae II. Buch, 118,12).

243 Vgl. die Belege bei Schmid: Epikur, 776ff.

4.5.4 Epikur und das Schwein: Das Christentum als sich etablierende Religion

Während Tertullian zur Rechtfertigung des christlichen Glaubens noch auf Epikur und seine Schule hinweisen kann,[244] sich dabei also auf eine Instanz bezieht, die er nicht durch und durch verwirft, schlägt das Urteil um, in einer Zeit, in der sich das Christentum mehr und mehr durchsetzt und schließlich im 4. Jh. zur beherrschenden, zur neuen Staatsreligion wird. Nun wird Epikur als Bedrohung empfunden, v.a. seine materialistische Weltsicht und seine Bestreitung der Unsterblichkeit der Seele. Die Kritik entgleist, indem sie das Anliegen und die Lebensweise der Epikureer verzeichnet. Epikur durfte als Gegner «nicht länger als Apostel der Mäßigung, als Verfechter des verständigen Genusses gelten»[245]. Man bezichtigte ihn und die Seinen nun im Gegenteil der zügellosen Ausschweifungen. Nachdem sich schon der Dichter Horaz (65–8 v.Chr.) in selbstironischer rhetorischer Abwehr von schon vorchristlich gegebener Polemik gegen den Kepos als «Schwein aus der Herde Epikurs» (Epistulae I, 4, 16f) bezeichnet hatte; nachdem die aus dem 1. Jh.n.Chr. stammenden Silberbecher aus Boscoreale[246] in einer berühmten Szene auf offene Kritik am

Foto: © bpk | RMN – Grand Palais | Hervé Lewandowski, www.friedrich-verlag.de/friedrich-plus/sekundarstufe/latein-altgriechisch/lateinische-autoren/kurz-und-verknappt-7570 (14.01.2026)

244 Vgl. Apologeticum Kap 3, 38.

245 Greenblatt: Wende, 112.

246 Zur Deutung der Szene vgl. Andreas Vieth: Das Skelett des Epikur (BoscoSilber Magazin, N° 1 – März 2021), www.researchgate.net/publication/350654108 (07.02.2026).

Epikureismus Bezug nehmen konnten, indem sie Epikur mit einem Schwein zeigen, während er in der philosophischen Diskussion mit Zenon nach einem Kuchen greift, liegen in der Tradition die Versatzstücke bereit, auf die sich christliche Polemik seither gerne bezieht. Augustinus kann Epikur 410 n. Chr. als den abqualifizieren, «den selbst die Philosophen Schwein nennen»[247]. Das Schwein als Allesfresser und sprichwörtlich unreines Tier degradiert nun Epikurs Position zum unsittlichen, unanständigen Hedonismus.

Der neuplatonische Philosoph Isidor (* um 450, † um 520 n. Chr.) gibt dieses Bild von Epikur an das Mittelalter weiter, in dem es dann kirchlich und theologisch aufgenommen und weitergetragen wird.

4.5.5 Argumente ad personam: Christliche Polemik gegen Epikur als Unperson

Mit dem Kepos hat die christliche Theologie weit mehr Mühe als mit der Stoa. Auf der einen Seite gibt es eine Reihe von Ähnlichkeiten (s. o.), auch das Christentum versteht sich als eine gemeinschaftliche, weltdistanzierte soteriologische Bewegung, die sich um einen als Gott verehrten Heilsbringer schart. Andererseits trennen starke Gegensätze im Grundsätzlichen. Und der Stoa fühlt[248] man sich wenigstens verbunden durch ein Vorsehungsdenken und die Voraussetzung eines die gesamte Wirklichkeit durchwirkenden Logos. Von der theologischen Auseinandersetzung ist eine durchgehende, im Laufe der Zeit dominierende Polemik gegen den Epikureismus zu unterscheiden. Epikureisch wird zum Synonym für «hedonistisch», wollüstig, unreflektiert den sinnlichen Lüsten hingegeben,[249] später zusätzlich für «häretisch». So kann Tertullian vom Ketzer Marcion als jemandem sprechen, der bei Epikur in die Schule gegangen sei.[250] Ein Epikureer wird zum Inbegriff für jemanden, den man nur ablehnen kann, den Gegner schlechthin.[251]

Direkt *ad personam* wird argumentiert, wenn Epikur «als indoctus, eversor, defensor voluptatis, demens»[252] bezeichnet wird, also als Ungelehrter, Zerstörer, Verteidiger der Wollust, geistig Zurückgebliebener.[253] Wenn es gelingt, dem Gegner solche Stempel aufzudrücken, muss man sich mit ihm nicht mehr auf der Sachebene auseinandersetzen. «Indoctus» spricht dem Gegenüber von vornherein die akademisch-intellektuelle Kompetenz ab; «demens» geht noch darüber hinaus, dass jemand ein dummer Junge ist: Das Gegenüber ist überhaupt nicht ernstzunehmen, weil es schlicht verrückt ist. Es wäre verrückt, sich mit einem Verrückten auseinanderzusetzen und sich auf seine Logik einzulassen. Der «defensor voluptatis» ist nicht harmloser: In einem mentalen Klima, dem die

---

247 In Ps 73,25.

248 Die unscharfe Formulierung ist begründet in dem sachlichen Vorbehalt, dass hier tatsächlich ja keine Verbundenheit besteht, genauso wenig wie im Götterglauben.

249 Belege bei Schmid: Epikur, 781.

250 Adversus Marcionem 5,19,7.

251 Vgl. den Überblick bei Schmid: Epikur, 796 ff.

252 Diese Bezeichnungen trägt Schmid zusammen (a. a. O., 792).

253 In alledem kann sich die frühe Kirche beziehen auf die bereits in der Antike weit verbreitete Polemik gegen Epikur. Diogenes Laertios referiert sie breit (Leben und Meinungen berühmter Philosophen X, 3–8) und urteilt angesichts der eigenen Traditionen über den Kepos über die Kritiker Epikurs: «Doch sie alle sind nicht recht bei Sinnen.» (Leben und Meinungen berühmter Philosophen X, 9).

Seelenruhe über alles geht, das nur ein Ziel hat, den Menschen dem *logos* zu unterwerfen und zu verhindern, dass er sich verliert, indem er sich seinen Gefühlen und Bedürfnissen hingibt, bedeutet ein solches Urteil, ähnlich der Schweine-Assoziation: Hier verliert jemand sein Menschsein; das, was ihn als Mensch auszeichnet. Interessant ist der Vorwurf an Epikur, ein «eversor», Zerstörer zu sein. Dieser besonders von Christen gebrauchte Vorwurf[254] meint in der Sache ein zusammenfassendes Totalurteil: Epikur reißt eine ganze Kultur nieder, nimmt dem Zusammenleben der Menschen ihre Grundlage. Er wird deshalb als so bedrohlich empfunden, weil bei ihm – wie schon erläutert (siehe 4.3.1) – drei Faktoren zusammentreffen und sich gegenseitig verstärken: «zerrütteter Lebenswandel, zerrüttete Lehrtradition und zerrüttetes Weltbild»[255], modern gesprochen: In ihm vereinen sich eine destruktive Philosophie, die die Tradition und die Grundlagen preisgibt, eine Weltanschauung ohne normative Orientierung und eine Lebenspraxis, die nur nach den subjektiven Bedürfnissen fragt und den Menschen an sich selbst dahingibt.

Im Rahmen eines solchen Bildes, das man sich vom Gegner gemacht hat, passt es dann auch, dass das, was man selbst für selbstverständlich hält, von diesem geleugnet wird: Wenn Epikur die Unsterblichkeit der Seele und die Vorhersehung durch die Götter bestreite, verberge sich dahinter nur die «Verzweiflung des Sünders»[256]. Diese Auffassungen sind also nur Verdrängungen aus Angst. Indem die Position des Gegenübers so psychologisiert wird, wird sie ein weiteres Mal nicht einer Auseinandersetzung in der Sache gewürdigt, sondern *ad personam* gewendet.

4.5.6 Die Hauptkritikpunkte

Etwas anders als mit dieser emotional motivierten Abscheu gegen diese Richtung und die Menschen, die sie vertreten, steht es schon mit dem Urteil von Clemens von Alexandrien, Epikur sei «Bahnbrecher der Gottlosigkeit»[257]. Clemens bezeichnet ihn nicht direkt als Atheisten, was ja sachlich auch nicht zutreffend wäre; er markiert den springenden Punkt und das eigentliche Ärgernis in der Philosophie Epikurs. Seine naturalistische, metaphysikkritische Naturphilosophie, seine Theologie, die die Existenz von Göttern nicht bestreitet, aber sehr wohl ihr Wirken in der Welt und ihr Einwirken in die Geschichte und in das persönliche Leben, bereiten einem nicht theoretischen, aber praktischen Atheismus den Weg. Es gibt keine metaphysisch-göttliche Ordnung, der zu entsprechen wäre; für die Ethik bedeutet das:

 73

> Paulus wollte «nicht jegliche Philosophie schlechtmachen, sondern nur die Epikureische, die Paulus auch in der Apostelgeschichte erwähnt, weil sie die Vorsehung leugnet und die Lust vergöttert, und außerdem jede andere Philosophie, die den Elementen übermäßige Ehre erwiesen hat, anstatt die schöpferische Urkraft über sie zu stellen, und kein Auge für den Schöpfer hatte.» (Clemens von Alexandrien: Stromata I. Buch, Kap. XI, 50/6)

254 Belege bei Schmid: Epikur, 792 f.

255 Schmid als Zusammenfassung des Urteils des Augustinus: a. a. O., 793.

256 A. a. O., 794.

257 Stromata I. Buch, Kap. I, 1/2.

Menschen können und müssen sich sinnvollerweise nach dem ausrichten, was dann noch bleibt: nach sich selbst, nach ihren Bedürfnissen und Wünschen – auch wenn Epikur natürlich betont, dass genau dazu Vernunft notwendig ist. Schon in der vorchristlichen Antike führt das zum allgemeinen Konsens, Epikureismus bedeute und sei gleichzusetzen mit Gottlosigkeit. Clemens fokussiert also in der Sache einen entscheidenden Punkt der Auffassung Epikurs und der Lebensweise des Kepos. Die christliche Kritik an Epikur konzentriert sich auf der Basis dieses grundsätzlichen Dissenses auf folgende Hauptpunkte:

(1) die Leugnung der Vorsehung, (2) die Vergötterung der Lust, (3) eine Kosmologie/Naturphilosophie, die «den Elementen übermäßige Ehre» erweist (Clemens von Alexandrien: Stromata I. Buch, Kap. XI, 50/6), d.h. sie als selbstständige Wirklichkeit an sich begreift, statt in Abhängigkeit von einem Schöpfergott, dem sie sich verdanken. Mit dem von Demokrit übernommenen Atomismus ist dann (4) die nicht akzeptable Position verbunden, die Seelen würden nach dem Tod nicht weiterleben; damit ist (5) eine im Jenseits stattfindende Vergeltung bestritten – eine Position, die Augustinus dann dazu führt, den Epikureismus abzulehnen (s.o.). Vergeltung ist nötig, wenn an einer gerechten Weltordnung festgehalten werden soll; sie ist außerdem notwendig, um eine die Religion begründende Gottesfurcht denken zu können. Mit der Vergeltung steht darum die Begründung von Ethik auf dem Spiel. Die Leugnung jedweden Eingriffs der Gottheit in den Weltlauf ist aber nicht nur *asebeia*/Gottlosigkeit; sie ist ethisch insofern ebenfalls relevant, als sie (6) bedeutet: Der Mensch ist auf sich allein gestellt. Er ist weitgehend frei. Es gibt keine ihm übergeordneten Ziele, keinen *logos,* dem er zu folgen hätte; der Kepos vertritt zwar auch die Maxime eines angemessenen Lebens. Aber er bestreitet eben eine Ordnung, der der Mensch sich anzupassen hätte – außer eben den Gegebenheiten, in denen der Einzelne sich vorfindet und individuell zurechtfinden muss.

4.5.7 Der zentrale Skandal

Die Ausgangspunkte für die individuelle ethische Orientierung sind – skandalöserweise – das Ich und seine Bedürfnisse und Empfindungen. Auch wenn bei Epikur das moderne Freiheitspathos eines Jean-Paul Sartre[258] fehlt, ist die Freiheit im Sinne der Nichtdeterminiertheit der natürlichen Abläufe als Voraussetzung individuellen freien Handelns für Epikur ein zentrales Anliegen, das auch zur expliziten Ablehnung der Stoa dient.

74  Epikur im Brief an Menoikeus über die Freiheit und in Abgrenzung gegen die Stoa: «Denn wer wäre deiner Meinung nach höher zu achten als der, der [...] dem Endziel der Natur gedacht hat und sich klar darüber ist, daß im Reiche des Guten das Ziel sehr wohl zu erreichen und in unsere Gewalt zu bringen ist [...]. Der über das von gewissen Philosophen als Herrin über alles eingeführte allmächtige Verhängnis lacht und vielmehr behauptet, daß einiges zwar in Folge der Notwendigkeit entstehe, anderes dagegen in Folge des Zufalls und noch anderes

258 Vgl. v. a. ders.: Ist der Existentialismus ein Humanismus? (= Der Existentialismus ist ein Humanismus und andere philosophische Essays 1943–1948, ^{8}2016); Kritik der dialektischen Vernunft (1960), dt. 1967.

durch uns selbst; denn die Notwendigkeit [wie sie die Stoa u.a. vertreten] herrscht unumschränkt, während der Zufall unstet und unser Wille frei (herrenlos, d. i. nicht vom Schicksal abhängig) ist, da ihm sowohl Lob wie Tadel folgen kann.» (DL, Leben und Meinungen berühmter Philosophen, X, 133)

Epikurs Philosophie ist sowohl realistisch – wir beherrschen nicht alles – als auch eine Philosophie der Freiheit. Wir werden nicht determiniert, weder durch Naturabläufe noch durch Götter, ein Schicksal usw. Was uns heute zu recht sehr modern anmutet, war eben zu seiner Zeit ein Skandal, weil es radikal bricht mit dem nahezu allgemeinen Daseinsempfinden einer Einbettung des Menschen und seiner «Bestimmung» durch übergeordnete, ihm nicht verfügbare Götter, Mächte, Abläufe, Strukturen. Der zentrale Anstoß besteht nicht nur für frühe christliche Theologie, sondern ist nahezu gemeinsame antike Überzeugung. Christliche Theologie kann sich hier des Beifalls sicher sein, wenn sie Kritik übt und diese Position als unannehmbar qualifiziert. Hier stellen sich Menschen außerhalb des Konsenses der Anständigen. Ohne die maßlose, ungerechte, auch *ad personam* gehende Polemik rechtfertigen zu wollen, liegt in diesem gezielten, Epikur durchaus bewussten Konsensbruch einer der Gründe für die stark emotional gefärbte, nicht nur christliche Abwehr, ja Abscheu gegen den Epikureismus, die allein rational nicht zu verstehen ist.

4.5.8 Kritik an der epikureischen Religionskritik

Im Zentrum des Skandals, den Epikurs philosophisches System darstellt, steht seine «Theologie» oder besser seine Religionskritik. Auch wenn Epikur die Existenz von Göttern nicht leugnet, lassen sich seine Kritiker nicht blenden. Epikurs logisch abgeleitete und in sich stimmige Beschreibung des Daseins, der Wirklichkeit und der nicht gegebenen Wirksamkeit der Götter bedeutet eine fundamentale Depotenzierung der Götter. Sie ist damit in der Sache nicht mehr Theologie im eigentlichen, engeren Sinne, sondern Kritik der traditionellen Religion. Dieses Urteil ist in seiner Bedeutung kaum zu überschätzen. In Sachen Religionskritik, Götterverehrung kannte die Antike, wie schon Sokrates und dann Aristoteles erfahren mussten, keinen Spaß. In der Religion geht es um das Ganze: das Ganze des eigenen Daseins, das Ganze der Gemeinschaft und was sie zusammenhält, das Ganze der Welt, den Sinn und die Ordnung, die sie ausmachen. Nur wenn man sich das vergegenwärtigt, ist die Bedeutung der Kritik der Religionskritik nachvollziehbar. Religionskritik ist destruktiv und unverantwortlich, weil sie dem menschlichen Zusammenleben die moralische Grundlage raubt. Für eine sich autonom verstehende Vernunft, die davon ausgeht, dass sie sich selbst begründen kann, sowohl erkenntnistheoretisch wie ethisch, und die darum liberal sein und das Urteil in Sachen Religion freigeben kann («Religion ist Privatsache»), ist das vernichtende Urteil, das Laktanz über Epikurs Religionstheorie fällt, darum zunächst nur akademisch, aber nicht existenziell nachvollziehbar:

Wenn die Götter, wie Epikur lehrt, sich nicht um uns kümmern, warum sollten wir uns dann um sie kümmern? «Welche Ehre soll man dem schulden, der um nichts sich kümmert und der für nichts dankt? Können wir aus irgendeinem Grunde dem verpflichtet sein, der mit uns nichts zu tun haben will?»[259] Wenn wir Gott nichts angehen und er uns nichts angeht, was für einen Grund hätten wir aber dann, uns ethisch zu verhalten: «Wenn Gott in seiner Ruhe weder gestört werden will noch andere stört, warum sollen wir uns dann vor Pflichtverletzungen hüten, so oft wir uns der Mitwisserschaft der Menschen entziehen und die öffentlichen Gesetze umgehen können? Wo nur immer uns Gelegenheit zum Verborgensein winkt, da wollen wir auf die Mehrung des Vermögens bedacht sein und Fremdes wegnehmen ohne Blut oder auch mit Blut, wenn man außer den Gesetzen nichts weiter zu fürchten braucht.»[260]

Mit seiner Götterlehre «stürzt er», Epikur, nicht nur «alle Religion um», er nimmt Ethik und Moral auch ihre metaphysische Basis. Epikur behauptet zwar, die Götter zu ehren, aber in Wahrheit «vernichtet Epikur die Religion von Grund aus; und ihrer Aufhebung folgt die Verwirrung und Zerrüttung des menschlichen Lebens»[261].

Laktanz fürchtet: «Mit solchen Anschauungen [dass man sich vor den Göttern nicht fürchten muss, aber von ihnen auch nichts erwarten darf; HPH] vernichtet Epikur die Religion von Grund aus.»[262] Denn, so hält Laktanz dagegen, Religion beruht ja gerade auf Furcht vor den Göttern. Zentrales Ziel von Epikurs Philosophie ist es im Gegensatz dazu, alles, wovor der Mensch sich fürchten könnte, zu beseitigen: den Tod, den Schmerz und die Götter. Wenn Epikur die traditionellen Vorstellungen von Gott und ihrem Einwirken kritisiert, dann tut er das nicht aus grundsätzlichen Erwägungen, um einen Atheismus zu begründen, sondern um der auch von ihm als zentral angestrebten Seelenruhe willen. Die Auffassung, dass die Götter uns beobachten, in unser Leben einwirken, auf uns reagieren, uns unser Tun vergelten, uns bestrafen usw., stresst; sie trägt gerade nicht zur Seelenruhe bei. Laktanz setzt darum viel Fleiß darein, gegen Epikur nicht nur die Bedeutung von Tod und Schmerz zu begründen, sondern – v. a. in seiner Schrift über den Zorn Gottes *(De ira Dei)* – zu zeigen, dass Gott zu fürchten ist; wie sehr er den Menschen überwacht und bestraft, wenn er sündigt. Eigentliches Thema ist also nicht Atheismus pro und contra, noch nicht einmal die Religion selbst, sondern die Furcht vor Gott, die einzig uns zu disziplinieren und zu moralischen Wesen zu machen vermag.

75  «Mit solchen Anschauungen vernichtet Epikur die Religion von Grund aus; und ihrer Aufhebung folgt die Verwirrung und Zerrüttung des menschlichen Lebens. Wenn man aber die Religion nicht aufheben kann, ohne daß wir auf die Vernünftigkeit, die uns von den Tieren unterscheidet, ohne daß wir auf die Gerechtigkeit, die dem gemeinschaftlichen Leben Sicherheit verleiht, verzichten, wie kann dann die Religion selbst ohne Furcht erhalten und bewahrt werden? Was man nicht fürchtet, schätzt man gering; und was man geringschätzt, wird man sicherlich nicht verehren. So ergibt sich, daß Religion, Würde und Ehre auf Furcht sich gründet; Furcht aber kann nicht bestehen, wo niemand zürnt. Man mag also der Gottheit die Gnade oder den Zorn oder beides zugleich absprechen, immer ist die Aufhebung der Religion

259 Laktanz: De ira Dei, 8.
260 Ebd.
261 Ebd.
262 Ebd.

die notwendige Folge; ohne Religion aber sinkt das menschliche Leben zu einem Gemisch von Torheit, Verbrechen und Unmenschlichkeit herab. Denn ein mächtiger Zügel ist für den Menschen das Gewissen, wenn wir nämlich im Angesichte Gottes zu leben glauben, wenn wir überzeugt sind, daß der Himmel auf unsere Werke schaut, ja daß Gott auch unsere Gedanken wahrnimmt und unsere Worte hört.» (Laktanz: De ira Dei, 8)

Wenn wir die Furcht vor den Göttern aufheben, heben wir die Religion auf. Religion ist nicht denkbar ohne Furcht vor den Göttern. Darum gilt: Aus der Aufhebung der Religion folgt konsequent «die Verwirrung und Zerrüttung des menschlichen Lebens»[263]. Der Mensch verliert dann das, was ihn von den Tieren unterscheidet, ihn erst zum Menschen macht. Die Furcht vor Gott gebiert die Religion; diese begründet erst eine rationale, den Menschen auszeichnende, zum Menschen machende Orientierung. Hintergrund dieser letztlich funktionalen Religionsauffassung ist also ein bestimmtes Menschenbild, womöglich bestimmte Erfahrungen. Folgt man der Logik der Argumentation, dann steht auch hier beim Kirchenvater Laktanz Religion bzw. Gott nicht als solche im Fokus, sondern das menschliche Leben und Zusammenleben. Wir treffen auf eine sehr moderne, auch heute zu findende Religionsauffassung. Religion/Glaube an Gott ist wichtig, weil gesellschaftliches Leben sonst nicht funktioniert und individuelles Leben womöglich scheitert.

Die Heftigkeit der Abwehr Epikurs sowohl von stoischer wie von christlicher Seite ist dann nachvollziehbar, wenn man sich den Unterschied zu heute im aufgeklärten Abendland gängigen Konzepten von Religion vergegenwärtigt. Religion ist nicht um ihrer selbst willen interessant; sie ist nicht ein optionales Stück Kultur, das dem Menschen anzunehmen freistünde. Mit Religion steht und fällt die Möglichkeit gesitteten Zusammenlebens der Menschen. Epikur vertritt zwar dem Namen nach eine Götterlehre, aber wenn diese Götter keinen Bezug zu uns haben, dann müssen wir sie auch nicht fürchten. Und wenn wir sie nicht fürchten, wenn wir auch ihre Vergeltung unserer bösen Taten nicht fürchten müssen, werden wir uns dann disziplinieren und uns moralisch verhalten? Werden wir nicht pragmatisch das tun, was uns nützt? Es braucht Religion als «mächtigen Zügel»[264].

Diese Argumentation stellt die Kehrseite des unter 4.5.7 dargestellten Skandals der Überzeugung dar, Menschen könnten ohne metaphysische Orientierung und Ordnung moralisch sein. Können wir wirklich darauf vertrauen, dass der Mensch seine Angelegenheiten ohne Gott, unabhängig von den Göttern ordnen kann? Werden wir nicht automatisch unmoralisch, wenn wir die Götter und ihr Wirken verabschieden? Ist darum nicht auch Epikurs Lehre zutiefst unmoralisch, und muss nicht auch der Kepos eine unmoralische Gemeinschaft sein, wenn sie auf solchen Positionen aufbaut?

Laktanz war es dann auch, der eine ganze Reihe weiterer Polemiken gegen Epikur verfasste, sich am umfassendsten mit seiner Lehre auseinandersetzte und ihm – entgegen dem offenkundigen Wortlaut seiner Lehre – unterstellte: Wenn er vom Streben nach Wahrheit spreche, strebe er in Wahrheit nur das Laster an.[265] Diese verhängnisvolle Verzeich-

263 Ebd.
264 Ebd.
265 Vgl. Schmid: Epikur, 792 ff.

nung hat dann Schule gemacht – gefördert dadurch, dass man die unbequeme Konkurrenz desavouieren und gar nicht mehr so genau wissen wollte, was denn Epikur vertreten hatte.[266] So tritt an die Stelle des noch von Tertullian geäußerten Respektes für den «Apostel der Mäßigung»[267] und «Verfechter des verständigen Genusses» das Bild vom Wollüstling und Hedonisten, das bis in die 2. Aufl. des Standardwerks protestantischer Gelehrsamkeit seine Spuren hinterlässt und weiter tradiert wird.

4.5.9 Rare Ansatzpunkte fundierter Kritik im frühen Christentum

76  «Indessen hält auch Epikuros, der vor allem die Lust höher einschätzte als die Wahrheit, den Glauben für eine im Denken gebildete Vorstellung; die Vorstellung *(proläpsis)* definiert er aber als den auf etwas Augenscheinliches und auf das augenscheinlich richtige Bild von einer Sache aufgebauten Begriff; niemand könne aber weder untersuchen noch Fragen aufwerfen noch gar eine Meinung aufstellen, aber auch nicht etwas widerlegen ohne eine Vorstellung. – 1. Wie könnte jemand, der keine Vorstellung von dem hat, wonach er strebt, das lernen, was er erforschen will? Wenn er es aber gelernt hat, dann erst macht er die Vorstellung zu sicherem Wissen (zu einem festen Begriff).» – 2. Wenn aber der Lernende nicht lernen kann, ohne daß in ihm eine Vorstellung lebt, die fähig ist, das Gesagte aufzunehmen, so muß er selbst Ohren haben, die fähig sind, die Wahrheit zu hören.» (Clemens von Alexandrien: Stromata II. Buch, Kap. IV, 16/2–17/2)

Einen der wenigen interessanten Einwände formuliert Clemens, wenn er Epikur vorwirft, der Glaube sei für ihn nichts anderes als «eine im Denken gebildete Vorstellung»[268]. Erkenntnis ruht, so Epikur, auf Begriffen, Begriffe ruhen auf Vorstellungen auf. Vorstellungen sind aber sinnlich bedingt. Im Endeffekt sind aber dann – wegen der Unsicherheit der sinnlichen Wahrnehmung – alle unsere Vorstellungen und das, was auf ihnen aufbaut, bloß «Meinungen». Clemens lässt sich hier auf die Erkenntnis- und Wissenschaftstheorie von Epikur ein und rekonstruiert dessen Gedankengang. Das dokumentiert, wie tief er in dessen Ansatz eingestiegen ist und dass er eben nicht dabei stehen bleibt, ihn als den zu bezeichnen, der «die Lust höher einschätzte als die Wahrheit». Dem – modern gesprochen – konstruktivistischen Non-Fundamentalismus von Epikur begegnet Clemens durch den Hinweis auf den Zirkel von Theorie und Praxis. Wir bewegen uns eben nicht nur in theoretischen Reflexionen; wir haben eben nicht nur «Vorstellungen» von etwas, die als solche natürlich beliebig sind. Wie die Praxis – etwa das

---

266 Dieser Vorwurf hat insofern zusätzliche Substanz, als der antike Dichter und Philosoph Lukrez (* am Ende des letzten vorchristlichen Jahrhunderts, † 51 v. Chr.) in seinem großen, weit verbreiteten und große Aufmerksamkeit findenden Lehrgedicht *De rerum natura* (Über die Natur der Dinge) dem verehrten und verkannten Meister nicht nur ein Denkmal gesetzt, sondern seine Lehre im Detail entfaltet hat. V. a. die Kenntnis von Lukrez ist bei Kirchenvätern wie Laktanz und Clemens im Detail nachweisbar (vgl. dazu Schmid: Epikur, 774–816).

267 Vgl. Greenblatt: Wende, 111.

268 Stromata II. Buch, Kap. IV, 16/3.

Handwerk[269] – zeigt, erproben wir diese auf Wahrnehmungen und Vorstellungen beruhenden Begriffe, und die Bewährung in der Praxis, in der vollzogenen Anwendung macht sie zu belastbarem Wissen. Ebenso ist der Glaube nicht bloß Meinung, Vorstellung, sondern etwas, das Gott in uns wirkt, das wir aber im Zirkel von Wirken des Geistes, Anwendung, Bewährung und theologischer Theoriebildung bewähren und absichern.

«Mit den Göttern des Epikur aber steht es anders. Diese sind aus Atomen zusammengesetzt und wären also ihrem Zustande nach der Auflösung unterworfen, wenn sie sich nicht aus allen Kräften bemühten, die Atome, von denen ihnen Vernichtung droht, von sich abzuschütteln.» (Origenes: Acht Bücher gegen Celsus, IV, 14, zit. nach Bibliothek der Kirchenväter, https://bkv.unifr.ch/de/works/cpg-1476/versions/gegen-celsus-bkv/divisions/257 [04.02.2026])  77

Auch Origenes (* 185, † 253/254) ist nicht auf unsachliche Polemik angewiesen, wenn er auf Widerspüche in der epikureischen Theoriebildung hinweist. In seiner Schrift *Gegen Celsus* fragt er, wie sich die These der Unsterblichkeit der Götter denn mit der Atomtheorie verträgt, derzufolge alles, auch die Götter, aus Atomen zusammengesetzt ist.[270] Wie kann aber etwas, das zusammengesetzt ist, also dem Werden und Vergehen ausgesetzt ist, unsterblich sein und ewig existieren? Das steht im Gegensatz zum christlichen Gott: Der besteht ewig, ist «unwandelbar in seinem Wesen und lässt sich nur durch seine Vorsehung und seinen Heilswillen zu den menschlichen Verhältnissen herab»[271]. Diese aus einer neuplatonischen Position heraus geschehende Anfrage des christlichen Philosophen mag die Position Epikurs nicht in ihren Grundfesten erschüttern; sie zeigt aber doch, dass seine Götterlehre nicht konsistent ist und dass Anlass besteht zu fragen, wie ernsthaft sie gemeint ist; wie sehr er wirklich an der Existenz von Göttern, zu deren Begriff es doch gehört, ewig zu existieren, festhält.

4.6 Zur Auseinandersetzung mit Epikur: Theologische und philosophische Gesichtspunkte

Die nun zu erörternden kritischen Gesichtspunkte gegenüber der Philosophie Epikurs gehen nicht von einem externen Standpunkt aus, sondern von dessen eigenen Aussagen. Diese werden auf Schlüssigkeit hin geprüft. Wer von einem externen Standpunkt aus Kritik übt, muss sich fragen lassen, inwieweit seine Kritik etwas bewirkt, bringt sie doch in der Sache nur den eigenen Standpunkt zur Geltung, der dann gegen den kritisierten in

269 Vgl. Stromata II. Buch, Kap. IV, 16/1: «1. Fälschlich gibt sich als Glaube die Vermutung aus, die nur eine schwache Annahme ist, ähnlich wie sich der Schmeichler als Freund und der Wolf als Hund ausgibt. Da wir aber sehen, daß der Zimmermann nur dadurch, daß er etwas lernt, Meister in seinem Fach wird, und der Steuermann erst, wenn er in seinem Beruf ausgebildet ist, das Schiff wird steuern können, wobei er sich sagt, daß der Wille allein, gut und tüchtig zu werden, nicht genügt, so ist es in der Tat notwendig, daß man Gehorsam übt und lernt.»

270 Contra Celsum IV. Buch, 14.

271 Ebd.

Stellung gebracht wird. Fruchtbarer ist ein Verfahren, das die Anliegen der Gesprächspartner und Gegnern berücksichtigt, deren Perspektive einnimmt und dann überprüft, wie schlüssig die vorgelegte Argumentation ist.

4.6.1 Eine ernsthafte «Theologie»?

Epikur beansprucht, eine gereinigte Theologie vorzulegen, die den Göttern gerecht wird, weil sie ihnen nichts andichtet. Seine Theologie soll den Göttern im Gegensatz zu den Vorstellungen der «großen Menge»[272] gerecht werden. Das gemeine Volk dichte den Göttern die eigenen Vorstellungen bloß an und setze sie damit herab. Epikur macht dagegen geltend, eine Theologie zu vertreten, die die Existenz der Götter nicht nur anerkennt, sondern ihrem Wesen gerecht wird. An diesem Anspruch muss sich Epikur messen lassen. Rückfragen sind erlaubt:

- Wenn der Preis für die Glückseligkeit der Götter ihre Abgeschiedenheit von der Menschenwelt ist, dann sind die Götter Epikurs womöglich glücklich und unvergänglich, weil sie eben nicht in Mitleidenschaft gezogen werden. Aber: Wie relevant sind sie dann noch? Was bewirken sie? Wie legitim ist es, ihre Glückseligkeit zum zentralen Maßstab für ihre Göttlichkeit zu machen? Wenn sie so depotenziert werden, wie dies bei Epikur geschieht, verdienen sie dann noch den Namen «Gott»? Inwiefern sind sie noch göttlich, wenn sie nichts bewirken können?
- Wenn in Epikurs Lebensphilosophie nur das Sinnliche, das Erfahrbare, das Fühlbare zählt, sind dann die Götterbilder, die er entwirft, nicht geradezu dadurch definiert, dass sie nicht zählen? Worin und warum sollen sie göttlich sein?
- Woher gewinnt Epikur diesen seinen zentralen Ausgangspunkt, dass die Götter v. a. glückselig sind? Muss man den Vorwurf, hier erdichte sich jemand das Wesen Gottes, nicht zurückgeben? Wird hier nicht der zentrale, verständliche menschliche Wunsch nach Ungestörtheit der Seelenruhe *(ataraxia)* zum Ausgangspunkt einer Projektion menschlicher Wünsche auf eine ausgedachte Existenz der Götter? Und haben wir Menschen vielleicht nur dann Ruhe vor Gott, wenn wir uns die Götter so denken, wie Epikur sich das wünscht?[273]
- Warum eigentlich ist Apathie ein Zeichen von Göttlichkeit, ein Zeichen von Stärke? Hier vor allem zeigt sich der entscheidende Gegensatz zum jüdischen und v. a. christlichen Gottesverständnis. Die Kraft, die Macht, die Weisheit Gottes, seine Göttlichkeit, zeigt sich nicht in seiner Weltabgewandtheit, sondern in seiner Weltzugewandtheit; sie zeigt sich nicht in einer vom Menschen isolierten, insularen Glückseligkeit, sondern im Engagement, mit dem er dem sich allein verirrenden Menschen zur Hilfe eilt; sie zeigt sich nicht in seiner Abkehr vom Menschen, sondern in den Rettungsak-

272 DL, Leben und Meinungen berühmter Philosophen, X, 123.

273 Mit einem vergleichbaren logischen Salto mortale begründet später Jean-Paul Sartre seinen Atheismus: Es könne keinen Gott geben, weil (!) der Mensch sonst nicht frei sei (Ist der Existentialismus ein Humanismus?, in: ders.: der Existentialismus ein Humanismus? Materialismus und Revolution. Betrachtungen zur Judenfrage, Frankfurt a. M./Berlin/Wien, 1971, [7–36]).

tionen, die dieser Gott, in sich steigernder Weise, unternimmt, um dem Menschen zu helfen und ihn zu heilen. Die Göttlichkeit zeigt sich nicht in seiner Gleichgültigkeit, sondern in seiner Liebe, nicht in der Bedeutungslosigkeit, die der Mensch für ihn hat, sondern in seinem Mitleiden, nicht in göttlicher Ferne, sondern in seiner *dynamis* (Röm 1,17). Hier könnte sich eine Brücke ergeben zu dem von Epikur ja mit Recht gelegten Akzent auf das Anschauliche, Erfahrbare, Nicht-Spekulative, dem der dreieinige Gott ja durch die in der Inkarnation ihren «Tiefpunkt» findende Heilsgeschichte entgegenkommt.

- Wenn die Götter mit uns nichts zu tun haben (dürfen); wenn sie nicht eingreifen; wenn sie das Leben in keiner Weise bestimmen, warum nennen wir sie dann noch Götter? Worin besteht dann ihre Göttlichkeit? Warum noch Religion, wenn sich die Götter ohnehin nicht um die Menschen kümmern? So fragt schon der Platoniker Cotta im Lehrgedicht Ciceros.[274] Wenn wir sie nicht beeinflussen können; wenn wir sie nicht erreichen (können), was ist dann noch die Funktion von Religion? Ist dann Religion nicht de facto sinnlos? Und steht nicht genau das im Widerspruch zum Anspruch Epikurs, Religion und Götter zu retten?
- Ist nicht die Gottesvorstellung Epikurs ideologiekritisch daraufhin zu befragen, ob es Epikur um die Götter geht und nicht vielmehr um die Menschen; ob es ihm wirklich um die Ruhe und Ungestörtheit der Götter in ihren Zwischenwelten geht und nicht vielmehr um den Menschen, der sein Leben, ungestört von irgendwelchen religiösen Wirklichkeiten und metaphysischen Ordnungen völlig frei gestalten können soll?

4.6.2 Kann Physik Metaphysik ersetzen?

Epikur fordert dazu auf, schlechte Metaphysik durch gute Physik zu ersetzen. Naturerscheinungen sollen, so malt es dann v. a. sein Schüler Lukrez aus, natürlich erklärt werden und nicht als Folge des Willens und Wirkens von Göttern. Die Welt ist komplett aus der Welt erklärbar. Es braucht keine Götter, keine Metaphysik, um sie zu verstehen. Die Natur ist ein universales, überall wirksames und alles bewirkendes Subjekt.

Wissenschaft, so der Anspruch, vertreibt falsche Religion und macht Metaphysik überflüssig. Auch an diesem Anspruch ist Epikur zu messen. Wie vernünftig ist dieses Konzept? Ist es philosophisch zu rechtfertigen? Kommt es tatsächlich – wie beansprucht – ohne metaphysische Annahmen aus? Rückfragen sind erlaubt und nötig:

- Das alles bewirkende, universal gegebene Subjekt ist «die Natur»: «Mit unsichtbaren Körpern

> Aus «der Welt Elemente [...] erschafft die Natur und ernähret und mehret/ Alles. Auf diese zuletzt führt alles sie wieder zurücke,/ Wenn es vergeht. Wir nennen sie Stoffe und Keime der Körper/ Oder die Samen der Dinge nach unserer Lehre Bezeichnung,/ Oder wir sprechen wohl auch von ihnen als Urelementen,/ weil aus ihnen zuerst ein jegliches wurde gebildet.» (Lukrez: De rerum natura V [Preis Epikurs], 4)

 78

274 Vgl. De natura Deorum I, 115.

lenkt die Natur also die Dinge»[275]. So selbstverständlich, wie sie bei Epikur und Lukrez auftaucht und gegen die metaphysischen Annahmen der Stoa und die religiösen Überzeugungen ins Feld geführt wird, so wenig wird erklärt, was konkret diese «Natur» ist; so allgemein bleibt dieser Begriff. Die Rückführung auf Elemente oder Urelemente macht es nicht besser. Hier wird ein hohler Begriff durch andere ersetzt. Die Erklärungskraft wird nicht erhöht. Dem Begriff der Natur kommt in dieser Allgemeinheit just die Rolle zu, die in metaphysischen Systemen «Gott» zukommt, wenn man nach einer alles erklärenden und bewirkenden Ursache fragt; wenn man nach einem alles strukturierenden System fragt. In der Sache wird nur eine metaphysische Größe (Logos, theos usw.) durch eine andere ausgetauscht. Das geschieht allerdings mit großem aufklärerischen Pathos.[276]

- Bei Epikur und Lukrez wie den ihnen folgenden modernen Epigonen tritt Physik, Wissenschaft, in Konkurrenz zu Metaphysik. Physik wird dabei selbst zu Metaphysik, also genau zu dem, was sie – dem Anspruch nach – nicht sein will. Der moderne, aus der Kernspaltung von Glauben und Wissen hervorgegangene Wissenschaftsbegriff argumentiert viel vorsichtiger, auch wenn er unbefriedigend bleibt. Wissenschaft ist nur dann Wissenschaft, wenn sie auf einen weltanschaulichen Erklärungsanspruch verzichtet. Wissenschaft lebt davon, dass sie nicht Weltanschauung ist; nicht in Konkurrenz tritt zu Religion und Metaphysik. Wo sie weltanschauliche Züge zeigt, verliert sie gerade das zentrale Merkmal, das sie auszeichnet: dass ihre Aussagen für jedermann, unabhängig von seinem religiösen und weltanschaulichen Hintergrund nachvollziehbar sein sollen. Eine atheistische Position ist darum per se keine wissenschaftliche. Eine Wissenschaft, die beansprucht, Atheismus zu begründen, hat bereits ihre zentrale Eigenschaft, Wissenschaft zu sein, verloren.[277]
- Metaphysisch ist aber nicht nur der hier verwendete «Natur»-Begriff, sondern auch der essenzialistische Anspruch, der sich mit diesem Erkenntnisansatz verbindet. Epikur und Lukrez beanspruchen ja nicht nur, das, was sie sehen, fühlen, erfahren, zur Basis ihrer Weltsicht zu machen. Was sie liefern, geht nicht im Anspruch einer Drauf-Sicht auf die Phänomene, die die Welt uns zu sehen gibt, auf. Ihr naturalistischer Reduktionismus verbindet sich in metaphysikkritischer Absicht gerade mit dem sehr viel weiter gehenden Anspruch, «die Natur», also das Wesen der Dinge zu erkennen. Diese Welt ist eben nichts anderes als das, was wir aus physikalischer Sicht wahrnehmen. Sie ist nicht *auch* das, was wir naturwissenschaftlich wahrnehmen können. Sie

275 Lukrez: De rerum natura I, 328.

276 Wer sucht, findet auch heute ähnliche «Argumentations»-Formen mit analogem aufklärerischem, sich als Wissenschaft gerierenden Pathos, etwa dann, wenn eine theistische Weltanschauung mit dem Hinweis zurückgewiesen wird, es habe doch die Natur das alles selbst geschaffen und hervorgebracht – wobei dann wieder offen bleibt, wer denn diese ominöse Größe ist und ob es sich hier nicht um einen nur anderen Namen für klassische metaphysische Vorstellungen handelt. Nicht besser wird es, wenn statt von Natur vom Zufall gesprochen wird, so als könne der ein Subjekt sein, das etwas bewirkt, und als wäre der Begriff nicht bloß eine Leerstelle für etwas, was wir nicht wissen.

277 Vgl. Heinzpeter Hempelmann: Wissenschaft und Atheismus – eine notwendige Verbindung?, in: Glaube und Denken. Jahrbuch der Karl-Heim-Gesellschaft, 6 (1993), 95–137.

ist *nur* das, was sich aus einer physikalischen Perspektive zeigt. Sie ist nicht mehr als das. Nur aus dieser Überspitzung und Überziehung des an sich legitimen und plausiblen naturwissenschaftlichen Zugangs ergibt sich ja die Möglichkeit einer Bestreitung von metaphysischen Aussagen oder vorsichtiger: einer Bestreitung der Notwendigkeit metaphysischer Anschauungen. Physik reicht aus, Metaphysik braucht es nicht.

«Wir fühlen, dass selbst, wenn alle *möglichen* wissenschaftlichen Fragen beantwortet sind, unsere Lebensprobleme noch gar nicht berührt sind. Freilich bleibt dann eben keine Frage mehr; und eben dies ist die Antwort.»  79
«Es gibt allerdings Unaussprechliches. Dies *zeigt* sich, es ist das Mystische.»
«Die richtige Methode der Philosophie wäre eigentlich die: Nichts zu sagen, als was sich sagen lässt, also Sätze der Naturwissenschaft – also etwas, was mit Philosophie nichts zu tun hat –, und dann immer, wenn ein anderer etwas Metaphysisches sagen wollte, ihm nachzuweisen, dass er gewissen Zeichen in seinen Sätzen keine Bedeutung gegeben hat. Diese Methode wäre für den anderen unbefriedigend – er hätte nicht das Gefühl, dass wir ihn Philosophie lehrten – aber *sie* wäre die einzig streng richtige.»
(Ludwig Wittgenstein: Tractatus logico-philosophicus, 6.52; 6.522; 6.53, im Original gesperrt)

– Damit verwickelt sich Epikurs Ansatz in einen weiteren Selbstwiderspruch. So macht ja gerade der reduktionistische Ansatz Aussagen über einen Bereich, der ihm per Definition nicht zugänglich ist; von dem er behauptet, dass es gar keinen Sinn macht und nicht möglich ist, über ihn etwas zu sagen. Wenn es denn, und hier ist Epikur wieder Vorreiter eines heute verbreiteten naturalistischen Reduktionismus, nicht möglich ist, über das empirisch wahrnehmbare hinaus Aussagen zu machen, wie kann es dann möglich und erlaubt sein, zu postulieren, diesen Bereich gebe es nicht, Metaphysik sei gegenstandslos? Bleibt hier konsequenterweise nicht nur ein agnostischer Standpunkt, ein Schweigen oder – wie etwa beim frühen Wittgenstein – ein Reden von einer Grenze, an die wir mit wissenschaftlichen Aussagemöglichkeiten kommen, die wir nicht überschreiten dürfen, wenn wir weiter Rationalitätsstandards genügen wollen, von der wir aber gerade deshalb nicht behaupten dürfen, jenseits von ihr gebe es nichts?

4.6.3 Der «blinde Fleck» in der «rein sensualistischen» Perspektive

Epikur beansprucht eine rein natürliche Welterklärung. Sie stützt sich nur auf die Wahrnehmung und verzichtet auf jegliche Metaphysik. So ist jedenfalls der Anspruch. Lukrez bringt diesen Anspruch in seinem Epikur gewidmeten Werk schon im Titel zum Anspruch *De rerum natura:* Über die *Natur* der Dinge, freier übersetzt: Über das – eigentliche – Wesen der Wirklichkeit. Die Anspielung auf Ciceros Werk *De natura Deorum / Über die Natur der Götter* ist plausibel. Nicht auf die Spekulation über die Götter kommt es an, sondern auf die Natur der Dinge, nicht Metaphysik, sondern Naturwissenschaft macht das Wesen der richtigen Philosophie aus. Nicht die Götter sind die Ursache der Welt; nicht sie leiten die Geschicke und bestimmen die Geschehnisse. Es ist *die Natur selbst,* wie sie in den Dingen/Sachen/Gegebenheiten, der Welt der Tatsachen zum Ausdruck kommt.

Wir haben schon auf den Widerspruch hingewiesen, der sich durch diese beanspruchte Wesensschau ergibt (siehe 4.6.2). Einerseits lehnt Epikur die stoische oder akademische Spekulation über den hinter den Dingen stehende eigentliche, essenzielle Wirklichkeit ab. Er will sich auf die Natur, das sinnlich Vorfindliche beschränken. Andererseits wird aber genau diese sensualistische Perspektive zur allein wahren und das Wesen der Dinge treffenden Schau erklärt. Epikur wie dann v. a. Lukrez spielen hier mit der Doppelbedeutung von «Natur»/*natura.* Der erwünschte Effekt ist: Das, was sich als *natürliche,* auf den Sinnen, dem Augenschein beruhende Erkenntnis ergibt, ist das Eigentliche, die *Natur*. Der nicht erwünschte, sich dabei einstellende Effekt ist aber besagter Widerspruch: Genau dieser Blick, der sich für essenziell und darum ausreichend erklärt, geht genau über das bloß Augenscheinliche hinaus; er kann sich nur deshalb als ausreichend erklären, weil er beanspruchen muss, *das Ganze zu erfassen.* Aber genau das ist ja der metaphysische Anspruch, den Stoa und Akademie erheben und der abgelehnt wird.

Der Naturalismus, so der epikureische Anspruch, tut nichts hinzu. Er beschränkt sich auf das, was selbstverständlich, evident, augenscheinlich gilt. Der Naturalismus ist im Gegensatz zur metaphysischen oder gar religiösen Spekulation sparsam. Er kommt mit der Beobachtung aus. Er argumentiert natürlich, bleibt nah an der Natur als metaphysisch nicht verfälschter Wirklichkeit.

80 Begriffe, «Gedanken ohne Anschauungen sind leer, Anschauungen ohne Begriffe sind blind. [...] Der Verstand vermag nichts anzuschauen, und die Sinne nichts zu denken. Nur daraus, daß sie sich vereinigen, kann Erkenntnis entspringen.» (Immanuel Kant: Kritik der reinen Vernunft, 1. Aufl. [= A], 51; 2. Aufl. [= B] 75).

Schon Epikur musste freilich einsehen, dass die Dinge so einfach nicht liegen; dass wir nicht ohne Begriffe als «Vorwegnahmen», wie Epikur sie nennt, auskommen. Diese Begriffe unterstellen ja, um allgemein gelten zu können, um auch im Einzelfall angewandt werden zu können, allgemeine, universale Gegebenheiten, die über das konkret Gegebene weit hinausgehen. Wir begegnen bereits hier dem die abendländische Philosophie immer wieder beschäftigenden *Universalienproblem*. Die Begriffe sind als «Vorwegnahmen», so Epikur, «Hinzugemeintes»; sie ergeben sich eben nicht unmittelbar aus der Beobachtung. Kant formulierte schärfer und härter. Wir erkennen die Wirklichkeit als solche überhaupt nicht. Ohne Begriffe, die wir nicht unmittelbar empfangen können, ist gar keine Erkenntnis möglich. Oder scharf formuliert: Ohne metaphysische Voraussetzungen keine empirische Wahrnehmung. Kant wusste um die gegenseitige Abhängigkeit von Empirie und Verstand, Beobachtung und Begriffen. Der moderne, neurologisch fundierte Konstruktivismus geht noch einen entscheidenden Schritt über Epikur hinaus. Wir machen erst gar keine Beobachtungen ohne solche «Vorannahmen». Die Begriffe kommen nicht erst später und als ein Zweites, quasi Arbiträres und Willkürliches hinzu. Die Begriffe sind vielmehr notwendig, um überhaupt Wahrnehmungen, wie die deutsche Sprache mit Recht sagt, zu «machen». Theoretische, aus Begriffen und allgemeinen Annahmen zusammengesetzte Systeme sind das Netz, das wir über «die Wirklichkeit» legen. Ohne dieses Netz würde bei unseren Erkenntnisversuchen nichts hängen bleiben. Erst dieses Netz, seine Begriffe, bringen den Fang.[278] Hier ist ein weiteres Mal greifbar, dass Erfahrungswissenschaft ohne die Erfahrung überschreitende und insofern «meta-physische» Hintergründe überhaupt nicht denkbar, geschweige denn möglich ist.

So differenziert diese herausragende Wissenschaftstheorie aus dem 4. Jh. v. Chr. auch argumentiert, so bemerkenswert die Differenzierungen sind, die sie hinsichtlich der Gefahren und Herausforderungen eines sich auf Evidenz und Erfahrung stützenden sensualistischen Ansatzes setzt – auch Epikur entkommt den philosophischen Anfangsproblemen nicht, die uns bis heute beschäftigen. Wenn er den festen Halt in Evidenz und intuitiv «gegebener» Eingebung sucht, kommt der forschende und fragende Geist hier gerade nicht zur Ruhe. Woher kommt denn die Evidenz? Wie entsteht sie? Sind wir als Wahrnehmende ein «reines, weißes, unbeschriebenes Blatt»? Ist sie universell gegeben, was wir nicht beweisen könnten und was empirisch widerlegt ist,[279] oder eben bloß individuell? Welche Faktoren sorgen dafür, dass sich etwas «spontan» einstellt und quasi mit Augen, evident, «gesehen» werden kann? Diese Fragen haben die abendländische Philosophie bis heute nicht losgelassen.[280]

4.6.4 Physikalische Determination und menschliche Freiheit

Die von Leukipp bzw. seinem Schüler Demokrit übernommene Atomtheorie stellt Epikur vor ein weiteres, seine Philosophie in Widersprüche verwickelndes Problem. Wenn alle Vorgänge ein materielles Substrat haben, wenn alles Geschehen kausal verursacht ist, wie kann der Mensch dann die Freiheit haben, die er braucht, um wählen zu können?

> «Wenn die Körper durchs Leere nach unten geradewegs stürzen/ mit ihrem eignen Gewicht,  81
> so springen zu schwankender Zeit/ und an schwankendem Ort von der Bahn sie ab um ein Kleines,/ so, daß du von geänderter Richtung zu sprechen vermöchtest./ Wären sie nicht gewohnt sich zu beugen (declinare solerent), würd alles nach unten,/ wie die Tropfen des Regens, fallen im grundlosen Leeren,/ wäre nicht Anstoß entstanden noch Schlag den Körpern geschaffen/ worden. So hätte nichts die Natur je schaffend vollendet.»
> (Lukrez: De rerum natura II, 217–224)

Epikur nimmt an der Atomtheorie eine entscheidende Modifikation vor, um diesen Widerspruch zwischen Physik und Ethik auflösen zu können. Er entwickelt die Theorie der

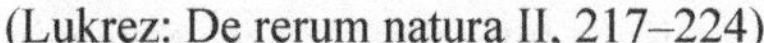

278 Vgl. das berühmte Bild bei Arthur Eddington: The Philosophy of Physical Science, 1938, aufgenommen etwa bei Hans-Peter Dürr: Das Netz des Physikers. Naturwissenschaftliche Erkenntnis in der Verantwortung, München 1988, 29 f.

279 Verschiedene Menschen sehen, sprachlich vermittelt, völlig Unterschiedliches, wenn sie «dasselbe» wahrnehmen.

280 Vor gut 100 Jahren gab es den letzten, durch den logischen Positivismus des sogenannten «Wiener Kreises» initiierten Versuch, eine durch bloße Empirie und reine, metaphysikfreie Wahrnehmung bestimmte Wissenschaft zu etablieren. Dieser Versuch ist kläglich gescheitert, v. a. am Einspruch Karl Poppers (vgl. seine Logik der Forschung, urspr. 1931/1932 entstanden unter dem Titel «Die beiden Grundprobleme der Erkenntnistheorie», veröffentlicht dann 1934 und in immer weiter überarbeiteten Auflagen).

parengklisis, die Lukrez als Theorie eines *clinamen* entfaltet. Nach Demokrit/Leukipp muss man sich das Universum so vorstellen, dass sich Atome in einer unendlichen Leere bewegen. Sie fallen, Regentropfen gleich, normalerweise alle nach unten.[281] Diese Theorie kann freilich nicht erklären, wie es zur Materie als Zusammenballung von Atomen kommt, und sie steht vor allem der Vorstellung menschlicher Freiheit im Weg. Epikur und im Anschluss an ihn Lukrez entwickeln nun die Zusatzannahme einer ab und zu völlig unmotiviert geschehenden leichten Abweichung beim Fall der Atome. Ein Grund ist nicht ersichtlich. Erst diese winzigen Abweichungen machen die Kollisionen möglich, die zu den Zusammenballungen von Atomen führen und eben ermöglichen, menschliche Freiheit zu denken, weil ja offenbar nicht alles Geschehen determiniert ist. Das *clinamen* ist absolut notwendig, weil sich sonst gar nichts als existent denken ließe: keine Bewegung, alles würde ja nur parallel nebeneinander ablaufen, ohne sich zu bedingen; keine Welt, die aus materiellen Körpern besteht, und kein Leben, das sich erst auf der materiellen Basis entwickelt. Dem Theorieelement des *clinamen* / der *enklisis* kommt also eine zentrale Bedeutung zu. Mit ihm denkt Epikur den Atomismus weiter, schwächt ihn freilich gleichzeitig auch entscheidend.

Es sind im Wesentlichen fünf Argumente, die aus wissenschaftstheoretischer und logischer Sicht gegen diese im Anschluss an Epikur v. a. von Lukrez entfaltete Theorie vorzubringen sind.

1. Die *clinamen-Hypothese als unfruchtbare Zusatzannahme.* Wissenschaftstheoretisch handelt es sich um eine reine Zusatzannahme ohne zusätzlichen Erklärungswert. Die Theorie des *clinamen* erklärt keine zusätzlichen Phänomene, macht den Atomismus also nicht erklärungsstärker. Sie schwächt ihn im Gegenteil, weil sie ihn durchlöchert, an entscheidender Stelle einschränkt. Die Annahme einer nicht determinierten, nicht verursachten Bewegung ist völlig spekulativ, und sie widerspricht der Grundannahme der Theorie, die sie retten soll. Es handelt sich um eine reine Zusatzhypothese, die die Theorie gegen ihr offenkundiges Scheitern an der Empirie schützen soll. Es handelt sich um die berühmte Ausnahme von der Regel, die die Regel zwar schützen soll, im Endeffekt aber schwächt und schließlich aufhebt.

2. Die *clinamen-Theorie* schwächt die antimetaphysische Intention. In der Sache wird gerade die Theorie geschwächt, die sie für viele Materialisten so wertvoll und attraktiv macht: Alles hat eine rein materielle Basis. Alles ist determiniert. Nun gibt es auf einmal Kontingenzen, die man nicht erklären kann. Das Universum ist nicht mehr in sich geschlossen; nicht mehr rein physikalisch zu denken. Es muss ja offen bleiben, welcher Art die Ursachen sind, die zu Abweichungen führen. Metaphysik ist – entgegen der ursprünglichen Intention – wieder Tür und Tor geöffnet. Ob es nun ein namenloser Faktor ist, dessen physikalische Natur nur behauptet, aber nicht bewiesen werden kann, oder ein theistischer, in das Weltgeschehen notwendig eingreifender Gott, ist auf der Ebene der Theoriebildung gleichwertig oder – wenn man aus reduktionistischer Perspektive so will: gleich unbefriedigend.

281 Lukrez: De rerum natura II, 216–224.

3. Die *clinamen-Theorie hat keinen Erklärungswert.* Tim O'Keefe analysiert,[282] wie untauglich die hier gesuchte Lösung ist: «The philosophical problem is that a random atomic swerving in one's mind is an unpromising basis for the production of free and responsible actions, instead of random and blameless twitches.»[283] Es bleibt ja völlig offen, wie es vorstellbar sein soll, dass eine Abweichung auf atomarer Ebene eine Änderung des Verhaltens bewirken oder gar ermöglichen soll. Nebenbei: Begründet das *clinamen* auch die Freiheit von Tieren?

4. *Die Theorie des clinamen ist inkonsistent.* Abgesehen davon bleibt ja bei dieser Argumentation die Annahme gültig, dass mental-geistige Prozesse eine materiale Basis haben und materiell bedingt sind. Nur wenn eine normale kausale Determination denkbar ist – durch das *clinamen* –, ist ja nach Lukrez freier Wille überhaupt denkbar. Der mit der *enklisis* gewählte Weg ist also bei Licht besehen gar kein Ausweg. Es bleibt dabei, dass erst die Veränderung der Theorie materieller Prozesse geistig nicht-determinierte Prozesse ermöglichen soll – ein Widerspruch in sich.

5. *Die clinamen-Theorie argumentiert zirkulär.* Lukrez bewegt sich in einem logischen Zirkel, um die Annahme des *clinamen* zu begründen. Lukrez' Argumentation stellt eine reine *petitio principii* dar, nach dem Motto: Es sollte so sein, weil wir sonst nicht denken können, was wir denken wollen. Lukrez argumentiert: (1) Wenn Atome nicht abweichen würden, wenn es also das Phänomen der *clinamen* nicht geben würde, gäbe es keine menschliche Freiheit. (2) Es gibt aber – offenbar – menschliche Freiheit. (3) Also muss es die Abweichung von Atomen geben; also ist die *clinamen*-Theorie richtig und begründet. Basis ist hier bei Epikur/Lukrez wieder der sensualistische Ausgangspunkt: Wir erfahren uns als frei, als fähig zur Entscheidung und zur Wahl. Genau diese Wahrnehmung ist ja aber in ihrer Substanz fraglich. Wenn, wie die übernommene demokritische Atomtheorie unterstellt, alles Geschehen streng determiniert ist, mögen wir uns als frei empfinden, sind es aber nicht. Wir können uns als frei wahrnehmen, aber genau diese Wahrnehmung könnte ja materiell kausal bedingt sein. Bei Licht besehen ist also das Argument nicht schlüssig, sondern unterstellt bereits, was zu beweisen ist: dass die Wirklichkeit rein durch physikalisch deterministische Prozesse bestimmt ist.

Die Freiheit zum Handeln kann es nach Lukrez nur geben, wenn nicht alles determiniert ist. Es ist nicht alles determiniert, weil es die nicht materiell verursachten, indeterministischen Abweichungen auf der Ebene der Atome gibt. Diese können wir zwar nicht beobachten. Aber wir müssen sie voraussetzen, weil es ja sonst keine Freiheit gäbe, die wir annehmen, weil es ja die indeterministischen Vorgänge auf atomarer Ebene gibt. Schöner kann man einen logischen Zirkel gar nicht aufziehen.

6. *Wissenschaft wird nicht ernstgenommen.* Wissenschaft ist dem Anspruch und der Theorie nach für Epikur und Lukrez wichtig. Sie hilft zur Aufklärung und im Kampf gegen Religion, aber wir folgen ihr nur so lange, wie das in unser – wissenschaftlich

282 Epicureanism, London/New York 2010, Kap. I,8, 73–84. Die folgenden Ausführungen fassen seine Analyse zusammen

283 A. a. O., 76.

gerade nicht mehr zu rechtfertigendes – Konzept passt. Wenn und wo sie uns im Weg ist, verlassen wir sie und lösen uns von ihren Einsichten. Dann hat sie sich nach unseren Wünschen und unserem Menschenbild zu richten.

4.6.5 Epikurs Ethik – die Kontroverse um Freundschaft

Bereits in der Antike wird Epikurs Ethik an einer für die damalige römische Gesellschaft zentralen Stelle infrage gestellt. Es ist kein geringerer als Cicero, der diesen ethischen Gegenstand auswählt, um ein zentrales Problem in der Ethik Epikurs zu veranschaulichen.[284] Freundschaft, v. a. unter Männern, kommt in der antiken Gesellschaft eine fundamentale, tragende Bedeutung zu. Wenn sie aber so wichtig ist, darf sie dann zum Gegenstand einer Nutzen-Abwägung werden? Darf sie davon abhängen, dass sie Lust – in einem umfassenderen Sinne: also auch Vorteile usw. – bereitet? Was ist denn, wenn dieser Nutzen ausbleibt? Ist Freundschaft nicht viel zu wichtig, so wichtig, dass man sie von dieser bei Epikur universalen Nutzenabwägung ausnehmen muss? Muss man den Freund nicht um seiner selbst willen lieben? Ist nicht das letztlich allein Freundschaft? Ist Freundschaft nicht zu wichtig, als dass man sie von einem solchen Kriterium abhängig macht? Der Vorwurf lautet: «Die Freundschaft wird also so lange bleiben, wie auch der Nutzen folgen wird, und wenn der Nutzen die Freundschaft begründen wird, so wird er sie auch wieder aufheben.»[285] Wahre Freundschaft – als zentraler ethischer Wert – kann nur in Freundesliebe, also in unbedingter Loyalität begründet sein.

82 

> «Wo kann aber Raum für die Freundschaft sein oder wer kann mit einem anderen befreundet sein, den er nicht um seiner selbst wegen liebt?» (Cicero: De finibus bonorum et malorum II, 78)

83 

> «Du siehst also, wenn du die Freundschaft nach der Freundesliebe misst, dann gibt es nichts Größeres, wenn aber nach dem Gewinn, dann werden die besten Freundschaften vom Gewinn aus ertragreichen Landgütern übertroffen. Du sollst also mich selbst lieben, nicht meinen Besitz, wenn wir echte Freunde bleiben sollen.» (Cicero: De finibus bonorum et malorum II, 85)

Diogenes Laertios, der bemüht ist, Epikur zu verteidigen, weist auf die hohe Bedeutung hin, die Freundschaft de facto für Epikur gespielt hat, sowohl als loyale Verbundenheit im «Garten» *(kepos),* bis hin zu seinen letzten herausfordernden Lebensstunden, in denen sie für ihn der zentrale Trost inmitten unerträglicher Schmerzen war. Dennoch signalisiert Ciceros Kritik, selbst wenn sie dem Anschein nach nicht berechtigt ist und durch das Leben Epikurs infrage gestellt wird, einen tieferen Dissens.[286] Was ist die letzte Triebfeder meines Handelns? Sind es die Pflichten, die mir das Leben auferlegt, oder sind es das Streben nach Lust und das Bestre-

284 Vgl. Cicero: De finibus bonorum et malorum, I, 65 f; II, 78–85.

285 Cicero: De finibus bonorum et malorum II, 78).

286 Dieser bleibt auch dann, wenn man die Argumente berücksichtigt, die Rainer Nickel sorgsam zusammengetragen hat, um Epikur gegen den Vorwurf eines oberflächlichen Hedonismus zu verteidigen (vgl. dessen Einleitung in: Epikur: Wege zum Glück, 9–13).

ben, Schmerz und Unangenehmes zu vermeiden? Lust und Schmerz sind die beiden einzigen Affekte, die die Epikureer anerkennen, weil sie «jedes Geschöpf an sich erfährt, und zwar die Lust als etwas seinem Leben Verwandtes, den Schmerz als etwas Fremdes»[287]. Lust oder Schmerz sind von daher die zentralen, bestimmenden Beweggründe des Handelns. Sie bestimmen «die Entscheidung über Wahl und Verwerfung»[288].

Wenn aber die individuellen Affekte zum Maßstab des Handelns werden, nicht – wie in der Stoa oder der neuen Akademie – so etwas Feststehendes, Objektives wie das der «Notwendigkeit» Entsprechende als Pflicht, wird dann die Ethik nicht (1) beliebig und (2) eigennützig? Zeichnet es die epikureische Position nicht aus, dass glückseliges Leben bedeutet «Ruhe der Seele und das Freisein von allen Verpflichtungen»[289]?

4.7 Die Aktualität des epikureischen Paradigmas

4.7.1 Das adaptiv-pragmatische Milieu als Verkörperung des epikureischen Paradigmas

Die modernen Sozialwissenschaften unterscheiden für westlich geprägte Gesellschaften verschiedene Lebenswelten. Die Lebenswelt, die mit am dynamischsten wächst und inzwischen in der Mitte der deutschsprachigen Gesellschaften angekommen ist, ist das Adaptiv-Pragmatische Milieu (abgekürzt ADA). Für das ADA nennt das SINUS-Forschungsinstitut, das im DACH-Raum, also in Deutschland, Österreich und der Schweiz führend in der Milieuforschung ist, folgende Kern-Charakteristika:

- Die ADA sind die moderne junge Mitte unserer Gesellschaft,
- mit ausgeprägtem Lebenspragmatismus und Nutzenkalkül,
- zielstrebig und kompromissbereit,
- hedonistisch und konventionell,
- flexibel und sicherheitsorientiert,
- mit einem starken Bedürfnis nach Verankerung und Zugehörigkeit.

Die SINUS-Forschung hat das Kunstwort der *flexicurity* gefunden, um die Mentalität der ADA auf einen Begriff zu bringen: auf der einen Seite sind die Adaptiv-Pragmatischen hoch flexibel. Sie lassen sich nicht leiten durch traditionelle Orientierungen und hergebrachte Einstellungen. Sie fragen: Was passt? Was funktioniert? Wie komme ich zurecht? Sie träumen nicht wirklichkeitsfernen Utopien hinterher, sondern fragen: Wir komme ich in diesem unübersichtlichen, nicht kalkulierbaren, erkennbar nicht metaphysisch strukturierten Leben irgendwie zurecht? Traditionelle moralische Einstellungen können da sehr schnell nur hinderlich sein. Und dann muss man sie einfach aufgeben und sich umorientieren. Das, was einem an Religionen und Weltanschauungen begegnet, wird kritisch überprüft, aber nicht auf einer theoretisch-philosophischen, abstrakten Ebene, sondern unter

287 DL, Leben und Meinungen berühmter Philosophen, X, 34.

288 Ebd.

289 Nach Cicero: De natura Deorum I, 53.

dem praktischen Gesichtspunkt: Was hilft mir zum Leben? Was hilft zum Gelingen des Lebens? Was reduziert Verdruss und fördert womöglich Genuss? Auch Glaube, Religion, Kirche wird durch diesen alles dominierenden Filter angeschaut und gehört: Wo ist etwas verstaubte, überkommene und überholte Vergangenheit, die dem Leben heute im Weg steht? Wo treffen wir auf lebensferne moralische Haltungen, die de facto Nachteile bringen, wenn man ihnen folgt? Wo ist ein Glaube im wesentlichen Theorie, wo hilft er dagegen zu einem gelingenden Leben? Es dominiert die Lebensweltlogik «P» wie: pragmatisch, persönlich, passend.

Auf der anderen Seite bedeutet *flexicurity* aber erstaunlicherweise auch Streben nach *security:* Absicherung, Geborgenheit, die man in der Gemeinschaft der Gleichgesinnten, Freunde findet. Halt geben nicht theoretische Orientierungen, für die abstrakte Wahrheit versichert wird, sondern kleine, verlässliche Lebensgemeinschaften, in denen man sich gegenseitig stützt und begleitet.

Natürlich ist auch eine solche adaptiv-pragmatische Haltung – bei allem Anspruch, pragmatisch, praktisch und eben nicht theoretisch, lebensfern orientiert zu sein – philosophisch bestimmt. Die Umrisse eines solchen praktisch gelebten, weniger theoretisch reflektierten Lebenskonzeptes decken sich in auffälliger Weise mit dem, was schon Epikur vertreten hat:

Was zählt ist das, was man sieht, was man spürt, was sinnlich erfahrbar ist – im doppelten Sinne. Dieser *sensualistische Ausgangspunkt* bedeutet (1) erkenntnistheoretisch: Es mag sein, dass es ein Jenseits gibt, aber es hat keinen Sinn, darüber zu spekulieren. Man muss es auch nicht ausdrücklich bestreiten. Es reicht ja, dass eine solche Frage erkennbar nicht beantwortbar ist und insofern für das gelebte Leben keine Bedeutung hat. Was zählt ist das, was man handgreiflich erfahren kann, und das ist das Diesseits, dieses eine Leben, das wir haben. Was klar ist, dass wir uns durch religiöse Spekulationen über Strafe, Hölle, Gott dieses Leben nicht vermiesen, unsere Entfaltung nicht einschränken lassen. Aus diesem Leben gilt es – das ist (2) die ethische Konsequenz –, das Maximum zu machen. Genuss- und Lustmaximierung ist angesichts der Begrenztheit und Unsicherheiten des Daseins die einzig sinnvolle und einzig gültige ethische Maxime. Es gilt, die gegebene Lebenszeit zu nutzen, um möglichst viel Genuss und möglichst wenig Verdruss zu erfahren. Dazu braucht es Vernunft. Eine kurzschlüssig und impulsgeleitete Lustorientierung wäre wenig vernünftig, weil sie im Endeffekt weniger Lust generiert. ADA vertreten gerade keinen krassen Hedonismus. Es gilt im Gegenteil, vernünftig zu sein und sich nicht zu verlieren. Selbstdisziplin, Ordnung, Absicherung gehören dazu. Es ist bemerkenswert, dass ADA eine programmatische Distanz zum radikalen postmodernen *anything goes* wahren. Alles zu tun, keine Grenzen anzuerkennen, alles ausprobieren zu wollen, wäre eben nicht vernünftig, wäre viel zu gefährlich, würde die für Wohlbefinden und Wellness unbedingt notwendige Absicherung und Geborgenheit, die Voraussetzung für ein sorgenfreies Leben ist, viel zu sehr tangieren.

Der sensualistische Standpunkt zieht, wenn er absolut gesetzt wird, (3) einen reduktionistischen Naturalismus nach sich. Das, was sich einigermassen sicher feststellen lässt, was auf der Hand liegt, ist, dass wir in einem physikalischen Universum leben. Es mag sein, dass das nicht das Einzige ist. Aber alles andere – die Existenz von Werten, Universalien usw. – ist letztlich beliebige Spekulation. Das was zählt, ist das, was handfest ist: das Materielle, die Gesetze der Physik, auf die wir – dem Anspruch nach – alles andere, was uns Wissenschaft zeigt, reduzieren können. Es ist darum vernünftig und nüchtern, davon auszugehen, dass alles eine materielle Basis hat, auch unsere «Seele», unser Bewusstsein, unser Empfinden von Lust und Schmerz, das, was wir als Geist bezeichnen, und unsere Persönlichkeit, letztlich und im Ganzen: unser ganzes Leben. Es ist für eine sensualistische Vernunft schlüssig, davon auszugehen, dass wir, dass letztlich alles was existiert, nichts anderes als Materie ist.

Das hat Konsequenzen auch (4) für die Religion, die Haltung zu Gott und dem Göttlichen. Die Existenz von Gott oder Göttern muss man nicht ausdrücklich bestreiten. Wie wollte man denn eine solche Behauptung von Nicht-Existenz begründen wollen? Wäre sie nicht ebenso spekulativ und letztlich uninteressant wie die Behauptung der Existenz Gottes? Es reicht doch schon, dass der Glaube an Gott und Götter erkennbar keinen Unterschied macht, abgesehen natürlich von der möglichen Lebensangst, in die Religion oft genug hinein führt; von der Einschränkung der Lebensmöglichkeiten, mit denen religiöse Orientierungen oft genug verbunden sind. Die Lebenserfahrung liefert darüber hinaus keinerlei Evidenz für einen irgendwie gegebenen tieferen Sinn unserer Existenz. Die Erfahrung von mannigfachem offenkundigen Unrecht, vom Recht des Stärkeren, das sich überall durchsetzt, von der offenkundig waltenden Ungerechtigkeit in der Weltgeschichte, auch die nüchterne Einschätzung, dass unser Leben ganz wesentlich durch Kontingenzen bestimmt ist, durch Faktoren, die wir nicht beeinflussen können und die in der Summe keinerlei Sinn ergeben, machen eine ernsthafte Sinnunterstellung, die Annahme einer dem Menschen irgendwie vorgegebenen Ordnung, unplausibel. Wer so etwas braucht, mag sich damit trösten. Nüchtern sind solche Annahmen nicht. Wir sind auf dieser Welt offenbar allein, für uns selbst verantwortlich. Vernünftig ist es alleine, das eigene Leben selbst in die Hand zu nehmen und so sinnvoll wie möglich zu gestalten, d.h. ihm selbst Sinn zu geben. Auf einen göttlichen Sinn oder Willen, auf eine transzendente, hinter den Dingen stehende Ordnung müssen wir dabei keine Rücksicht nehmen, genausowenig wie mit einer göttlichen Vorsehung zu rechnen ist. Wir setzen lieber auf Darwin als auf die Genesis, auf vernünftig zu begründende Menschen- und Tierrechte als auf eine Würde des Menschen, die in seiner angeblichen, schwer zu glaubenden Gottesebenbildlichkeit begründet ist. Wir wollen lieber Subjekte sein, die ihr Leben selbst in die Hand nehmen, als abhängige Objekte einer nicht zu kalkulierenden Gnade und Barmherzigkeit zu sein.

Ein philosophischer Sensualismus, ein naturalistischer Reduktionismus, ein praktischer Atheismus, ein Humanismus ohne Gott, eine naturwissenschaftliche Weltanschauung, eine radikale Diesseitsorientierung und eine nüchterne Suche nach Lusterfüllung, Schmerzvermeidung und individuellem Glück verbinden sich zu einer Lebensphilosophie, die wie von selbst ohne Religion auskommt und eine säkularisierte Lebensweise für selbstverständlich und das einzig Vernünftige hält.

4.7.2 Fragen im Anschluss an Epikur

1. Haben «die Götter» / hat Gott Interesse an uns? Wirken sie auf unser Leben ein? Das ist einer der Knackpunkte in der Auseinandersetzung mit Epikurs Weltanschauung oder besser: Welterfahrung und Weltempfinden. Wie können Christen die Präsenz Gottes in ihrem Leben und darüber hinaus in dieser Wirklichkeit plausibilisieren – und eben nicht nur behaupten? Gibt es eine Evidenz für das *Immanuel?* Wie kann diese nicht-fundamentalistisch, also nur behauptend, und nicht-schwärmerisch, also in einer nicht überzogenen Weise plausibilisiert werden? Welche philosophischen Aussagemöglichkeiten sind angemessen und geeignet nach der Verabschiedung einer metaphysischen Weltsicht, die Gott, Mensch und Welt als einen einzigen Wirk- und Wirklichkeitszusammenhang begreifen, konsequenterweise dann aber Gott auch verantwortlich machen müssen für alles Böse, Destruktive, Leben Vernichtende in dieser Welt? Auf welche erkenntnis- und wissenschaftstheoretischen Konzepte müssen wir zugehen, um eine solche Evidenz theoretisch formulieren und auch Menschen, die den christlichen Glauben nicht teilen, nachvollziehbar darstellen zu können?[290]
2. Wie stehen Christen zu einem Konzept von Glaube und Religion, das davon lebt, dass Menschen Angst vor Gott haben? Ist die bei Epikur manifeste, aber auch aktuelle neuzeitlich-moderne Distanz zu Religion hier nicht geradezu vorprogrammiert? Brauche ich, will ich etwas, was mir zusätzlich Angst und das Leben schwerer macht? Ist Religionskritik aus dieser Perspektive nicht geradezu ein Desiderat, um den Menschen glücklich(er), mindestens friedvoller zu machen? Unabhängig von dieser pragmatisch ausgerichteten Frage: Entspricht ein solcher Begriff von Religion dem Charakter dem von Jesus aufgerichteten Evangelium als guter Botschaft? Diese ergeht im Horizont eines manifest bedrohlichen Unheilshorizonts, der nicht zu bestreiten ist. Sie ist aber in diesem Horizont nicht noch einmal vernichtende Ankündigung des Gerichts sondern Ankündigung und Eröffnung einer Rettungsperspektive. Schon Epikur fordert uns darum heraus, die erfahrbare abgründige Welterfahrung so mit dem christlichen Glauben zu vermitteln, dass die Beziehung zu dem lebendigen Gott als eine Hilfe angesichts der desaströsen Daseinsverhältnisse erschlossen und erfahrbar wird, dieses Dasein aber nicht noch erschwert.
3. Wenn wir die v. a. bei Laktanz greifbare, aber doch bis heute gültige funktionale Begründung von Religion anschauen, stellt sich die Frage: Ist Religion um ihrer selbst willen, ist Gott um seiner selbst willen interessant und relevant? Werden Gott, Glaube, Religion nicht verzweckt, wenn sie zum Mittel werden, den Menschen moralisch zu zügeln? Es geht ja dann um Gott um des Menschen willen; es geht nicht mehr um den Menschen um Gottes Willen. Ist das Glaube, Religion, Kultus zur Ehre Gottes? Haben verzweckte Religionsbegriffe, so hilfreich sie apologetisch für eine konsensfähige

290 Zu erwägen wären etwa Alvin Plantingas Konzept eines *warrant belief* (Warranted Christian Belief, Oxford 2000) oder Thomas S. Kuhns Paradigmentheorie (Die Struktur wissenschaftlicher Revolutionen, Frankfurt a. M. [2]1976) oder Michael Polanyis Position eines impliziten Wissens (Implizites Wissen, Frankfurt a. M. 1985; ders.: Personales Wissen. Auf dem Weg zu einer postkritischen Philosophie, Berlin 2023).

Legitimation von Religion sein mögen, nicht eine wesentliche Schwäche? Werden Gott, Glaube und Religion nicht immer dann überflüssig, wenn die gesetzten Zwecke auch ohne Gott erreicht werden können? Ist nicht das auch der zentrale Impuls von Aufklärung und Moderne: Wir brauchen Gott nicht; wir haben die Vernunft, um anständig Mensch zu sein und unsere Angelegenheiten friedlich zu lösen?

4. Religion, so die gutgemeinte Verzweckung bei Laktanz und allen späteren, ist nötig um der Moral willen. Später wird Kant einmal dieses auch gemeinstoische Gedankengut wiederholen, wenn er formuliert: Moral bedingt Religion.[291] Die Schwäche seiner Argumentation für die Existenz Gottes ist in der Sache freilich schon hier gegeben: Ist die Existenz Gottes als einer verpflichtenden moralischen Instanz mehr als eine *petitio principii?* Hängt die Argumentation nicht in der Luft: Wir müssen «Gott» setzen, damit wir moralisch sind? Dafür brauchen wir ihn, und damit begründen wir seine Existenz. Aber gibt es Gott deshalb schon? Gibt es ihn nur deshalb, weil wir ihn brauchen; weil wir ihn dringend bräuchten? Setzt also die behauptete bewahrende Wirkung der Religion, die zu ihrer Begründung herangezogen wird, nicht gerade die Existenz Gottes voraus, die damit begründet wird, dass der Mensch Religion braucht, um anständig zu sein? Ein klassischer Fall von einem logischen Zirkelschluss! Muss es ihn geben, weil es ihn – aus Gründen der Ethik-Begründung geben muss? Noch grundsätzlicher gefragt: Ist Gott um des Menschen willen, oder der Mensch um Gottes willen da? Und noch einmal weiter gedacht und im Sinne moderner atheistischer Positionen gefragt: Welche Position ist denn moralischer, die, die aus Angst vor Strafe die böse Tat vermeidet, oder die, die aus bloßer Achtung vor dem Mitmenschen und aus Selbstachtung, ohne metaphysische Rückbindung, das Gute favorisiert?

5. Wie sinnvoll, legitim und verantwortbar sind Argumente *ad personam* bzw. *ad hominem,* die auf die Person, nicht die Position des Gegners abzielen? Sollten sich nicht wenigstens Christen auf die Unterscheidung von Person und Sache einlassen und von der Verunglimpfung von Personen absehen, wenn sie die Position eines Gegners treffen wollen? Fallen solche Argumentationen nicht angesichts des Verlaufs der Geschichte der Kirche auch mannigfach auf die Christen selbst zurück? Ist der christliche Glaube nicht durch christliche Praxis unendlich oft widerlegt?[292] Ist es fair und vor Gott zu rechtfertigen, dem Gegner Lebensweisen zuzuschreiben, die nicht zutreffen, und Positionen zu unterstellen, die er nicht vertritt? Reicht dafür die Begründung, man bekämpfe das Böse bzw. den Bösen? Welche Weisen der Auseinandersetzung mit gegensätzlichen, auch gegnerischen Positionen sind angemessen und vertretbar, gerade auch vom Standpunkt des christlichen Glaubens aus? Positiv gewendet: Wie sieht ein verantwortbarer Umgang aus, mit einer Position, die die eigene infrage stellt?

---

291 «Moral also führt unumgänglich zur Religion, wodurch sie sich zur Idee eines machthabenden moralischen Gesetzgebers außer dem Menschen erweitert, in dessen Willen dasjenige Endzweck (der Weltschöpfung) ist, was zugleich der Endzweck des Menschen sein kann und soll.» (Immanuel Kant: Die Religion innerhalb der Grenzen der bloßen Vernunft, Vorrede zur 1. Aufl.).

292 Vgl. nur die zwar einseitige, aber in ihrer sachlichen Substanz nicht zu bestreitende zehnbändige «Kriminalgeschichte des Christentums» von Karlheinz Deschner (Reinbek bei Hamburg, 1986–2014).

6. Und weiter: Fällt die Praxis, dem, der die eigenen Positionen nicht teilt, Angst und andere psychologische Motive zu unterstellen, heute nicht mannigfach in Form antichristlicher Polemik auf Kirche und Christen zurück, wenn Glaube als Schwäche apostrophiert wird oder als Unwille und Unfähigkeit, selber zu denken? Wenn die Suche nach Gott und das Argumentieren für seine Existenz aus der Sicht einer aggressiv aufgeklärten Religionskritik lediglich ein Zeichen für eine kindlich-kindische Weltanschauung sind, dann muss man diese vorgebrachten Argumente doch nicht ernst nehmen. Dann reden wir hier in Wahrheit von psychologischen, nicht philosophischen Sachverhalten. Ein solcher Versuch der Erledigung des Gegenübers ist in Wahrheit Zeichen eigener Hilflosigkeit und auch Bequemlichkeit. Man vermag einem Gegner nicht anders beizukommen und greift zu Mitteln, die auf einen selbst zurückfallen. Das gilt sowohl für christliche wie nichtchristliche, religionskritische Polemik.

4.8 Herausgefordert durch Epikur

Wenn die Beschäftigung mit Epikur Sinn haben soll, müssen wir v. a. fragen: Wo können wir von der Auseinandersetzung mit ihm profitieren? Wo können wir lernen? Wo fordert er uns mit Recht heraus? Wir können auf der Basis der bisherigen Analyse vier Bereiche ausmachen.

Die christlichen Reaktionen auf Epikur und den Epikureismus bestätigen letztlich dessen schlimmste Befürchtungen, dass Religion («Gottesfurcht») den Menschen knechtet, ja meint, den Menschen knechten, durch Furcht und Angst niederhalten zu müssen. Nicht umsonst haben Religionskritiker bis hin zu Ludwig Feuerbach und Karl Marx für ihre emanzipativen, auf die Befreiung des Menschen gerichteten Interessen auf ihn zurückgegriffen und sich bei ihm munitioniert. Für uns heute stellt sich die Frage, was wir unter christlichem Glauben verstehen wollen: eine Religion der Angst oder ein Vertrauen auf Gott, das von aller Angst gerade befreien soll und kann (vgl. Röm 8,28); eine Religion, die den Menschen knechtet oder eine Beziehung zu Gott, die ihn von Bindungen befreit «zur herrlichen Freiheit der Kinder Gottes» (vgl. Röm 8,21.33 ff).

a) Streben nach Lust oder Christentum als Religion der Angst und des Schmerzes – eine Alternative?

Stephen Greenblatt resümiert im Hinblick auf den Kampf des Christentums gegen den Epikureismus: «In einer der großen Transformationen der Kultur triumphierte das Streben nach Schmerz über das nach Lust.»[293]

Man mag diesen Gegensatz in der Sache bestreiten. *Quaestio juris* und *quaestio facti* sind freilich zu unterscheiden. Wie ist ein Sachverhalt theoretisch zu bewerten? Das ist eine Frage. Eine andere, nicht minder wichtige ist: Was ist Fakt? Wie verhält es sich – unabhängig davon, was theoretisch gilt – in der Praxis, der Erfahrung nach, tatsächlich, in der Geschichte? Einer der einflussreichsten deutschen Philosophen, der Idealismus-For-

293 Wende, Kap. 4, 112.

scher Herbert Schnädelbach, hat vor nicht langer Zeit die Auffassung Epikurs bestätigt,[294] Christentum sei eine Religion des Schmerzes, der Opferung, die das Leben verneine und den Menschen schlecht mache.

Daraus ergeben sich zwei interessante und relevante Aufgaben:

1. Inwiefern ist tatsächlich im späteren Christentum die Tugend des Schmerzes, der Weltverneinung, der Bedürfnisverneinung an die Stelle des Strebens nach Genuss und Bedürfnisbefriedigung getreten? Handelt es sich bei dieser Alternierung nur um ein gern gebrauchtes, aber nicht zutreffendes religionskritisches Versatzstück? Suchen Sie nach Belegen in der Kirchen- und Frömmigkeitsgeschichte und in einflussreichen theologischen Entwürfen.[295] Welche theologischen Ansätze, «Heiligungs»-Bewegungen und Frömmigkeitsstile kennen Sie, die diese Alternative untermauern?
2. Bewerten Sie die Alternative biblisch-theologisch!

In eine ähnliche Richtung geht eine zweite, oft gehandelte Alternative: Muss wer Freiheit will, Religion kritisieren und destruieren? Jean-Paul Sartre meinte, Atheist sein zu müssen, um frei sein und d. h. wahrhaft Mensch sein zu können.[296]

Die These, dass Gottesglaube unfrei mache, ist auch ein geläufiger Topos in der Debatte um den biblischen Monotheismus.[297]

3. Diskutieren Sie diese Auffassungen!

b) Wie aktuell ist der Epikureismus?

Ist die Philosophie Epikurs überholt, eine Position lange vergangener Zeiten? Oder ist sie auch heute noch aktuell und wirksam? Wo begegnet uns heute in unserer Gesellschaft ein «epikureisches Paradigma»?

4. Rekonstruieren Sie anhand der Charakteristik des SINUS-Milieu-Modells und seiner Beschreibungen das Adaptiv-pragmatische Milieu in der Mitte unserer Gesellschaft![298]
5. Vergleichen Sie es mit der Weltanschauung und Ethik, die uns bei Epikur und Lukrez begegnet!
6. Wo liegen die Stärken des Ansatzes von Epikur?

---

294 Herbert Schnädelbach: Der Fluch des Christentums, in: Das Christentum. Eine Kontroverse, hg. von Thomas Assheuer: Zeit-Dokument Hamburg 2 (2000), 6–12 (wieder abgedruckt in: ders.: Religion in der modernen Welt. Vorträge, Abhandlungen. Streitschriften, Frankfurt a. M. [3]2009); ders.: Armes Christentum. Vorläufiges Schlußwort einer erregten Debatte, in: Das Christentum. Eine Kontroverse, hg. von Thomas Assheuer, Zeit-Dokument Hamburg 2 (2000), 26–27.

295 Vgl. dazu etwa Greenblatt: Wende, 112 ff.

296 Vgl. dazu: Jean-Paul Sartre: Ist der Existentialismus ein Humanismus?, in: ders.: Drei Essays. Ist der Existentialismus ein Humanismus? Materialismus und Revolution. Betrachtungen zur Judenfrage, Frankfurt a. M./Berlin/Wien 1971, 7–36.

297 Vgl. dazu: Heinzpeter Hempelmann: «Stürzen wir nicht fortwährend?». Diskurse über Wahrheit, Dialog und Toleranz, Witten 2015, 510–569.

298 Vgl. dazu: Heinzpeter Hempelmann / Bodo Flaig: Aufbruch in die Lebenswelten. Die zehn Sinus-Milieus als Zielgruppe kirchlichen Handelns, Wiesbaden 2019, 87–99.

7. Nennen Sie Gründe für seine Verbreitung! Warum ist diese mentale Haltung und Lebenseinstellung so attraktiv? Inwiefern ist der Epikureismus ein Modell für einen postmodernen Lebensstil, ja quasi eine postmoderne Lebensphilosophie?

8. Gibt es in der Begegnung mit dem epikureischen Paradigma einen dritten Weg, jenseits von empörter Ablehnung und Abqualifikation als einer rein pragmatischen, im Grunde unmoralischen Lebensphilosophie einerseits und einer kritiklosen Anpassung und einer Theologie bzw. Kirche, die «es den Leuten recht macht», andererseits – wie Karl Barth in einer berühmten Predigt warnt?[299] Können wir vom Epikureismus lernen, dass Metaphysik und Weltanschauung lebensfern und lebenshinderlich sein können; dass Glaube nicht an den Bedürfnissen und Lebensverhältnissen der Menschen vorbeigehen kann, wenn er relevant sein soll? Wird aber nicht gerade in der Begegnung mit der epikureischen Lebensphilosophie deutlich, dass christlicher Glaube mehr sein muss als eine windschnittige *civil religion,* wenn er wirklich hilfreich, wirklich eine Alternative bedeuten soll? Reicht dann die Betonung von Nächstenliebe und Mitmenschlichkeit, einer allgemeinen Humanität und Verbundenheit mit denen, die so sind wie wir; reicht eine heilsuniversalistische Perspektive, die Gottesbeziehung und Lebensweg vergleichgültigt und unterstellt: *Wir kommen alle, alle in den Himmel;*[300] die einen religiösen Synkretismus als die wahre Religion unterstellt und letztlich voraussetzt: Es kommt nicht wirklich darauf an, wer Gott ist und wie wir leben; die allzu selbstverständlich im Widerstreit von Toleranz und Wahrheit Partei ergreift?

c) Ist Atheismus unmoralisch?

Von der Antike bis in die Gegenwart gelten Atheisten immer wieder als «unmoralische Gesellen». Der – praktische – Atheismus führt in der Antike zum Vorwurf, keine absoluten Werte zu vertreten und verantwortungslos zu leben; in den USA ist es bis heute problematisch, sich zu einer atheistischen Position zu bekennen.[301]

9. Wie stimmig ist der – schon gegen Epikur vorgetragene – Vorwurf, aus Gottlosigkeit resultiere der Verlust der Sittlichkeit des Menschen? Ist Atheismus amoralisch und Religion Bedingung für Moral?

10. Wie stehen wir (als Christen) zu Menschen, die meinen, sich auch ohne Glauben an Gott, gesteigert: sich nur in der Verabschiedung des Gottesgedankens ethisch verantwortlich verhalten zu können?

---

299 «Der falsche Prophet ist *der Pfarrer, der es den Leuten recht macht.*» (Predigten 1916, hg.von Hermann Schmidt [KBGA I], Zürich 1998, 46). Vgl. Christiane Tietz: «Würde er [...] antworten [...] als ein selber von Gott gefragter Mensch, ja dann dürfte man wohl sagen, dass er – Gottes Wort redet. Barths «Wiederentdeckung» der Predigt als «Wort Gottes», in: Georg Pfleiderer / Ruben Cadonau (Hg.): Karl Barth und die Zukunft der evangelischen Predigt (Christentum und Kultur, Bd. 20), Zürich 2025, 45–63.

300 Vgl. den beliebten Karnevalssong von Jupp Schmitz von 1952.

301 Vgl. Sam Harris: Brief an ein christliches Land. Eine Abrechnung mit dem religiösen Fundamentalismus, München 2008 (USA 2006).

11. Wie stringent ist die schon von Laktanz vorgetragene Argumentation, dass weltanschauliche und ethische Orientierung Religion braucht; dass Religion aber nicht «funktioniert» ohne Furcht vor Gott?

12. Inwiefern ist eine umgekehrte religionskritische Position im Recht, die den religiösen, absolute Werte voraussetzende Haltungen moralisch gefährliche Haltungen unterstellt? Muss, wer glaubt, absolut richtige Einsichten zu haben, nicht – schon aus «Menschenliebe» – versuchen, diese auch in jedem Fall und mit allen Mitteln durchzusetzen? Sind aber nicht alle Überzeugungen, selbst dann, wenn sie auf Manifestation eines Göttlichen zurückzuführen wären, menschliche, irrtumsfähige, zeitbedingte Positionen? Neigen die Vertreter religiöser, v. a. monotheistischer Überzeugungen nicht dazu, sich absolut zu setzen und zu totalisieren? Muss nicht, wer sich auf Offenbarung beruft, notwendig Recht haben müssen und unduldsam sein? Ist nicht die religiöse Haltung in Wahrheit die – mindestens potenziell – unmoralische?

d) Zum Stil der Auseinandersetzung

13. Wo tritt bei Christen heute eine pauschalisierende Polemik an die Stelle einer sachlichen Auseinandersetzung?

14. Warum sind Argumente *ad personam / ad hominem* ein Zeichen der Schwäche?

15. Warum fällt Kritik an Religionskritik auf den Kritiker zurück?

4.9 Texte

1. Epikur: Brief an Menoikeus
2. Epikur: Brief an Herodot
3. Cicero: De natura Deorum
4. Lukrez: De rerum natura

T1 Epikur: Brief an Menoikeus

Dieser Brief ist uns zusammen mit zwei anderen Lehrbriefen von Diogenes Laertios überliefert. Er bietet eine der Hauptquellen für die Darstellung der Lebensphilosophie Epikurs.

«Epikur grüßt Menoikeus
Weder soll ein junger Mensch zögern, sich mit Philosophie zu befassen, noch soll ein alter Mensch damit aufhören. Denn niemand ist zu jung oder zu alt für das, was der Seele guttut. Wer aber behauptet, die Zeit zum Philosophieren sei noch nicht gekommen oder bereits verstrichen, gleicht dem, der sagt, die rechte Zeit für das Glück sei nicht oder nicht mehr da. Mit Philosophie müssen sich also Junge und Alte befassen, die einen, damit sie auch im Alter dank ihrer erworbenen Güter jung bleiben, dankbar gegenüber der Vergangenheit, die anderen, damit sie gleichzeitig jung und weise seien und keine Angst vor der Zukunft haben. Es ist folglich nötig, viel Sorgfalt auf das Glück zu verwenden, weil wir ja alles haben, wenn es da ist, und alles tun, um es zu haben, wenn es fehlt. Was ich Dir stän-

dig geraten habe, tu es und beachte es, da Du ja verstehst, dass es sich um die Grundsätze des guten Lebens handelt. Glaube als Erstes, dass ein Gott ein unvergängliches und glückseliges Wesen ist – eine Gottesauffassung ist, die sich den Menschen gemeinhin eingeprägt hat. Füge dem nichts hinzu, was der Unvergänglichkeit fremd oder der Glückseligkeit unangemessen ist. Glaube alles, was geeignet ist, die Unvergänglichkeit samt der Glückseligkeit des Gottes zu bewahren. Götter gibt es, ganz offensichtlich können wir sie erkennen. Nur sind sie nicht so, wie die Mehrheit meint, die ihnen Eigenschaften zuschreibt, die dem Göttlichen nicht entsprechen. Ungläubig ist nicht, wer die Götter der Mehrheit abschafft, sondern wer den Ansichten der Mehrheit über die Götter anhängt. Denn die Meinungen der Mehrheit über die Götter sind keine Einsichten, sondern bloß trügerische Vermutungen, gemäß welchen den schlechten Menschen von den Göttern die größten Schäden zugefügt würden, den guten aber Wohltaten. Denn die Mehrheit ist bloß mit den eigenen Eigenschaften vertraut und hält nur diese für denkbar, alles andere kommt ihr fremdartig vor. Gewöhne Dich an den Gedanken, dass der Tod für uns keine Bedeutung hat, da ja alles Gute und Schlechte eine Frage der Wahrnehmung ist. Der Tod aber ist die Beraubung der Wahrnehmung. Diese richtige Erkenntnis, nämlich dass der Tod für uns keine Bedeutung hat, macht die Vergänglichkeit des Lebens zu einem Genuss, nicht etwa weil diese Erkenntnis dem Leben unendliche Zeit hinzufügen würde, sondern weil sie das Verlangen nach Unsterblichkeit beseitigt. Es gibt nichts Schreckliches im Leben für jemanden, der wirklich weiß, dass nichts Schreckliches daran ist, nicht zu leben. Wer aber erklärt, er fürchte den Tod, nicht weil er schmerzen wird, wenn er eintritt, sondern weil er dadurch schmerzt, dass er eintreten wird, der redet Unsinn. Denn was nicht belastend ist, wenn es eintritt, schmerzt grundlos, wenn es erwartet wird. So hat also das schauderhafteste Übel, der Tod, für uns keine Bedeutung, da ja, solange wir leben, der Tod nicht anwesend ist, sobald aber der Tod eintritt, wir nicht mehr leben werden. Er hat folglich weder für die Lebenden noch für die Verstorbenen eine Bedeutung, da er die einen nicht betrifft, die anderen aber nicht mehr leben. Die Mehrheit aber flieht bald den Tod wie das größte aller Übel, bald sehnt sie sich nach ihm wie nach einer Erholung vom beschwerlichen Leben. Der Weise dagegen fleht nicht um Leben und fürchtet sich ebenso wenig, nicht zu leben. Denn für ihn ist das Leben nicht voller Hindernisse, und er glaubt auch nicht, nicht zu leben sei etwas Schlimmes. Wie er beim Brot nicht das allergrößte, sondern das süßeste auswählt, so entscheidet er sich auch bei der Zeit nicht für die längste, sondern für die angenehmste. Wer aber predigt, der junge Mensch müsse gut leben, der alte seinerseits gut sterben, ist einfältig, und zwar nicht nur, weil das Leben angenehm ist, sondern auch, weil es das Gleiche ist, sich um ein gutes Leben und ein gutes Sterben zu bemühen. Noch schlimmer ist der, der sagt, schön wäre es, nicht geboren zu sein, doch ‹lebt man, so wünscht man, die Tore des Hades zu durchschreiten› 1. Wenn jemand das im Ernst sagt, warum geht er dann nicht aus dem Leben? Das wäre für ihn machbar, wenn denn sein Beschluss für ihn feststeht. Sagt er das aber im Scherz, so redet er frivol, wo es nicht ansteht. Man sollte immer daran denken, dass die Zukunft weder ganz noch gar nicht in unserer Hand liegt, damit wir nicht ständig erwarten, was geschehen wird, und nicht verzweifeln an dem, was nicht geschehen wird. Weiter muss man bedenken, dass manche der

Triebe natürlich sind, andere nichtig; manche der natürlichen notwendig, andere nur natürlich. Manche der notwendigen sind für das Glück notwendig, andere für das Wohlbefinden des Körpers, noch andere für das Leben selbst. Bei ruhiger Betrachtung dieser Dinge ist jede Neigung und Abneigung auf die Gesundheit des Körpers und die Ungetrübtheit der Seele zurückführbar, da ja dies das Ziel eines glücklichen Lebens ist. Für dieses Ziel tun wir alles, damit wir weder leiden noch aufgewühlt sind. Sobald uns das einmal völlig klar ist, legt sich der ganze Sturm in der Seele, und das Lebewesen muss nicht mehr umherirren und nach etwas suchen, was das Gute der Seele und des Körpers ergänzen würde. Wir brauchen immer dann eine Freude, wenn sie fehlt und wir darob leiden. ‹Wenn wir aber nicht leiden›, bedürfen wir ihrer nicht.

Deswegen sagen wir auch, die Freude sei der Anfang und das Ziel eines glücklichen Lebens. Wir haben die Freude als erstes Gut und als angeboren erkannt, von ihr lassen wir jede Neigung und Abneigung ausgehen, und sie ist das Ziel, an dem wir jedes Gut messen. Und da die Freude das erste und angeborene Gut ist, wählen wir nicht einfach jede Freude, sondern es gibt auch Freuden, die wir übergehen, wenn sich für uns eine größere Unannehmlichkeit aus ihnen ergeben würde. Andererseits gibt es zahlreiche Schmerzen, die wir vorziehen, weil für uns eine größere Freude folgen wird, nachdem wir die Schmerzen eine lange Zeit ertragen haben. Zwar ist jede Freude ihrer eigenen Natur nach etwas Gutes, trotzdem soll man sich nicht für jede Freude entscheiden. Genauso ist auch jeder Schmerz ein Übel, das aber nicht in jedem Fall vermieden werden soll. Es ist also nötig, durch Vergleichen und Abwägen der Vor- und Nachteile all das zu entscheiden. Denn etwas Gutes verwenden wir manchmal wie etwas Schlechtes, etwas Schlechtes umgekehrt wie etwas Gutes.

Wir halten auch die Selbstgenügsamkeit für ein großes Gut, nicht, damit wir uns einfach mit Wenigem begnügen, sondern damit wir uns, sollte das Viele mal fehlen, auch am Wenigen freuen können, weil wir in unserem Innersten überzeugt sind, dass diejenigen den Luxus am besten genießen, die ihn am wenigsten nötig haben, und dass das Natürliche bequem zu beschaffen ist, das Überflüssige aber schwer. Wenn das schmerzhafte Hungergefühl erst einmal beseitigt ist, gewähren die einfachen Suppen die gleiche Freude wie ein üppiges Mahl. Und Gerstenbrot und Wasser sind der Gipfel der Freude, wenn ein Hungriger sie genießt. Die Gewöhnung an einfache und nicht üppige Mahlzeiten trägt zur Gesundheit bei, stärkt den Menschen für die Anforderungen des Lebens, macht uns aufnahmefähiger für den Luxus, der in Abständen auf uns zukommt, und furchtlos gegenüber dem Schicksal.

Wenn wir sagen, die Freude sei das Ziel, so meinen wir nicht die ungezügelten Freuden, die im Genuss liegen – das meinen manche, die entweder unwissend sind oder nicht mit uns übereinstimmen oder schlecht informiert sind –, sondern wir sprechen von der Schmerzlosigkeit am Körper und der Ungetrübtheit der Seele. Denn nicht Trinkgelage und ununterbrochene Bankette, nicht der Genuss von Knaben und Frauen und Fischen und allem anderen, was ein reich gedeckter Tisch bietet, sind die Basis für ein angenehmes Leben, sondern nüchterne Überlegung, die die Ursache jeder Neigung und Abneigung zu ergründen sucht und Irrmeinungen aus dem Weg räumt, aus denen die meisten Unannehmlichkeiten für die Seele entstehen.

Der Anfang von allem und das größte Gut aber ist die Vernunft. Die Vernunft ist deshalb noch wertvoller als die Philosophie, weil aus ihr alle übrigen Tugenden erwachsen. Die Vernunft lehrt nämlich, dass es kein angenehmes Leben gibt, wenn es nicht vernünftig und gut und gerecht ist, und auch kein vernünftiges und gutes und gerechtes, das nicht angenehm ist. Die Tugenden fügen sich zum angenehmen Leben zusammen, das angenehme Leben gehört untrennbar zu ihnen.

Denn wen hältst du für besser als den, der recht von den Göttern denkt, den Tod nicht fürchtet und das Ziel des Lebens erkannt hat, der außerdem begriffen hat, dass die erstrebenswerten Güter bequem zu erreichen sind, dass die Übel entweder von kurzer Dauer sind oder wenig schmerzhaft, und der über das Schicksal, das manche als Herrin über alles eingeführt haben, lacht? Es ist sogar besser, dem Mythos über die Götter zu folgen, als ein Sklave des Schicksals der Naturphilosophen zu sein. Der Mythos nämlich lässt auf Erhörung hoffen, wenn man die Götter ehrt, das Schicksal aber hält nur die unerbittliche Notwendigkeit bereit. Wer nicht, wie die Mehrheit, den Zufall für einen Gott hält – nichts Ungeordnetes wird von einem Gott gemacht! – und auch nicht für eine unbeständige Ursache, der glaubt auch nicht, dass Gutes und Schlechtes für das glückliche Leben den Menschen vom Schicksal gegeben wird, vielmehr dass die Gelegenheiten für großes Glück und Übel vom Schicksal geliefert werden. Er zieht es vor, mit Verstand unglücklich zu sein und unverständig glücklich; denn es ist besser, wenn bei Handlungen richtig Gewähltes nicht gelingt, als wenn etwas schlecht Gewähltes zufällig gelingt.

Das alles und mehr in der Art sollst Du Tag und Nacht bedenken, für Dich allein und zusammen mit jemandem, der Dir ähnlich ist, und nie wirst Du im Schlaf oder im Traum gestört sein, und Du wirst leben wie ein Gott unter den Menschen. Denn ein Mensch, der in unsterblichen Gütern lebt, gleicht ganz und gar nicht einem sterblichen Lebewesen.»

«Epikur entbietet dem Menoikeus seinen Gruß.
Wer noch jung ist, der soll sich der Philosophie befleißigen, und wer alt ist, soll nicht müde werden zu philosophieren. Denn niemand kann früh genug anfangen für seine Seelengesundheit zu sorgen und für niemanden ist die Zeit dazu zu spät. Wer da sagt, die Stunde zum Philosophieren sei für ihn noch nicht erschienen oder bereits entschwunden, der gleicht dem, der behauptet, die Zeit für die Glückseligkeit sei noch nicht da oder nicht mehr da. Es gilt also zu philosophieren für jung und für alt, auf daß der eine auch im Alter noch jung bleibe auf Grund des Guten, das ihm durch des Schicksals Gunst zuteil geworden, der andere aber Jugend und Alter in sich vereinige dank der Furchtlosigkeit vor der Zukunft. Also gilt es unsern vollen Eifer dem zuzuwenden, was uns zur Glückseligkeit verhilft; denn haben wir sie, so haben wir alles, fehlt sie uns aber, so setzen wir alles daran, sie uns zu eigen zu machen.

Wozu ich dich ohn' Unterlaß mahnte, das mußt du auch tun und dir angelegen sein lassen, indem du dir klar machst, daß dies die Grundlehren sind für ein lobwürdiges Leben. Erstens halte Gott für ein unvergängliches und glückseliges Wesen, entsprechend der gemeinhin gültigen Gottesvorstellung, und dichte ihm nichts an, was entweder mit seiner Unvergänglichkeit unverträglich ist oder mit seiner Glückseligkeit nicht in Einklang steht; dagegen halte in deiner Vorstellung von ihm an allem fest, was danach angetan ist seine Glückseligkeit im Bunde mit seiner Unvergänglichkeit zu bekräftigen. Denn es gibt Götter, eine Tatsache, deren Erkenntnis einleuchtend ist; doch sind sie nicht von der Art, wie die große Menge sie sich vorstellt; denn diese bleibt sich nicht konsequent in ihrer Vorstellungsweise von ihnen. Gottlos aber ist nicht der, welcher mit den Göttern des gemeinen Volkes aufräumt, sondern der, welcher den Göttern die Vorstellungen des gemeinen Volkes andichtet. Denn was die gemeine Menge von den Göttern sagt, beruht nicht auf echten Begriffen, sondern auf wahrheitswidrigen Mutmaßungen. Daher läßt man den Bösen die größten Schädigungen von seiten der Götter widerfahren und den Guten die größten Wohltaten; denn ganz und gar für ihre eigenen Tugenden eingenommen, gönnen sie den Gleichgearteten alles Gute, während ihnen alles anders Geartete als fremdartig erscheint.

Gewöhne dich auch an den Gedanken, daß es mit dem Tode für uns nichts auf sich hat. Denn alles Gute und Schlimme beruht auf Empfindung; der Tod aber ist die Aufhebung der Empfindung. Daher macht die rechte Erkenntnis von der Bedeutungslosigkeit des Todes für uns die Sterblichkeit des Lebens erst zu einer Quelle der Lust, indem sie uns nicht eine endlose Zeit als künftige Fortsetzung in Aussicht stellt, sondern dem Verlangen nach Unsterblichkeit ein Ende macht. Denn das Leben hat für den nichts Schreckliches, der sich wirklich klar gemacht hat, daß in dem Nichtleben nichts Schreckliches liegt. Wer also sagt, er fürchte den Tod, nicht etwa weil er uns Schmerz bereiten wird, wenn er sich einstellt, sondern weil er uns jetzt schon Schmerz bereitet durch sein dereinstiges Kommen, der redet ins Blaue hinein. Denn was uns, wenn es sich wirklich einstellt, nicht stört, das kann uns, wenn man es erst erwartet, keinen anderen als nur einen eingebildeten Schmerz bereiten. Das angeblich schaurigste aller Übel also, der Tod, hat für uns keine Bedeutung; denn so lange wir noch da sind, ist der Tod nicht da; stellt sich aber der Tod ein, so sind wir nicht mehr da. Er hat also weder für die Lebenden Bedeutung noch für die Abgeschiedenen, denn auf jene bezieht er sich nicht, diese aber sind nicht mehr da. Die große Menge indes scheut bald den Tod als das größte aller Übel, bald sieht sie in ihm eine Erholung <von den Mühseligkeiten des Lebens. Der Weise dagegen weist weder das Leben von sich.> noch hat er Angst davor, nicht zu leben. Denn weder ist ihm das Leben zuwider noch hält er es für ein Übel, nicht zu leben. Wie er sich aber bei der Wahl der Speise nicht für die größere Masse, sondern für den Wohlgeschmack entscheidet, so kommt es ihm auch nicht darauf an, die Zeit in möglichster Länge, sondern in möglichst erfreulicher Fruchtbarkeit zu genießen. Wer aber den Jüngling auffordert zu einem lobwürdigen Leben, den Greis dagegen zu einem lobwürdigen Ende, der ist ein Tor nicht nur weil das Leben seine Annehmlichkeit hat, sondern auch, weil die Sorge für ein lobwürdiges Leben mit der für ein lobwürdiges Ende zusammenfällt. Noch weit schlimmer aber steht es mit dem, der da sagt, das Beste sei es, gar nicht geboren zu sein [...]

Denn wenn er es mit dieser Äußerung wirklich ernst meint, warum scheidet er nicht aus dem Leben? Denn das stand ihm ja frei, wenn anders er zu einem festen Entschlusse gekommen wäre. Ist es aber bloßer Spott, so ist es übel angebrachter Unfug. Die Zukunft liegt weder ganz in unserer Hand noch ist sie völlig unserem Willen entzogen. Das ist wohl zu beachten, wenn wir nicht in den Fehler verfallen wollen, das Zukünftige entweder als ganz sicher anzusehen oder von vornherein an seinem Eintreten völlig zu verzweifeln.

Zudem muß man bedenken, daß die Begierden teils natürlich teils nichtig sind und daß die natürlichen teils notwendig teils nur natürlich sind; die notwendigen hinwiederum sind notwendig teils zur Glückseligkeit teils zur Vermeidung körperlicher Störungen teils für das Leben selbst. Denn eine von Irrtum sich frei haltende Betrachtung dieser Dinge weiß jedes Wählen und jedes Meiden in die richtige Beziehung zu setzen zu unserer körperlichen Gesundheit und zur ungestörten Seelenruhe; denn das ist das Ziel des glückseligen Lebens. Liegt doch allen unseren Handlungen die Absicht zugrunde weder Schmerz zu empfinden noch außer Fassung zu geraten. Haben wir es aber einmal dahin gebracht, dann glätten sich die Wogen; es legt sich jeder Seelensturm, denn der Mensch braucht sich dann nicht mehr umzusehen nach etwas was ihm noch mangelt, braucht nicht mehr zu suchen nach etwas anderem, das dem Wohlbefinden seiner Seele und seines Körpers zur Vollendung verhilft. Denn der Lust sind wir dann benötigt, wenn wir das Fehlen der Lust schmerzlich empfinden; fühlen wir uns aber frei von Schmerz, so bedürfen wir der Lust nicht mehr. Eben darum ist die Lust, wie wir behaupten, Anfang und Ende des glückseligen Lebens. Denn sie ist, wie wir erkannten, unser erstes, angeborenes Gut, sie ist der Ausgangspunkt für alles Wählen und Meiden und auf sie gehen wir zurück, indem diese Seelenregung uns zur Richtschnur dient für Beurteilung jeglichen Gutes. Und eben weil sie das erste und angeborene Gut ist, entscheiden wir uns nicht schlechtweg für jede Lust, sondern es gibt Fälle, wo wir auf viele Annehmlichkeiten verzichten, sofern sich weiterhin aus ihnen ein Übermaß von Unannehmlichkeiten ergibt, und anderseits geben wir vielen Schmerzen vor Annehmlichkeiten den Vorzug, wenn uns aus dem längeren Ertragen von Schmerzen um so größere Lust erwächst. Jede Lust nun ist, weil sie etwas von Natur uns Angemessenes ist, ein Gut, doch nicht jede auch ein Gegenstand unserer Wahl, wie auch jeder Schmerz ein Übel ist, ohne daß jeder unter allen Umständen zu meiden wäre. Nur durch genaue Vergleichung und durch Beachtung des Zuträglichen und Unzuträglichen kann alles dies beurteilt werden. Denn zu gewissen Zeiten erweist sich das Gute für uns als Übel und umgekehrt das Übel als ein Gut.

Auch die Genügsamkeit halten wir für ein großes Gut, nicht, um uns in jedem Falle mit Wenigem zu begnügen, sondern um, wenn wir nicht die Hülle und Fülle haben, uns mit dem Wenigen zufrieden zu geben in der richtigen Überzeugung, daß diejenigen den Überfluß mit der stärksten Lustwirkung genießen, die desselben am wenigsten bedürfen, und daß alles Naturgemäße leicht zu beschaffen das Eitele aber schwer zu beschaffen ist. Denn eine bescheidene Mahlzeit bietet den gleichen Genuß wie eine prunkvolle Tafel, wenn nur erst das schmerzhafte Hungergefühl beseitigt ist. Und Brot und Wasser gewähren den größten Genuß, wenn wirkliches Bedürfnis der Grund ist sie zu sich zu nehmen. Die Gewöhnung also an eine einfache und nicht kostspielige Lebensweise ist uns nicht nur die Bürgschaft für volle Gesundheit, sondern sie macht den Menschen auch unverdrossen zur Erfüllung der notwendigen Anforderungen des Lebens, erhöht seine frohe Laune, wenn er ab und zu einmal auch einer Einladung zu kostbarerer Bewirtung folgt, und macht uns furchtlos gegen die Launen des Schicksals. Wenn wir also die Lust als das Endziel hinstellen, so meinen wir damit nicht die Lüste der Schlemmer und solche, die in nichts als dem Genusse selbst bestehen, wie manche Unkundige und manche Gegner oder auch absichtlich Mißverstehende meinen, sondern das Freisein von körperlichem Schmerz und von Störung der Seelenruhe. Denn nicht Trinkgelage mit daran sich anschließenden tollen Umzügen machen das lustvolle Leben aus, auch nicht der Umgang mit schönen Knaben und Weibern, auch nicht der Genuß von Fischen und sonstigen Herrlichkeiten, die eine prunkvolle Tafel bietet, sondern eine nüchterne Verständigkeit, die sorgfältig den Gründen für Wählen und Meiden in jedem Falle nachgeht und mit allen Wahnvorstellungen bricht, die den Hauptgrund zur Störung der Seelenruhe abgeben.

Für alles dies ist Anfang und wichtigstes Gut die vernünftige Einsicht, daher steht die Einsicht an Wert auch noch über der Philosophie. Aus ihr entspringen alle Tugenden. Sie lehrt, daß ein lustvolles Leben nicht möglich ist ohne ein einsichtsvolles und sittliches und gerechtes Leben, und ein einsichtsvolles, sittliches und gerechtes Leben nicht ohne ein lustvolles. Denn die Tugenden sind mit dem lustvollen Leben auf das engste verwachsen, und das lustvolle Leben ist von ihnen untrennbar. Denn wer wäre deiner Meinung nach höher zu achten als der, der einem frommen Götterglauben huldigt und dem Tode jederzeit furchtlos ins Auge schaut? Der dem Endziel der Natur nachgedacht hat und sich klar darüber ist, daß im Reiche des Guten das Ziel sehr wohl zu erreichen und in unsere Gewalt zu bringen ist, und daß die schlimmsten Übel nur kurzdauernden Schmerz mit sich führen? Der über das von gewissen Philosophen als Herrin über alles eingeführte allmächtige Verhängnis lacht und vielmehr behauptet, daß einiges zwar infolge der Notwendigkeit entstehe, anderes dagegen infolge des Zufalls und noch anderes durch uns selbst; denn die Notwendigkeit herrscht unumschränkt, während der Zufall unstet und unser Wille frei (herrenlos, d. i. nicht vom Schicksal abhängig) ist, da ihm sowohl Tadel wie Lob folgen kann. (Denn es wäre besser, sich dem Mythos von den Göttern anzuschließen als sich zum Sklaven der unbedingten Notwendigkeit der Physiker zu machen; denn jener Mythos läßt doch der Hoffnung Raum auf Erhörung durch die Götter als Belohnung für die ihnen erwiesene Ehre, diese Notwendigkeit dagegen ist unerbittlich.) Den Zufall aber hält der Weise weder für eine Gottheit, wie es der großen Menge gefällt (denn Ordnungslosigkeit verträgt sich nicht mit der Handlungsweise der Gottheit) noch auch für eine unstete Ursache (denn er glaubt zwar, daß aus seiner Hand Gutes oder Schlimmes zu dem glücklichen Leben der Menschen beigetragen werde,) daß aber von ihm nicht der Grund gelegt werde zu einer erheblichen Fülle des Guten oder des Schlimmen), denn er hält es für besser, bei hellem Verstande von Unglück verfolgt als bei Unverstand vom Glücke begünstigt zu sein. Das beste freilich ist es, wenn bei den Handlungen richtiges Urteil und glückliche Umstände sich zu gutem Erfolge vereinigen.

Dies und dem Verwandtes laß dir Tag und Nacht durch den Kopf gehen und ziehe auch deinesgleichen zu diesen Überlegungen hinzu, dann wirst du weder wachend noch schlafend dich beunruhigt fühlen, wirst vielmehr wie ein Gott unter Menschen leben. Denn keinem sterblichen Wesen gleicht der Mensch, der inmitten unsterblicher Güter lebt.»

(Diogenes Laertius: Leben und Meinungen berühmter Philosophen. Übersetzt und erläutert von Otto Apelt. Zweiter Band. Buch VII–X, Leipzig 1921, X, 122–135; vgl. die aktuelle Ausgabe: Diogenes Laertius: Leben und Meinungen berühmter Philosophen. In der Übersetzung von Otto Apelt unter Mitarbeit von Hans Günter Zekl neu herausgegeben sowie mit Einleitung und Anmerkungen versehen von Klaus Reich [Philosophische Bibliothek 674], Hamburg 2015)

T2 Epikur: Brief an Herodot

In einem zweiten Lehrbrief, gerichtet an Herodot, fasst Epikur seine Naturphilosophie bzw. naturwissenschaftlichen Überzeugungen zusammen. Spannend ist die schon damals aufgemachte Konkurrenz von Gottesglaube und Naturwissenschaft.

«Was nun die Himmelskörper angeht, so dürfen wir keinesfalls glauben, dass ihre Bewegung und Drehung, ihre Verfinsterung, ihr Aufgang und Untergang sowie alles, was ähnlich bedeutend ist, durch das Walten eines höheren Wesens entstanden sei, das es angeordnet habe, es gegenwärtig in Ordnung halte und weiter halten werde, eines Wesens, das in vollster Glückseligkeit und Unvergänglichkeit verharre. Denn Werktätigkeit, Sorgen, Zorn und Liebe sind mit dem Begriff ‹Glückseligkeit› nicht in Einklang zu bringen, – sondern sie sind Äußerungen der Unvollkommenheit und Schwäche und bedürfen eines Nächsten. Wir sollen wiederum nicht glauben, dass Wesen, die flammendes, geballtes Feuer sind, Glückseligkeit besitzen, oder diese Eigenschaft nach Belieben annehmen; wir haben vielmehr die Verpflichtung, bei allen Tendenzen, die zu solchen Vorstellungen hinleiten, die volle Distanz zu wahren, damit aus ihnen keine Glaubensvorstellungen werden, die mit der Objektivität in Widerspruch stehen; sonst wird gerade der Widerspruch die größte Verwirrung in unseren Seelen anrichten. So müssen wir denn annehmen, dass im Uranfang, als die Zusammenballungen so manches in sich einschlössen und die Welt entstand, auch diese Gesetzmäßigkeit und Regelmäßigkeit der Abläufe mit entstanden ist.»

(Diogenes Laertios: Leben und Meinungen berühmter Philosophen, X, 76f; zit. nach: Epikur von Samos: Brief an Herodot, Books on Demand 2022, 20–21)

T3 Cicero: De natura Deorum

Dieser fiktive philosophische Dialog, dem für die römische Elite eine enorme Bedeutung als Einführung in die griechische Philosophie zukam, ist die Zusammenkunft von jeweils einem Vertreter der Epikureer (C. Velleius), der Akademiker, also der Schule Platons (Aurelius Cotta) und der Stoiker (Q. Lucilius Balbus). Letzterer wird in diesem hier beginnenden längeren Votum des epikureischen Gesprächspartners angesprochen.

«[…] Ihr pflegt uns nun, Balbus, zu fragen, wie das Leben der Götter beschaffen sei und wie sie ihre Zeit zubringen. Es ist klar, daß sie so leben, wie man sich nichts Glückseligeres und nichts an Gütern Reicheres vorstellen kann. Denn die Gottheit arbeitet nichts, ist in keine Beschäftigungen verwickelt, setzt keine Unternehmungen in Gang, sondern erfreut sich ihrer Weisheit und Tugend in der festen Gewißheit, daß sie allezeit in größter und ewiger Lust verbleiben werde. Diesen Gott dürfen wir jetzt sicherlich glückselig nennen, den eurigen aber einen mit jeder Mühsal beladenen. Angenommen nämlich, die Welt selbst sei Gott, was kann es Ruheloseres geben als ein Wesen, das ohne den geringsten Augenblick der Ruhe sich mit einer unvorstellbaren Geschwindigkeit um die Achse des Himmels dreht? Glückselig ist sicherlich nur, was in der Ruhe ist. Wenn wir aber annehmen, irgendein Gott wohne im Inneren der Welt, er regiere und lenke sie, er reguliere den Lauf der Gestirne, den Wechsel der Jahreszeiten, den Rhythmus und die Ordnung der Dinge, er überwache Länder und Meere, sorge für den Nutzen und das Leben der Menschen, ein solcher Gott ist doch in mühevolle und beschwerliche Geschäfte verwickelt. Wir dagegen verstehen das glückselige Leben als eine Sorglosigkeit der Seele und als Freiheit von allen Verpflichtungen. Derselbe Epikur hat uns nämlich zu allem anderen hinzu auch dies gelehrt, daß die Welt durch die Natur geschaffen worden sei, und zwar ohne daß es irgendeiner handwerklichen Arbeit bedurft hätte; die Aufgabe, von der ihr behauptet, daß sie ohne göttliche Kunstfertigkeit nicht zustande gebracht werden könne, sei vielmehr so leicht, daß die Natur noch unzählige Welten schaffen werde, auch jetzt schaffe und schon früher geschaffen habe. Da jedoch ihr nicht begreift, wie die Natur dies ohne Hilfe eines Geistes herzustellen vermag, so flüchtet ihr euch wie die Tragödiendichter, weil ihr den Ausgang der Handlung nicht zu finden vermögt, zu einer Gottheit. Ihre Hilfe würdet ihr sicherlich nicht in Anspruch nehmen, wenn ihr die unmeßbare und unbegrenzte, in alle Richtungen sich erstreckende Weite des Raumes sähet, in die sich unser Geist hineinwagt und hineinversetzt und ihn weit und breit durchwandert, ohne jemals an eine äußerste Grenze zu stoßen, an der er Halt machen und stehen bleiben könnte. In dieser Unermeßlichkeit von Breite, Länge und Höhe wirbelt ununterbrochen eine unendliche Menge unzähliger Atome, die durch das Leere voneinander abgetrennt dennoch miteinander zusammenhängen derart, daß die einen die anderen ergreifen und sie sich zu einem Kontinuum verbinden. Daraus entstehen dann jene Formen und Gestalten der Dinge, von denen ihr meint, daß sie nicht ohne Blasebalg und Amboß verfertigt werden können.

Deshalb habt ihr für alle Zeiten auf unsere Nacken einen Herrn gesetzt, den wir Tag und Nacht fürchten müssen. Denn wer sollte einen Gott nicht fürchten, der alles beaufsichtigt, bedenkt und beachtet, der glaubt, daß alles ihn angehe, der sich neugierig in alles einmischt und ununterbrochen beschäftigt ist? Daraus hat sich euch auch erstens jene schicksalsbedingte Notwendigkeit ergeben, die ihr *heimarmene* nennt, so daß ihr von allem, was immer geschieht, behauptet, es gehe aus einer ewigen Wahrheit und der Kontinuität der Ursachen hervor. Doch welchen Wert hat wohl eine derartige Philosophie, die wie unwissende alte Weiber meint, alles geschehe durch das Schicksal? Es folgt zweitens eure Seherkunst *(mantike),* die auf Lateinisch *divinatio* heißt und durch die wir, wenn wir auf euch hören wollten, in so großem Aberglauben versinken würden, daß wir gezwungen wären, Opferschauer, Auguren, Wahrsager, Seher und Traumdeuter zu befragen. Von diesen Ängsten durch Epikur erlöst und für die Freiheit gewonnen, fürchten wir diejenigen nicht, von denen wir wissen, daß sie weder sich selbst irgendeine eingebildete Mühsal verschaffen noch anderen solche Mühsal bereiten, und verehren fromm und gewissenhaft ihre vollkommene und unvergleichliche Natur.

(Cicero: Vom Wesen der Götter. Lateinisch-deutsch, hg., übersetzt und kommentiert von Olof Gigon und Laila Straume-Zimmermann [Sammlung Tusculum], Zürich/Düsseldorf 1996, I, 51–56)

T4 Lukrez: De rerum natura

Was bei Epikur höchstens als Implikat seiner Weltanschauung durchschimmert, wird von seinem Schüler Lukrez, einem der größten römischen Schriftsteller, in seinem der göttlichen Verehrung des Meisters gewidmeten Lehrgedicht überaus deutlich. Eine naturalistische Weltanschauung schließt einen substanziellen, relevanten Götterglauben aus.

Von Leib und Seele heißt es, in hartem Gegensatz gegen jede Hoffnung auf Unsterblichkeit:
«So kann nie sich allein und ohne den Körper die Seele
Ihrem Wesen nach bilden entfernt von dem Blut und den Nerven.
Könnte sie das, dann würde wohl eher die geistige Kraft sich
Sammeln im Haupte, den Schultern, sogar ganz unten im Fuße
Oder auch sonst an beliebigem Ort einwachsen, sie würde
Immer doch bleiben im selben Gefäß, das heißt, in dem Menschen.
Weil wir nun sehn, wie dieses Gesetz auch in unserem Körper
Feststeht, und auch der Ort für das Sein und Wachsen getrennt ist
Wie für den Geist so die Seele, so muß man noch schärfer es leugnen,
Daß sie als Ganzes entfernt von beseelten Gestalten und Körpern
Weiter zu leben vermöge in faulenden Schollen der Erde
Oder im Feuer der Sonne, im Äther oder im Wasser.
Also sind die Gestirne nicht teilhaft göttlichen Sinnes;
Denn sie können ja nicht mit lebendigem Odem begabt sein.»

Aus dem Naturalismus resultiert für die Götter eine buchstäbliche, ihre Wirklichkeit verflüchtigende Unantastbarkeit:
«Irrwahn ist auch dies, die heiligen Sitze der Götter
Fänden sich irgendwo in unserem Weltengebäude.
Denn gar zart ist der Götter Natur; von unseren Sinnen
Ist sie gar weit entfernt: kaum sieht sie das Auge des Geistes.
Denn da sie flieht vor der Hände Berührung und rauherem Zugriff,
Darf sie auch nichts berühren, was wir zu berühren imstand sind.
Was nicht berührbar ist, kann auch nicht selber berühren.
Deshalb ist auch ihr Sitz nicht vergleichbar unserem Wohnsitz,
Sondern er muß entsprechen dem zarteren Körper der Götter.
Doch dies will ich dir noch ausführlicher später erweisen.»

Götterglaube ist «Wahnsinn» (V, 165), eine Schöpfung und Vorsehung anzunehmen, wäre absurd. So lautet die Konsequenz:

«Ferner behaupten zu wollen, es sei nur den Menschen zu Liebe
Diese vortreffliche Welt von den Göttern einstens erschaffen;
Drum sei dies hochpreisliche Werk als göttlich zu rühmen,
Sei für ewig bestehend und unzerstörbar zu halten,
Sündhaft sei es daher, die Welt, die den Menschengeschlechtern
Nach uraltem Beschlüsse der Götter für ewig erbaut ward,
Irgendwann und – wo aus den Fundamenten zu reißen
Und sie mit Worten zu stürmen, das Oberste kehrend zu unterst, –
Und noch weitere Lügen nach gleicher Methode zu brauen:
Wahnsinn ist dies alles, mein Memmius. Welcherlei Vorteil
Könnte denn unsere Gunst den seligen Göttern verschaffen,
Daß sie um unseretwillen sich irgend betätigen sollten?
Welches Ereignis verlockte die vordem ruhigen Götter
Noch so spät zu dem Wunsche ihr früheres Leben zu ändern?
Denn mich dünket, nur dem kann ein Wechsel der Lage genehm sein,
Welchem die alte mißfällt. Doch wer nichts Schlimmes erfahren
In der vergangenen Zeit, wo er glücklich sein Leben verbrachte,
Was nur konnte in dem das Gelüst der Neuerung wecken?
Oder war etwa vorher ihr Leben voll Dunkel und Trübsal,
Ehe die Schöpfungsstunde das Licht in der Welt hat entzündet?»

(Lukrez: Über die Natur der Dinge, V, 132–169 [S. 127–128])

4.10 Literaturhinweise

Epikur: Wege zum Glück, hg. von Rainer Nickel (Sammlung Tusculum), 3., überarb. Aufl., Mannheim 2011, 281–331; die z. Zt. am besten greifbare Ausgabe der Fragmente von Epikur und Überlieferungen über Epikur.

Rainer Nickel: Einführung, in: Epikur: Wege zum Glück, hg. von Rainer Nickel, Mannheim 3., überarb. Aufl. 2011 (Sammlung Tusculum), 281–331; eine Epikur in seine Zeit einordnende und gegen Missverständnisse absichernde Darstellung.

Maximilian Forschner: Epikur. Aufklärung und Gelassenheit, in: Michael Erler / Andres Graeser (Hg.): Philosophen des Altertums. Vom Hellenismus bis zur Spätantike, Darmstadt 2000, 16–38; eine knappe aber kompetente Einführung von einem Kenner hellenistisch-römischer Philosophie.

Malte Hossenfelder: Epikur, München 1991, 4., aktualisierte Aufl. 2018; die umfassende Einführung schlägt zugleich auch die Brücke in die Gegenwart.

Diogenes Laertios: Leben und Meinungen berühmter Philosophen; es gibt verschiedenste Ausgaben; für die wissenschaftliche Arbeit sei empfohlen die Ausgabe im Felix Meiner Verlag, mit Übersetzung und Erläuterungen von Otto Apelt, Hamburg 2015; die Überlieferungen, die Diogenes Laertios bietet, sind die Basis für alle Darstellungen Epikurs.

4.11 Aufgaben

1. Was ist aus der christlichen Auseinandersetzung mit Epikur und dem Epikureismus für Apologetik und Zeugnis zu lernen (vgl. 4.6)?
2. Nehmen Sie Stellung zu Epikurs Programm der Ersetzung von Metaphysik durch Physik! Was ist wissenschaftstheoretisch einzuwenden? Warum kann Naturwissenschaft Theologie nicht ersetzen, oder kann sie es doch?
3. Vgl. Sie die «Epikur»-Artikel in der ersten, zweiten, dritten und vierten Auflage des Lexikons «Religion in Geschichte und Gegenwart» (RGG)! Wie hat sich das Bild von Epikur gewandelt? Und: Welche Einflüsse bestimmen jeweils die Darstellung?

5. Pyrrhonische Skepsis

5.1 Zu Begriff und Bedeutung

Die Begriffe Skepsis und Skeptizismus leiten sich ab von dem griech. *skeptomai* für «suchen, Ausschau halten». Der Skeptiker ist «jemand, der zweifelt und überprüft». Skepsis ist die Haltung, die vorgefasste, allgemein geltende, aber nicht kritisch hinterfragte, oft auch «dogmatisch» genannte Ansichten infrage stellt (vgl. Sextus Empiricus: Grundriß der pyrrhonischen Skepsis, I, 7).

5.2 Pyrrhon von Elis

Zum philosophischen Fachbegriff wird Skeptizismus durch den griech. Philosophen Pyrrhon von Elis (* zw. 365/360; † zw. 275/270 v. Chr.), davon abgeleitet Pyrrhonismus als Synonym für Skeptizismus. Es sind keine Schriften von ihm erhalten, nur – teilweise sehr polemische – Zeugnisse von Schülern und Gegnern. Pyrrhon vertritt, dass die Dinge unterschiedlos, unbeständig und unbestimmbar sind: «Die Dinge sind uns gleichermaßen ununterscheidbar, unbestimmbar und unerkennbar. Deshalb kann man weder von unseren Empfindungen noch von unseren Meinungen sagen, daß sie wahr oder falsch seien. Darum darf man ihnen nicht trauen, sondern muss unerschütterlich bei dem Verzicht auf jede Meinung oder Entscheidung beharren.»[302] Meinungen, Neigungen, Emotionen sind daher sinnlos. Geboten ist allein die *epochè,* die Urteilsenthaltung. Erreichbar ist nur so der Zustand der – auch von der Schule Epikurs und Vertretern der Stoa angestrebten – Seelenruhe und Unerschütterlichkeit *(ataraxia)* angesichts der unübersehbaren und nicht zu bewältigenden Unbilden des Daseins. Die umfassendste Darstellung des Pyrrhonismus liefert im 2. Jh. n. Chr. der Arzt Sextus Empiricus (* ca. 150, † ca. 250 n. Chr.; vgl. seinen *Grundriß der pyrrhonischen Skepsis;* seine sechs Bücher *Gegen die Wissenschaftler* [adversus mathematicos] und fünf Bücher *Gegen die Philosophen* [pros dogmatus]). Bei Pyrrhon ist offen, ob die Ununterscheidbarkeit der Dinge erkenntnistheoretisch gemeint

302 Überliefert nach Euseb: Praeparatio evangelica, XIV. Buch, Kap. 18, 3; zit. nach W. Nestle (Hg.): Die Vorsokratiker. 2 Bde., Bd. 2, Jena 1923, 248 (Nr. 1).

ist (wir können sie nicht ausreichend unterscheiden) oder ontologisch (sie sind nicht seinsmäßig getrennt) oder axiologisch (es fehlen die letztgültigen Kriterien, um die Dinge gültig zu unterscheiden). Immerhin läuft Pyrrhon demonstrativ – als praktizierter Beweis der Missachtung aller ja doch nur beliebigen und irrelevanten Sinneswahrnehmung «unbeirrt vor fahrende Wagen, geht auf Abgründe und bissige Hunde zu (meist retten ihn Freunde [...]».[303]. Der bedeutendste Vertreter des Empirismus und Vorläufer des amerikanischen Pragmatismus David Hume (1711–1776) wird später zwar einerseits I. Kant aus seinem «dogmatischen Schlummer» wecken und durch seine skeptischen Reflexionen über die Erkenntnisfähigkeit der Vernunft den Anstoß zur Entstehung von Kants *Kritik der reinen Vernunft* geben (1. Aufl. 1781; vgl. das Vorwort ebd.), also die erkenntnistheoretische Bedeutung der Skepsis anerkennen. Andererseits wird er aber anders als Pyrrhon einen gemäßigten Skeptizismus vertreten, der sich für die Belange des alltäglichen Lebens lieber auf die Urteile des gesunden Menschenverstands verlässt, die nicht zu 100% sicher sein müssen. In ähnlicher Weise hat im 20. Jh. der Wissenschaftstheoretiker Alan Musgrave gegenüber einem idealisierten Erkenntnisideal einer nicht erreichbaren absoluten Sicherheit einen moderaten Gewissheitsskeptizismus vertreten.[304] Dieser bezieht sich auf unsere Meinungen, aber nicht auf die Dinge der Welt.

5.3 Sextus Empiricus

Anders als bei Pyrrhon liegt der Akzent bei Sextus Empiricus auf der skeptischen Erkenntnistheorie, die in ethische Konsequenzen einmündet. In seinen *Grundzügen* setzt er sich kritisch mit dominanten zeitgenössischen philosophischen Strömungen auseinander. Er unterscheidet drei philosophische Hauptrichtungen: die dogmatische (gemeint sind die Schulen der Aristoteliker, der Epikureer und die Stoa), die akademische (gemeint ist die v. a. durch Karneades von Kyrene [* zw. 214/218, † 129 v. Chr.] vertretene platonische Schule [«Akademie»]) und die skeptische, die er selber vertritt.[305] Schon zu seiner Absicherung bemerkt er aber zur Vorsicht, «daß ich von keinem der Dinge, die ich sagen werde, mit Sicherheit behaupte, daß es sich in jedem Fall so verhalte, wie ich sage, sondern daß ich über jedes einzelne nur nach dem, was mir jetzt erscheint, erzählend berichte.»[306] Kritische Analysen zeigen, dass die Erkenntnisansprüche nicht sicher sind, d. h. nicht gerechtfertigt werden können. Sextus Empiricus zeigt das dadurch, dass sich Sinneseindrücke durchaus widersprechen können, ebenso wie mentale Evidenzen. Weder scheinbar sichere Empirie noch scheinbar sichere Gewissheiten können Basis sicherer, absolut verlässlicher Erkenntnis sein. René Descartes (1596–1650) wird später in seiner hyperbolischen Zweifelsbewegung genau auf diese Argumente zurückkommen, freilich mit

303 Manfred Kraus: Art. Pyrrhon von Elis, in: Bernd Lutz (Hg.): Metzler Philosophen-Lexikon, 3., erw. u. korr. Aufl. 2015 (584f) 585.

304 Common Sense, Science, and Scepticism. A Historical Introduction to the Theory of Knowledge, Cambridge 1993.

305 Vgl. Grundriß der pyrrhonischen Skepsis, I, 1, 4; bei Hossenfelder, 93.

306 Ebd.

dem Ziel, genau diesen, alle umfassenden, alle scheinbaren Sicherheiten hinterfragenden Zweifel zu unterlaufen durch den Hinweis auf eine denknotwendige Verbindung, die dem Denken unmittelbar gewiss ist: *Ich denke, ich erfahre mich als Denkendes, aha, also muss ich doch sein.*[307]

5.4 Antike Parallelen: Pyrrhonische Skepsis, sophistische Eristik, sokratische Elenktik

Vom rational begründeten Skeptizismus ist eine die Bedeutung von Orientierung gerade bestreitende sophistische Haltung *(Sophismus)* aber auch das sokratische Philosophieren mit seinem Kernsatz «Ich weiß, dass ich nichts weiß» scharf zu unterscheiden. Alle drei Positionen stehen zwar den Möglichkeiten von (sicherer) Erkenntnis skeptisch gegenüber. Motive und Konsequenzen unterscheiden sich aber elementar. Die radikale Sophistik, etwa von Protagoras, vertritt und demonstriert durch ihre *Eristik,* dass über alles und jedes auch einander widersprechende Urteile gefällt werden können und müssen. Einsicht ist immer subjektiv, eine Frage der Perspektive. Bloß *eine* Wahrheit gibt es nicht. Die Skepsis ist also geradezu dazu da, um diese «Wahrheit» über die Möglichkeiten des Erkennens ans Licht zu bringen. Resultat ist ein programmatischer Wahrheitspluralismus, der vor Gericht und in politischen Foren dazu dient, die Vorstellung bloß einer richtigen Position infrage zu stellen. Der Skeptizismus hingegen stellt nicht *die* Wahrheit infrage, wohl aber die menschliche Fähigkeit, diese – sicher – zu erkennen. Die gebotene Urteilszurückhaltung macht ja nur dann Sinn, wenn Wahrheit – wenn auch als unerkennbare Größe – vorausgesetzt ist. Eine dritte Position vertritt die sokratische *Elenktik.* Sokrates atomisiert in seinen Dialogen die Gewissheiten seiner Gesprächspartner nicht, weil seiner Auffassung nach Wahrheit unerkennbar wäre oder weil es gar keine Wahrheit gäbe. Das Gegenteil ist der Fall. Elenktik dient der Erkenntnis der Wahrheit. Sie soll aufweisen, dass wir Menschen durch unsere falschen Gewissheiten und Vorurteile an der Erkenntnis der Wahrheit gehindert werden, die sich nur dem guten, sittlich lebenden, geläuterten und nach Wahrheit suchenden Menschen offenbaren kann. Eristik, Elenktik und Skepsis müssen darum sorgsam unterschieden werden.[308]

5.5 Skepsis außerhalb des Skeptizismus: Die Skepsis und die Krise der antiken Philosophie

Skeptische Reflexionen und Strömungen gab es auch in der Stoa (etwa bei Chrysippus) und in der platonischen «Akademie» (etwa Karneades), auch wenn Akademie wie Stoa gemeinsam die Pyrrhonische Skepsis zu bekämpften suchten, weil – so die Begründung bei Cicero, dem führenden Intellektuellen seiner Zeit – die Skeptiker «das gesamte Leben

307 Vgl. Meditationen über die erste Philosophie, 1641, II, 3.

308 Vgl. Hempelmann: Einführung in die Philosophie für Theologen. Bd. 1, 69–73.

von Grund auf zerstören»[309]. Auch wenn man die logischen Einwände der Skepsis anerkannte, meinte man, das Wahre zwar nicht beweisen, aber doch «glaubhaft» machen zu können.[310] Schon die Skeptiker der neuen Akademie bestritten der Stoa die Validität dieses Kriteriums: Falsche Vorstellungen könnten im gleichen Maße evident sein wie richtige. Im Ergebnis gelingt es Stoikern wie Neuplatonikern nicht, den grundsätzlich die Erkennbarkeit der Welt infrage stellenden Positionen glaubhaft zu begegnen. Deren gemeinsame Wertschätzung der *Philosophie* als Disziplin, die die Welt begreifen lässt, das Leben ordnet und zu einer vernünftigen Orientierung hilft, zerbricht mehr und mehr und verliert angesichts der sich in der Zeitenwende dramatisch zuspitzenden Krisen und Lebensumstände zusätzlich und vollends an Plausibilität. Einen letzten Rettungsversuch unternimmt Cicero, wenn er in seinem *Hortensius* versucht, in Anlehnung an Aristoteles an diesem Jahrhunderte tragenden Ideal eines sittlichen, vernünftigen und gelingenden Lebens festzuhalten.

Die durch die Skepsis im Allgemeinen und den Pyrrhonismus im Besonderen vollzogene «Entmachtung der Philosophie»[311] dürfte dann ein wesentliches Momentum für die an sich so überraschende Durchsetzung des Christentums im Kontext der antiken Philosophenschulen gewesen sein. Der Skeptizismus trägt dazu bei, «daß im spätantiken Denken die Philosophie, verstanden als Erkenntnis der wahren Struktur des Seienden, ihren Anspruch, Weg zur Glückseligkeit zu sein, aufgeben mußte und dadurch die Stelle freigab für die christliche Glaubenslehre.»[312]

5.6 Renaissance und Aufklärung

Im Mittelalter spielt Sextus Empiricus nahezu keine Rolle. Er wird erst im 16. Jahrhundert durch Übersetzung ins Lateinische wieder entdeckt und wirksam. Vor allem der Humanist Michel de Montaigne (1533–1592) bezieht sich auf ihn. Descartes findet bei Sextus Empiricus all das, was man bezweifeln kann. Die Pyrrhonische Skepsis spielt eine wichtige Rolle in der Renaissance, als führende europäische Intellektuelle der Dominanz eines weithin erstarrten Christentums durch einen Rückgriff auf antike Quellen zu begegnen und eine kulturelle Erneuerung suchen. Das logische, völlig unerschrockene Instrument der Skepsis hilft, neben dem autoritären, dogmatischen Erkenntnisbegriff Freiheit für Infragestellungen und eigenes, von Autoritäten unabhängiges Denken zu gewinnen. Bedeutende Wissenschaftler und Aufklärer sehen sich als Pyrrhoniker, darunter Pierre Gassendi (1592–1655), einer der wichtigsten Theoretiker der Renaissance, oder der Philosoph Pierre Bayle (1647–1706), der einen prägenden Einfluss auf die französische Aufklärung hat. Im Gegensatz zu dem Religionskritiker und Pyrrhonisten Betrand Russell (1872–1970), dem seine skeptische Haltung vor allem als Instrument der Christentums-

309 Lucullus, 31.
310 A.a.O., 111.
311 Hossenfelder: Einleitung, 11.
312 A.a.O., 10.

und Dogmenkritik dient (*Why I Am Not a Christian* [Warum ich kein Christ bin], engl. Original 1927; dt. 1963) hält Bayle als Kirchgänger *und* Aufklärer kritische Distanz zur Theologie *und* zu Atheisten wie etwa Spinoza (vgl. sein *Dictionnaire historique et critique,* 1695–1702, und sein Frühwerk: *Verschiedene Gedanken, anlässlich des 1680 erschienen Kometen an einen Doktoren der Sorbonne geschrieben*).

5.7 Moderne Adepten

Bei Sextus Empiricus findet sich bereits das ganze logische Arsenal der später von Hans Albert (1921–2023) vertretenen Kritik an Begründungsversuchen der Erkenntnis. Als Vertreter des Kritischen Rationalismus Karl Poppers verweist er auf das «Münchhausen-Trilemma», in das jeder Versuch, die Sicherheit von Erkenntnis zu begründen, führt.[313] Es gibt nach Albert nur drei Optionen, die alle drei keine sind. Schon Sextus Empiricus weist darauf hin, dass die gängigen Argumentationsformen nicht genügen können. Denn (1) die notwendig immer weiter gehende Frage nach Begründungen – *Warum ist das so?* – kommt ja an kein Ende (sogenannter infiniter Regress); oder sie verläuft (2) zirkulär, indem sie im Vorgang fortschreitender Begründung auf Voraussetzungen zurückgreift, die bereits als begründungsbedürftig deutlich wurden (sogenannter Zirkelschluss), oder sie verweigert (3) an einem bestimmten Punkt weitere Begründungen und geht von nicht mehr weiter hinterfragbaren Voraussetzungen aus, wird also «dogmatisch» (Abbruch des Begründungsverfahrens). Was bei Vertretern des Kritischen Rationalismus zum scharfen Instrument einer Weltanschauungs-, Religions- und Ideologiekritik wird (H. Albert; E. Topitsch), ist bereits in der Pyrrhonischen Skepsis grundgelegt.

Den erkenntnistheoretischen Einsichten kommt für die Pyrrhonische Skepsis eine entscheidende ethische und praktische Bedeutung zu. Sowohl die erkenntniskritischen Einsichten wie die abgeleiteten ethischen Haltungen wirken im 20. Jahrhundert stark nach. Resultat des Skeptizismus ist die Aufforderung zur *epoché,* zur Urteilsenthaltung. Wenn wir im Gegensatz zu den Auffassungen der dominanten philosophischen Schulen der Aristoteliker, der Platoniker und der Stoa nicht zu sicherer Erkenntnis gelangen können, verbietet sich – so der Skeptizismus – Engagement von selbst. Es darf keine Bevorzugung einer Sache zu Lasten einer anderen geben. Im Gegensatz zur stoischen Philosophie, die zwischen entscheidenden Dingen und Mitteldingen unterscheidet, denen gegenüber man gleichgültig sein kann (sogenannte *Adiaphora*), vertritt der Skeptizismus die Position, dass alle Dinge Adiaphora seien und man darum allen Fragen gegenüber eine gleichgültige Haltung an den Tag legen soll. Wenn der Skeptizismus lehrt, man solle ohne Erregung *(akradantous),* ohne Neigung *(aklinesis),* ohne Meinung *(adoxastans)* leben, strebt er wie Stoa und «Garten» (also die Schule der Epikureer) das Ziel der Seelenruhe *(ataraxia)* durch einen nicht mehr zu erschütternden Geist an, begründet diese aber gänzlich anders.

---

313 Vgl. Traktat über kritische Vernunft, Tübingen [5]1991, 13ff; Popper verweist in der *Logik der Forschung* (1934) auf das sogenannte Fries'sche Trilemma: Kap. V, Abschnitt 26).

Unerschütterliche Seelenruhe wird nicht durch die «stoische» Anpassung an das von den Göttern und dem Weltlogos an-geordnete Unvermeidliche erreicht, auch nicht durch epikureische Leidminimierung, sondern durch eine Äquivalenz zu allem, was nur scheinbar erstrebenswert ist. Der konservative, postmoderne Philosoph Odo Marquard (1928–2015) nimmt in seinem *Lob der Skepsis* diese Impulse wieder auf. Der einzelne Mensch kann seine Freiheit bewahren und sich vor den absoluten Geltungsansprüchen – eigener wie fremder Art – schützen, wenn er realisiert, dass für absolute Orientierungen die zur Verfügung stehende Lebenszeit nicht ausreicht und die *condition humaine* in ihrer Begrenztheit einfach nicht geeignet ist, um sich absolut zu gebärden, etwa absolute Sicherheit zu erlangen. Skepsis wird hier zur Lebensphilosophie.[314]

Im 20. Jahrhundert ragt Wilhelm Weischedel (1905–1975) heraus. Seine Philosophie im Schatten des Nihilismus ist einerseits durch eine skeptische, sich jeder dogmatischen Voraussetzung im theologischen oder metaphysischen Sinne verweigernden Grundhaltung gekennzeichnet. Andererseits fragt Weischedel im Durchgang durch die gesamte abendländische Philosophiegeschichte bis hin zu Heidegger – fast verzweifelt –, was angesichts des Zerbruchs aller Sicherheiten noch Halt zu geben vermag (*Der Gott der Philosophen. Grundlegung einer philosophischen Theologie im Zeitalter des Nihilismus,* 1971/1972).

5.8 Skeptizismus aus philosophischer Perspektive

5.8.1 Positive Würdigung

Pascal bekennt in den *Gedanken:* Durch die Pyrrhonische Skepsis «finde ich eine Antwort auf alle Einwände.»[315] Die skeptische, nicht aufhörende, immer weiter zurückfragende Analyse zerstört alle nur scheinbar sicheren Fundamente. Sie bewahrt Philosophie, Theologie und Wissenschaft vor unkritischem Denken, vor einer dogmatischen Verfestigung der Positionen, vor falscher Sicherheit, vor dem Festhalten an Irrtümern. Sie macht gesprächsfähig und gibt dem Argument gegen Gewohnheit, Tradition, Konsens der Vielen und Interessenlagen eine Chance. Sie demütigt eine v. a. in Rationalismus und Wissenschaft immer wieder zur Vergöttlichung neigende Vernunft (vgl. den bemerkenswerten Titel der Streitschrift von Hans Albert: Die Wissenschaft und die Fehlbarkeit der Vernunft, Tübingen 1982; hier vollzieht Albert mit den Mitteln der Skepsis eine bemerkenswerte Selbstdemütigung der Vernunft; grundlegend zur Sache: ders.: Traktat über kritische Vernunft, Tübingen 1968; hier zeigt Albert, in welches Dilemma [bei Albert: «Münchhausen-Trilemma»] alle rationalistischen Begründungsversuche führen und dass nur der skepti-

314 Vgl. etwa ders.: Skeptiker. Dankrede, in: ders.: Apologie des Zufälligen (Philosophische Studien), Stuttgart 1986, 6–10.

315 Gedanken – Pensées, hg. von Bruno Kern, Wiesbaden 2017, 191, Fragment 646; vgl. den Exkurs S. 162–164.

sche Weg vernünftig ist). Sie wehrt totalisierende Herrschaftsansprüche ab[316] und schafft dem Individuum Raum angesichts der es ganz besitzen wollenden weltanschaulichen, religiösen und ideologischen «Wahrheiten».[317]

5.8.2 Kritische Befragung

Kritisch ist zum Skeptizismus zu bemerken: (1) *Der Skeptizismus, inkl. der epoché, ist nicht radikal und konsequent durchführbar*. Es gibt immer wieder Situationen, in denen wir handeln *müssen*. Die zentrale ethische Anweisung des Skeptizismus: die Aufforderung zur *epoché,* ist nicht praktikabel. Der Skeptizismus kann – streng genommen und radikal durchgeführt – zum Exitus dessen führen, der ihn praktiziert. Wenn Überleben ein Merkmal der Richtigkeit einer Theorie ist, liegt hier ein Gegenargument vor. Abgesehen davon ist ja auch die sich des Urteils enthaltende Haltung eine *Haltung,* die in einem gegebenen Rahmen eine Position darstellt. (2) Der radikale Skeptizismus, etwa in Gestalt der Pyrrhonischen Skepsis, ist nicht nur lebensfern, sondern in einer falschen, unwahren Weise abstrakt. Er übersieht beim Prozess immer weiter gehender Infragestellung, dass er *Teil* der lebensweltlichen Zusammenhänge ist und *bleibt,* auch wenn er diese auf der Theorieebene noch so sehr hinterfragt. (3) *Um etwas zu hinterfragen, müssen schon Voraussetzungen gemacht und eine Position bezogen werden* (etwa die, dass Kritik sinnvoll ist, dass sie erlaubt ist; dass Tradition oder die Wahrheit der Vielen keine verlässlichen oder unbedingt geltenden Autoritäten darstellen; dass es dem Menschen freisteht, sich dem Heiligen skeptisch zu nähern; dass die skeptische, kritisch analysierende Vernunft ein angemessenes Instrument der Erkenntnis ist, usw.). Ein radikaler, alles infrage stellender Skeptizismus ist also auch aus diesem Grund gar nicht möglich. (4) *Ein radikaler Skeptizismus überzieht in seiner Suche nach absolut sicherer Erkenntnis*. Der britische Wissenschaftsphilosoph und Popper-Schüler Alan Musgrave stellt darum sowohl der für ihn absurden Idee Kants, wir lebten nur in einer Welt der Erscheinungen, wie auch einem konstruktivistischen oder postmodernen Anti-Realismus einen moderaten Gewissheits-Skeptizismus entgegen. Nicht die Wirklichkeit ist eine Konstruktion, sondern unsere Ansichten über sie. Letztere sind immer wieder zu hinterfragen. Erstere zu hinterfragen ist unvernünftig. Es wäre auch logisch widersprüchlich: So müsste man ja sehr viel über die Wirklichkeit wissen, um urteilen zu können, dass sie nur Erscheinung ist. Die radikale Skepsis habe, so Musgrave, einen überspannten Anspruch auf Erkenntnissicherheit. Wie im Alltagsleben auch benötigten wir aber auch in Philosophie und Wissenschaft keine

---

316 Grundlegend: Karl Popper: Die offene Gesellschaft und ihre Feinde, 2 Bde.; vgl. hier neben der Ideologiekritik von Hans Albert v. a. die Arbeiten von Ernst Topitsch: als Hg.: Logik der Sozialwissenschaften, Köln 1965; als Autor: Sozialphilosophie zwischen Ideologie und Wissenschaft, 1971; ders.: Vom Ursprung und Ende der Metaphysik. Eine Studie zur Weltanschauungskritik, 1972; ders.: Gottwerdung und Revolution: Beiträge zur Weltanschauungsanalyse und Ideologiekritik, 1973; ders.: Erkenntnis und Illusion. Grundstrukturen unserer Weltauffassung, 1979; 2., überarb. und erw. Auflage, Tübingen 1988.

317 Vgl. v. a. die Arbeiten von Odo Marquard (1928–2015): Abschied vom Prinzipiellen, 1981; ders.: Apologie des Zufälligen, 1986; ders.: Skepsis und Zustimmung, 1994; ders.: Skepsis als Philosophie der Endlichkeit, Bonn 2002; ders.: Individuum und Gewaltenteilung, 2004; ders.: Skepsis in der Moderne, 2007.

absoluten Begründungen. Es reichten vernünftige, d.h. überprüfbare und revidierbare, verantwortbare Gewissheiten.[318]. Ein radikaler Skeptizismus will zu viel, wenn er Sicherheit der Erkenntnis fordert (5) *Der Skeptizismus verwickelt sich in einen intentionalen Selbstwiderspruch.* Einerseits bestreitet er, dass sichere Erkenntnis zu gewinnen ist; andererseits sucht er genau diese zu erlangen, indem er sich gegen Irrtümer und Fehler absichern will. Einerseits sucht der Skeptizismus nach sicherer Erkenntnis, andererseits ist er nicht bereit, sich auf Denkvoraussetzungen einzulassen, die Wahrheit und Gewissheit erschließen könn(t)en.[319] (6) Der Skeptizismus bedient sich eines Vernunftbegriffs, der ungeeignet ist, die angestrebten Ziele zu erreichen: Gewissheit der Wahrheit und Sicherheit der Erkenntnis. Der vorausgesetzte Vernunftbegriff kann offenbar nicht leisten, was mit seiner Hilfe erreicht werden soll: Gewissheit über Wahrheit. Das spricht aber nicht gegen die Möglichkeit, Gewissheit und Wahrheit zu gewinnen, sondern – so etwa Pascal in seiner Kritik am Pyrrhonismus[320] – gegen einen spezifischen Vernunftbegriff, der hier versagt. Ein skeptischer Vernunftbegriff distanziert sich durch seine kritischen Rückfragen zunächst von dem, was er hernach nicht mehr erreichen kann und – aus der angenommenen Distanz – vergeblich zu erreichen sucht. Die immer weiter gehende skeptische Rückfrage kann nicht mehr einholen, was sie zuvor ausgeschlossen und hinter sich gelassen hat: die lebensweltliche Einbettung, die Relation von Erkennendem und Erkanntem, die unmittelbare Gewissheit in der Begegnung, Teil eines umfassenden Ganzen zu sein.

5.9 Theologische Würdigung

In der Theologie- und Kirchengeschichte sind der Skeptizismus und die Skepsis in der Regel als Gegner von Glaube und Religion empfunden worden. V. a. in der Neuzeit, Aufklärung und Moderne hatte Kritik und Skepsis aber oft die zwar unangenehme, aber wichtige Funktion, falsche, überbordernde Geltungsansprüche zu hinterfragen und durch Selbsterhaltungsinteressen bestimmte Immunisierungen gegen Kritik zu demaskieren. Die Destruktion falscher Geltungsansprüche kann dann den Weg frei machen für eine biblisch erneuerte Theologie, etwa dann, wenn postmoderne Ansätze im Anschluss an Friedrich Nietzsche die metaphysische Gestaltgebung des christlichen Glaubens aufbrechen und von einer der biblischen Botschaft nicht entsprechenden Gestaltgebung befreien.[321]

Die skeptische Einsicht, dass der Mensch sich nicht selbst begründen kann, konvergiert mit der biblisch-theologischen Sicht des Menschen, die ihn abhängig von Gott als der «Quelle des Lebens» (Ps 36) sieht. Die zentrale These des Skeptizismus, dass Erkenntnissicherheit nicht zu gewinnen ist, konvergiert mit der paulinischen Einsicht, dass mensch-

318 Vgl. Common Sense, Science, and Scepticism. A Historical Introduction to the Theory of Knowledge, Cambridge 1993; dt.: Alltagswissen, Wissenschaft und Skeptizismus, Tübingen 1993.

319 Vgl. hierzu exemplarisch die Debatte zwischen dem Theologen Helmut Gollwitzer und dem Philosophen Wilhelm Weischedel: Denken und Glauben. Ein Streitgespräch, Berlin/Köln/Mainz 1965.

320 Vgl. Gedanken – Pensées, hg. von Bruno Kern, 132f, Fragment 142.

321 Vgl. etwa das Konzept schwachen Denkens bei Gianni Vattimo: Abschied: Theologie, Metaphysik und die Philosophie heute, Wien 2003.

liches Erkennen nur Stückwerk ist (*ek merous,* 1Kor 13,9f.12). Dass wir mit unserer Erkenntnissuche an kein Ende kommen, konvergiert mit der eschatologischen Perspektive des Neuen Testaments, die die vollkommene Erkenntnis für die Zeit nach dem Ende der Geschichte erwartet: «*An jenem Tag* werdet ihr mich nichts fragen.» (Joh 16,23)

Die Analyse einer nicht zu überwindenden Orientierungslosigkeit, die in die hilflose Geste der *epoché* einmündet, konvergiert mit der geistlichen Analyse der mentalen Verwirrung einer Welt, deren Herrscher der Teufel, der *Vater der Lüge* ist (Joh 8,44), der *in Gestalt eines Engels des Lichts* (2Kor 11,14) aufzutreten vermag, und der entsprechenden, neutestamentlich häufig zu findenden Aufforderung, *alles zu prüfen.*

Der Skeptizismus mit seinem Scheitern, Erkenntnissicherheit zu erlangen, ist aus biblisch-theologischer Sicht ein Beleg für das Ungenügen und Unvermögen einer Vernunft, die sich aus der Gottesbeziehung herauslöst, einem methodischen Atheismus folgt, *remoto Deo* (unter Ausklammerung Gottes) arbeitet und sich autonom etablieren will. Dass eine skeptische Vernunft die für das menschliche Leben unabdingbare Existenzgewissheit nicht zu erreichen vermag; dass skeptische Analysen vielmehr zeigen, dass alle vermeintliche Sicherheit nur selbstfabriziert, damit brüchig, endlich und nicht tragfähig ist, ist ein aus dem Bereich der Philosophie kommender Hinweis darauf, dass erst die Einbindung des Menschen in das Verhältnis zu Gott einen Halt gibt, in dem der Mensch sich nicht selbst begründen muss, und dass erst das Erkannt-Werden durch Gott (vgl. Gal 4,9a), nicht aber der isolierte Erkenntnisakt scheinbarer, nur dem Anspruch nach autonomer Vernunft dem Menschen eine Gewissheit vermittelt, die ihn zu tragen vermag.

Exkurs: Pascals Auseinandersetzung mit dem Pyrrhonismus

Bei Pascal findet sich in den *Gedanken/Pensées* eine durchgängige Auseinandersetzung mit dem Skeptizismus. Er spricht durchgängig vom Pyrrhonismus und von Pyrrhonikern, weil Pyrrhon von Elis in der Antike der Begründer einer skeptischen Denkhaltung und Lebensphilosophie ist, auf den sich seine Schüler bis heute beziehen.

1. Der Pyrrhonismus lebt davon, «dass es Menschen gibt, die keine Pyrrhoniker sind. Wenn alle Pyrrhoniker wären, dann hätten sie unrecht.»[322] (57 [67]) Seine Evidenz bezieht der Skeptizismus aus dem so verbreiteten Dogmatismus der Menschen. Wenn alle Menschen die skeptische Denkhaltung teilen würden, wäre erkennbar, wie wenig diese umsetzbar und im Zusammenleben lebbar wäre. Ohne verbindende Gewissheiten und die sie konstituierenden Lebenszusammenhänge könnten wir nicht leben. Schon hier ist also ein Widerspruch im Pyrrhonismus bemerkbar: Einerseits fordert er eine skeptische Haltung, andererseits lebt er davon, dass andere sie nicht teilen.
2. Pascal begegnet dem Pyrrhonismus nicht durch den Rückzug auf eine unkritische, etwa fideistische Position, die nicht zweifeln, sondern glauben will, sondern durch eine Denkerfahrung: «Wir haben eine Vorstellung von der Wahrheit. Sie kann der

322 Blaise Pascal: Gedanken – Pensées, hg. von Bruno Kern, Wiesbaden 2017. Die Zahlen im Text verweisen auf die Seiten dieser Ausgabe; die eckigen Klammern geben die Zählung der Ausgabe von Philippe Selier an (Paris 1991).

Pyrrhonismus nicht überwinden.» (68 [25]). Wir sind zwar unfähig Beweise zu führen, die vom Pyrrhonismus nicht angefochten werden können. Aber diese Einsicht bewegt sich allein auf einer abstrakten, abgehobenen, theoretischen Meta-Ebene, die die Lebenswirklichkeit nicht berührt. Der Pyrrhonismus leidet an einer falschen Abstraktheit. Natürlich ist er rein logisch nicht widerlegbar (man kann ja jede Argumentation infragestellen, indem man die für sie notwendigen Voraussetzungen hinterfragt). Aber was nutzt diese theoretische Unanfechtbarkeit, wenn sie mit dem wirklichen Leben nichts zu tun hat und nicht lebensdienlich ist?

3. Erkenntnistheoretisch banalisiert sich die Pyrrhonische Skepsis selbst: «Der größte Geist wird ebenso der Verrücktheit bezichtigt wie der größte Mangel an Geist.» (87 [452]) Der Skeptizismus führt ja letzten Endes zur These der Ununterscheidbarkeit der Positionen. Alle vertretenen Positionen sind ja darin gleichwertig, dass sie alle nicht bewiesen werden können. Aber ist diese Position und die daraus abgeleitete *epoché,* also Urteilsenthaltung, wirklich vernünftig? Leuchtet sie ein? Ist sie lebensdienlich? Ist es bei Licht besehen vernünftig, den größten Unsinn und das Bemühen um Weisheit gleich zu achten, auch wenn man auf einer abstrakten Ebene unfähig ist, sie in ihrer Gültigkeit zu unterscheiden? Fällt das Ergebnis der Forderung einer Urteilsenthaltung hier nicht auf die Voraussetzungen zurück, die zu einer solchen Folgerung zwingen? Kann eine Position «richtig» sein, die zu solchen Ergebnissen führt? Kann ein Vernunftbegriff angemessen sein, der einer «vernünftigen» Orientierung im Weg steht?
4. Der Pyrrhonismus überfordert die Suche nach Erkenntnis des Wahren und Guten. Er weist einerseits darauf hin, dass faktisch «jede Sache zum Teil wahr und zum Teil falsch» ist, setzt aber andererseits voraus, dass die «wesentliche Wahrheit ganz wahr und ganz rein» sei. Daraus resultiert dann erst das Scheitern der Erkenntnisbemühung und die sich daraus ergebende Skepsis. Viel realistischer wäre eine weniger idealistische Voraussetzung, die davon ausgeht: «Wir haben Wahres und Falsches nur im Fragment und mit Schlechtem und Falschem vermischt.» (110 [450]) Das bedeutet: die berechtigten Analysen und kritischen Destruktionen sich selbst absolut setzender Positionen bedeuten eben nicht, dass es das Gute und das Wahre nicht gibt, dass also alles ununterscheidbar wäre.
5. Für Pascal beweist die Unwiderlegbarkeit des abstrakten skeptischen Standpunktes nicht die Richtigkeit des Skeptizismus, sondern nur die Schwäche des von ihm verengten Vernunftbegriffs. «Wir erkennen die Wahrheit nicht nur aufgrund der Vernunft, sondern auch durch unser Herz. Auf diese letzte Weise [durch das Herz; HPH] erkennen wir die ersten Grundsätze, und vergeblich versucht das vernunftgemäße Denken, das daran keinen Anteil hat, gegen sie anzukämpfen.» (132 [142]) Ein verengter, das Herz ausschließender, d. h. den Menschen als Beziehungswesen ausblendender Vernunftbegriff kann nicht erkennen, was er zuvor ausgeschlossen hat. Die Einsichten des Herzens machen sich aber dennoch bemerkbar. Dass sich bestimmte Realitäten einem abstrakten Vernunftbegriff nicht erschließen, konkret: dass sie sich nicht beweisen lassen, bedeutet nicht, dass es sie nicht gibt; dass sie keine Rolle spielen. Es

bedeutet nur, dass dieses Vernunftkonzept zu kurz greift. «Die Pyrrhoniker [...] plagen sich damit nutzlos herum. Wir wissen, dass wir keineswegs träumen[[323]], so hilflos wir auch sind, wenn wir dies mittels der Vernunft beweisen wollen. Diese Hilflosigkeit läßt nur den Schluß auf die Schwäche unserer Vernunft zu, jedoch nicht auf die Ungewissheit all unseres Wissens, wie diese es behaupten.» (132f [142])

6. Für Pascal als Apologeten der christlichen Religion ist gerade die Unausweichlichkeit der Alternative von *entweder* Dogmatismus *oder* Skeptizismus ein Hinweis auf die Wahrheit des Glaubens, die sich durch die Vernunft des Herzens erschließt. Beide Positionen, Dogmatismus und Skeptizismus, sind nicht zu rechtfertigen, beide bedingen einander aber: Der Pyrrhonismus hat ja darin recht, «dass die Wahrheit nicht in unserer Reichweite liegt» (195 [164]). Der Dogmatismus kann und will sich mit dieser nicht lebbaren Auskunft nicht zufriedengeben und verzichtet lieber auf Vernunft als auf Gewissheit. Das wiederum ruft die Skepsis auf den Plan, die durch ihre Verunsicherungen, durch ihre Auffforderung zur *epoché* aber eher noch mehr zu einer sich gegen kritische Rückfragen verschließenden Geisteshaltung provoziert. «Man kann kein Pyrrhonist sein, ohne die Natur zu ersticken», d.h. ohne sich in falscher Abstraktheit von den Realitäten zu entfernen und damit letztlich genau unvernünftig zu handeln, weil man ja auch als radikaler Skeptiker Teil der «Natur» bleibt. Umgekehrt gilt: «Man kann kein Dogmatiker sein, ohne auf die Vernunft zu verzichten», d.h. ohne genau das preiszugeben, was ja eigentlich Ziel des eigenen Strebens ist: vernünftige, nachvollziehbare, belastbare Erkenntnis (195 [164]). Gemeinsam ist nun beiden Haltungen trotz aller Gegensätze, dass sie beide «verwirrt» sind durch «die Vernunft», d.h. durch einen Vernunftbegriff, der sich überhebt, die Wahrheit in sich selbst finden und aus sich selbst hervorbringen will. Der Dogmatist setzt ja letztlich nur die eigenen Denkvoraussetzungen unkritisch absolut. Der Pyrrhonist zieht sich mit seiner skeptischen Wahrheit solipsistisch in sich selbst zurück. Notwendig ist demgegenüber, dass Vernunft sich öffnet, dass sie hörende Vernunft des Herzens wird: «Höre auf Gott.» (Ebd.) So der lapidar formulierte, unendlich einfache Ausweg. Nur in der Gottesbeziehung trifft der Mensch auf eine Wahrheit, die ihn aus seiner dogmatischen Verkrümmung oder aus seiner nicht lebbaren Ungewissheit und von seiner falschen, nur scheinbaren Abstraktheit befreit.

5.10 Texte

1. Sextus Empiricus: Was ist Skepsis und was ist ihr Ziel?
2. René Descartes: Alles umfassender methodischer Zweifel
3. Odo Marquard: Skeptiker
4. Richard Rorty: Wahrheit kann nicht dort draußen sein

323 Hier liegt ein deutlicher Bezug auf die erste der sechs Meditationen von René Descartes *Meditationen über die erste Philosophie* vor.

T1 Sextus Empiricus: Was ist Skepsis und was ist ihr Ziel?

Die Lebensdaten des Arztes und griechischen Philosophen Sextus Empiricus sind unsicher. Er hat um das Jahr 200 n. Chr. gelebt. Wichtig ist sein frühes Werk Grundriß der pyrrhonischen Skepsis, *weil es die wichtigste Quelle zur skeptischen Position von Pyrrhon von Elis (ca. 360–270 v. Chr.) ist. In ihm bezieht er sich auf Pyrrhon und grenzt sich von der Skepsis der platonischen Akademie ab.*

«(8) Die Skepsis ist die Kunst, auf alle mögliche Weise erscheinende und gedachte Dinge einander entgegenzusetzen, von der aus wir wegen der Gleichwertigkeit der entgegengesetzten Sachen und Argumente zuerst zur Zurückhaltung, danach zur Seelenruhe gelangen. (9) ‹Kunst› nennen wir die Skepsis nicht in irgendeinem ausgeklügelten Sinne, sondern schlicht im Sinne von ‹können›. Unter ‹erscheinenden Dingen› verstehen wir hier die Sinnesgegenstände, weshalb wir ihnen die geistigen gegenüberstellen. [...] (10) Mit ‹entgegengesetzten› Argumenten meinen wir nicht unbedingt Verneinung und Bejahung, sondern schlicht ‹unverträgliche› Argumente. ‹Gleichwertigkeit› nennen wir die Gleichheit in Glaubwürdigkeit und Unglaubwürdigkeit, so daß keines der unverträglichen Argumente das andere als glaubwürdiger überragt. ‹Zurückhaltung› ist ein Stillstehen des Verstandes, durch das wir weder etwas aufheben noch setzen. ‹Seelenruhe› schließlich ist die Ungestörtheit und Meeresstille der Seele. Wie aber die Seelenruhe zusammen mit der Zurückhaltung eintritt, werde ich im Kapitel über das ‹Ziel› darlegen.

(25) [...] Das ‹Ziel› ist dasjenige, um dessentwillen alles andere getan oder gedacht wird, es selbst dagegen um keines anderen willen, oder: das Äußerste alles Erstrebten. Wir sagen nun, bis jetzt sei das Ziel des Skeptikers die Seelenruhe in den auf dogmatischem Glauben beruhenden Dingen und das maßvolle Leiden in den aufgezwungenen (26) Denn der Skeptiker begann zu philosophieren, um die Vorstellungen zu beurteilen und zu erkennen, welche wahr sind und welche falsch, damit er Ruhe finde. Dabei geriet er in den gleichwertigen Widerstreit, und weil er diesen nicht entscheiden konnte, hielt er inne. Als er aber innehielt, folgte ihm zufällig die Seelenruhe in den auf dogmatischem Glauben beruhenden Dingen. (27) Wer nämlich dogmatisch etwas für gut oder übel von Natur hält, wird fortwährend beunruhigt: Besitzt er die vermeintlichen Güter nicht, glaubt er sich von den natürlichen Übeln heimgesucht und jagt nach den Gütern, wie er meint. Hat er diese erworben, gerät er in noch größere Sorgen, weil er sich wider alle Vernunft und über alles Maß aufregt und aus Furcht vor dem Umschwung alles unternimmt, um die vermeintlichen Güter nicht zu verlieren. (28) Wer jedoch hinsichtlich der natürlichen Güter oder Übel keine bestimmten Überzeugungen hegt, der meidet oder verfolgt nichts mit Eifer, weshalb er Ruhe hat. Dem Skeptiker geschah dasselbe, was von dem Maler Apelles erzählt wird. Dieser wollte, so heißt es, beim Malen eines Pferdes dessen Schaum auf dem Gemälde nachahmen. Das sei ihm so mißlungen, daß er aufgab und den Schwamm, in dem er die Farben vom Pinsel abzuwischen pflegte, gegen das Bild schleuderte. Als dieser auftraf, habe er eine Nachahmung des Pferdeschaumes hervorgebracht. (29) Auch die Skeptiker hofften, die Seelenruhe dadurch zu erlangen, daß sie über die Ungleichförmigkeit der

erscheinenden und gedachten Dinge entschieden. Da sie das nicht zu tun vermochten, hielten sie inne. Als sie aber innehielten, folgte ihnen wie zufällig die Seelenruhe wie der Schatten dem Körper. Freilich glauben wir nicht, daß der Skeptiker vollkommen unbelästigt bleibe, sondern wir sagen, daß er von den aufgezwungenen Dingen belästigt werde. Denn wir räumen ein, daß er manchmal friere und Durst habe und ähnliche Dinge erleide. (30) Aber selbst in diesen Dingen werden die Laien von doppeltem Ungemach bedrängt: sowohl von den Empfindungserlebnissen selbst als auch nicht minder von dem Glauben, daß dieses Ungemach von Natur übel sei. Der Skeptiker dagegen räumt den beigemengten Glauben, daß jedes dieser Dinge von Natur übel sei, beiseite und kommt daher selbst in diesen Dingen mäßiger davon. Deswegen also nennen wir das Ziel des Skeptikers Seelenruhe in den auf dogmatischem Glauben beruhenden Dingen, in den aufgezwungenen dagegen maßvolles Leiden. Einige namhafte Skeptiker haben außerdem noch die Zurückhaltung in den Untersuchungen hinzugefügt.»

(zit. nach Sextus Empiricus: Grundriß der pyrrhonischen Skepsis, eingeleitet und übersetzt von Malte Hossenfelder, Frankfurt a. M. [8]2017, 94f; 99–101)

T2 René Descartes: Alles umfassender methodischer Zweifel

In dem 1644 veröffentlichten Werk Prinzipien der Philosophie *gibt Descartes (1596–1650) eine Zusammenfassung der berühmten und grundlegenden, dem Anspruch nach alles in Zweifel ziehenden Argumentation der ersten Meditation seines bahnbrechenden Werks* Meditationen über die erste Philosophie *aus dem Jahr 1641.*

«Da wir als Kinder auf die Welt kommen und übersinnliche Gegenstände urtheilen, bevor wir den vollen Gebrauch unserer Vernunft erlangt haben, so werden wir durch viele Vorurtheile an der Erkenntnis der Wahrheit gehindert und es scheint kein anderes Mittel dagegen zu geben, als einmal im Leben sich zu entschliessen, an Allem zu zweifeln, wo der geringste Verdacht einer Ungewissheit angetroffen wird. Es ist sogar nützlich, schon das Zweifelhafte für falsch zu nehmen, um desto sicherer das zu finden, was ganz sicher und am leichtesten erkennbar ist. Dieses einstweilige Zweifeln ist aber auf die Erforschung der Wahrheit zu beschränken. Denn im thätigen Leben würde oft die Gelegenheit zum Handeln vorübergehen, ehe wir uns aus den Zweifeln befreit hätten, und hier muss man oft das blos Wahrscheinliche hinnehmen und manchmal selbst unter gleich wahrscheinlichen Dingen eine Wahl treffen. Da wir hier aber blos auf die Erforschung der Wahrheit ausgehen, werden wir zunächst zweifeln, ob die sinnlichen oder bildlich vorgestellten Dinge bestehen. Denn erstens betreffen wir die Sinne bisweilen auf dem Irrthum, und die Klugheit fordert, niemals denen viel zu trauen, die uns auch nur einmal getäuscht haben. Sodann glauben wir alle Tage im Traume Vieles wahrzunehmen oder vorzustellen, was nirgends ist, und es zeigt sich gegen diese Zweifel kein sicheres Zeichen, an dem der Traum von dem Wachen zu unterscheiden wäre. Wir werden auch das Übrige bezweifeln, was wir bisher für das Gewisseste gehalten haben; selbst die mathematischen Beweise und die Sätze, welche wir bisher für selbstverständlich angesehen haben. Denn theils haben wir gesehen, dass Manche in Solchem geirrt und das, was uns falsch schien, für ganz gewiss und selbstverständlich angenommen haben; theils haben wir gehört, dass es einen allmächtigen Gott giebt, der uns geschaffen hat, und wir wissen nicht, ob er uns vielleicht nicht so hat schaffen wollen, dass wir immer und selbst in dem, was uns ganz offenbar scheint, getäuscht werden. Denn dies ist ebenso gut möglich, als die Täuschung in einzelnen Fällen, deren Vorkommen wir bereits bemerkt haben. Setzen wir aber, dass nicht der allmächtige Gott, sondern wir selbst oder irgend ein Anderer uns geschaffen habe, so wird es, je weniger mächtig wir den Urheber unseres Daseins annehmen, um so wahrscheinlicher, dass wir unvollkommen sind und immer getäuscht werden. Mag nun unser Urheber sein, wer er wolle, und mag er so mächtig und so trügerisch sein, als man wolle, so haben wir doch die Macht in uns, dem nicht ganz Gewissen und Ausgemittelten unsere Zustimmung zu versagen und so uns vor jedem Irrthum zu verwahren. Indem wir so Alles nur irgend Zweifelhafte zurückweisen und für falsch gelten lassen, können wir leicht annehmen, dass es keinen Gott, keinen Himmel, keinen Körper giebt; dass wir selbst weder Hände noch Füsse, überhaupt keinen Körper haben; aber wir können nicht annehmen, dass wir, die wir solches denken, nichts sind; denn es ist ein Widerspruch, dass das, was denkt, in dem Zeitpunkt, wo es denkt, nicht bestehe. Deshalb ist die Erkenntnis: «Ich denke, also bin ich,» von allen die erste und gewisseste, welche bei einem ordnungsmässigen Philosophiren hervortritt.»

(René Descartes: Prinzipien der Philosophie. Neuausgabe mit einer Biographie des Autors. Herausgegeben von Karl-Maria Guth, Berlin 2017, 1644. Text nach der Übersetzung durch Julius Heinrich von Kirchmann von 1870, I, 1–7)

T3 Odo Marquard: Skeptiker

Der folgende Text ist ein Auszug aus der Dankesrede, mit der sich der konservative, postmoderne Philosoph Odo Marquard für die Verleihung des Sigmund-Freud-Preises für wissenschaftliche Prosa 1984 bedankt und in der er Skepsis als einen zentralen und notwendigen Bestandteil seines Philosophierens begründet.

«Es trifft zu, daß nicht nur der Philosoph der Welt, sondern auch die Welt dem Philosophen manche Nuß zu knacken gibt: daraus folgt nicht, daß der Philosoph ein Nußknacker ist; denn – in nuce – er hat es nicht mit Nüssen zu tun, sondern mit dem Geist, dem Nous: Philosophen sind Nous-Knacker. Das jedenfalls gilt für jene Sorte von Philosophen, bei denen es am wenigsten feststeht, ob sie wirklich zu den Philosophen gehören. Ich meine justament die Skeptiker. Sextus Empiricus hat die Philosophen eingeteilt in die, die gefunden zu haben glauben (Dogmatiker), die, die nicht finden zu können behaupten (akademische Skeptiker), und die, die noch suchen (pyrrhonische Skeptiker). Bei den Skeptikern gibt es also zwei Fraktionen, und man kann an die falsche Fraktion geraten: an die Vertreter der – spieltriebhaft unentwegt alles bezweifelnden – akademischen Skepsis. Wenn man dieser Fraktion argumentativ den Garaus macht, bleibt immer noch die andere übrig, die bei weitem zähere, die es – z. B. – als erfrischende Konditionsspritze empfindet, von Zeit zu Zeit widerlegt zu werden; denn sie versteht die Skepsis als tugendhafte Mitte zwischen zwei Lastern: dem absoluten Wissen und dem absoluten Nichtwissen. Von ihr spreche ich hier: von den Skeptikern der pyrrhonischen Skepsis, mithin – versteht sich – auch von den Moralisten und von weiten Teilen der verspäteten Moralistik der verspäteten Nation: vom Historismus also und von den Skeptikern der hermeneutischen Schule. Ihre Skepsis – meine ich – hat mindestens drei besondere Kennzeichen.

Erstens: Skepsis ist der Sinn für Gewaltenteilung. Der skeptische Zweifel ist – wie das Wort Zweifel verrät, das mit der ‹ zwei› auch die Vielheit enthält – jenes (schulmäßig ‹isosthenes diaphonia› genannte) Verfahren, zwei gegensätzliche Überzeugungen aufeinanderprallen und dadurch beide so sehr an Kraft einbüßen zu lassen, daß der Einzelne – divide et fuge! – als lachender oder weinender Dritter von ihnen freikommt in die Distanz, die je eigene Individualität. Es müssen nicht nur zwei, es können auch mehrere Überzeugungen einander in Schach halten, und nicht nur Überzeugungen, sondern auch ganz andere – einander balancierende, kompensierende – Realitätsgrößen, um diese Freiheitswirkung zu erreichen. Denn der Zweifel ist ein spezieller Fall der Gewaltenteilung, auf die es dem Skeptiker generell ankommt: auf die Teilung jeder Alleingewalt in Gewalten, die Teilung der Geschichte in Geschichten, die Teilung der sozialen und ökonomischen Macht in Mächte, die Teilung der Philosophie in Philosophien, und so fort. Montesquieus politische Gewaltenteilungslehre – die in skeptisch-moralistischer Tradition steht – hat nur eine besondere Region dieses Phänomens beleuchtet, das der Skeptiker allgemein schätzt: die Freiheitswirkung der generellen – gewaltenteiligen – Buntheit der Lebenswirklichkeit.

Zweitens: Skepsis ist Usualismus, der Sinn fürs Usuelle, für die Unvermeidlichkeit der Üblichkeiten. Denn – das macht die Skepsis geltend – für absolute Orientierungen (für die absolut richtige Einrichtung des absolut richtigen Lebens, die auf absoluter Wahrheitsfindung beruht) leben wir nicht lange genug: unser Tod ist stets schneller als diese absolute Orientierung. Darum bleiben wir unvermeidlich überwiegend – ich betone: nicht nur, aber überwiegend – das, was wir schon waren: also unsere Vergangenheit, zu der das Übliche gehört, das, was gilt, weil es schon galt. Unser Leben ist zu kurz, um uns aus dem Üblichen – den vorhandenen Sitten, Gewohnheiten, Traditionen – ins Absolute oder sonstwohin beliebig weit davonzumachen. Die Skepsis wird zur Moralistik, indem sie diese Unvermeidlichkeit der Üblichkeiten – der mores – in Rechnung stellt: große oder gar absolute Sprünge sind nicht menschlich.

Drittens: Skepsis ist – ebendarum – die Bereitschaft zur eigenen Kontingenz. Das hat nichts mit Beliebigkeitslust zu tun. Der aus der christlichen Schöpfungstheologie kommende Endlichkeitsbegriff des Kontingenten (Zufälligen) meint zwar «das, was auch anders sein könnte». Doch es ist – wenn man es nicht von Gott, sondern (menschlicher) vom Menschen her sieht – doppelter Art. Entweder ist das Zufällige ‹das, was auch anders sein könnte› und durch uns änderbar ist (z. B. diese Rede: ich konnte sie so oder anders halten): also das Beliebigkeitszufällige. Oder das Zufällige ist ‹das, was auch anders sein könnte› und gerade nicht oder nur wenig durch uns änderbar ist (als negationsresistenter

Schicksalsschlag: z. B. geboren zu sein): also das Schicksalszufällige. Der Skeptiker nun meint: in unserem Leben sind die Schicksalszufälle untilgbar prägend; zu ihnen gehören auch unsere Üblichkeiten, auf die wir angewiesen sind: denn wir regeln unser Leben überwiegend nicht selber, schon gar nicht absolut. Daraus eben folgt: wir Menschen sind stets mehr unsere Zufälle – unsere Schicksalszufälle – als unsere Leistungen. Ich sage nicht: wir sind nur unsere Zufälle. Ich sage einzig: wir sind nicht nur unsere Leistungen, sondern auch unsere Zufälle, unsere Schicksalszufälle. Und ich füge nur noch außerdem hinzu: wir sind stets mehr unsere Zufälle – unsere Schicksalszufälle – als unsere Leistungen. Darum müssen wir das Zufällige leiden können; denn Leben mit dem Zufälligen: das ist keine mißlungene Absolutheit, sondern unsere geschichtliche Normalität.»

(Odo Marquard: Apologie des Zufälligen. Philosophische Studien, Stuttgart 1986, 5–9)

T4 Richard Rorty: Wahrheit kann nicht dort draußen sein

Richard Rorty (1931–2007) ist einer der führenden postmodernen Philosophen und einer der wichtigsten Vertreter des amerikanischen Pragmatismus. Für seinen prinzipiellen Non-Fundamentalismus stützt er sich v. a. auch auf die Rolle der Sprache für die Erkenntnis.

«Wir müssen zwischen der Behauptung, daß die Welt dort draußen ist, und der Behauptung, daß Wahrheit dort draußen ist, unterscheiden. Daß die Welt dort draußen ist, daß sie nicht von uns geschaffen ist, heißt für den gesunden Menschenverstand, daß die meisten Dinge in Raum und Zeit die Wirkungen von Ursachen sind, die menschliche mentale Zustände nicht einschließen. Daß die Wahrheit nicht dort draußen ist, heißt einfach, daß es keine Wahrheit gibt, wo es keine Sätze gibt, daß Sätze Elemente menschlicher Sprachen sind und daß menschliche Sprachen von Menschen geschaffen sind. Wahrheit kann nicht dort draußen sein – kann nicht unabhängig vom menschlichen Geist existieren –, weil Sätze so nicht existieren oder dort draußen sein können. Die Welt ist dort draußen, nicht aber Beschreibungen der Welt. Nur Beschreibungen der Welt können wahr oder falsch sein. Die Welt für sich – ohne Unterstützung durch beschreibende Tätigkeit von Menschen – kann es nicht.»

(Richard Rorty: Kontingenz, Ironie, Solidarität, (Cambridge 1989) 2. Aufl., Frankfurt a. M. 1993, 23f)

5.11 Literaturhinweise

Sextus Empiricus: Grundriß der pyrrhonischen Skepsis. Mit einer Einleitung von Malte Hossenfelder, Frankfurt a. M. [8]2017; eine Edition der entscheidenden Quelle zum antiken Pyrrhonismus mit einer umfangreichen Einleitung, die diesen in die Antike einbettet.

Markus Gabriel: Skeptizismus und Idealismus in der Antike, Frankfurt a. M. 2009; eine gelehrte Darstellung, die den Pyrrhonismus nicht nur darstellt, sondern auch seine Schwächen erarbeitet.

Hansueli Flückiger: Die Herausforderung der philosophischen Skepsis. Untersuchungen zur Aktualität des Pyrrhonismus, Wien 2003; der Verfasser schlägt die Brücke vom antiken Pyrrhonismus zu einigen der wichtigsten philosophischen Positionen der Gegenwart.

Wilhelm Weischedel: Skeptische Ethik, Frankfurt a. M. 1976; der führende skeptische Philosoph bietet eine Einführung in den Skeptizismus und wie man mit den ethischen Konsequenzen dieser Haltung umgeht; hilfreich der Überblick über die Geschichte skeptischer Positionen: 25–39.

Thomas Grundmann / Karsten Stüber (Hg.): Philosophie der Skepsis, Paderborn 1996; eine Edition philosophisch relevanter Texte pro und contra Skepsis, versehen mit einer längeren Einleitung (9–57), die zu einer systematisch-philosophischen Bearbeitung des Skeptizismus helfen kann.

5.12 Aufgaben

1. Bewerten Sie die skeptische Position pro und contra!
2. Setzen Sie die erkenntniskritischen Aussagen des Neuen Testaments (etwa 1Kor 13,9–12) in Beziehung zu skeptischen Positionen! Wie bestimmt Paulus in 1Kor 8 das Verhältnis von Erkenntnis und Ethik?
3. Nehmen Sie Stellung zu den Argumenten Blaise Pascals gegen den Pyrrhonismus (vgl. den Exkurs)!
4. Bewerten Sie anhand der Argumente von Descartes, welche Rolle der Glaube an die Existenz Gottes für die Sicherheit der Erkenntnis spielt!

III. Philosophische Rahmenbedingungen der Ausbreitung des christlichen Glaubens in der römischen Kaiserzeit

Die Frage, wie «eine aus römischer Sicht völlig verrückte, besorgniserregende und zutiefst asoziale spirituelle Bewegung» im römischen Reich Fuß fassen konnte, wie sie sich so rasant gegen jeden gesunden Menschenverstand ausbreiten konnte, gehört nach dem Historiker Gabriel Zuchtriegel zu den «fünf wichtigsten Fragen der Geschichte»[324]. Sie ist eine der am meisten behandelten, immer wieder auch von führenden Geschichtswissen-

324 Pompejis letzter Sommer. Als die Götter die Welt verliessen, Berlin 2025, 24.

schaftlern neu aufgenommenen Fragen.[325] Dabei ist im Ergebnis die «Mission des frühen Christentums […] in ihrem Ausmaß, ihrer Geschwindigkeit und ihrem Erfolg in der Antike ohne Analogie.»[326] Eigentlich spricht ja alles dagegen, dass eine jüdische Sekte, die in einem galiläischen Wanderprediger den Retter der Welt sah, zu solcher Bedeutung kommen sollte und «die Bewohnerinnen und Bewohner des mächtigsten Imperiums der antiken Welt dazu» brachte, «sich trotzdem dafür zu öffnen»[327]. Da sind die sektenartige Organisation, die Misstrauen erregte, die Verweigerung der Integration in das gesellschaftliche Zusammenleben, das Selbstverständnis eines eigenen *politreuma* (Herrschaftsgebiets) und die Weigerung der Unterwerfung unter den Kaiser als die alles zusammenhaltende Autorität mit göttlichem Status, die darum bald erhobene und lebensgefährliche Anklage gegen die Christen, «Atheisten» zu sein, der angesichts ihrer elitären Feiern nur zu naheliegende Verdacht wilder Abartigkeiten,[328] die absolute Intoleranz, mit der sie ihren exklusiven Wahrheitsanspruch inmitten eines selbstverständlichen religiösen und weltanschaulichen Pluralismus erhoben, die Konflikte, die sie durch ihre Kompromisslosigkeit im Kontext einer griechisch-römischen Religion bedenkenlos provozierten, «die traditionell nicht auf Konflikte, sondern auf Integration angelegt» ist,[329] eine Ethik, die schon deshalb gefährlich ist, weil sie alle tragenden Ordnungen infrage stellt, die keine Unterschiede mehr macht zwischen Männern und Frauen, Freien (Bürgern) und Sklaven, privilegierten Römern und ungebildeten Skythen und Barbaren, angesehenen Reichen und verachtenswerten Armen, die vor allem aber eine Lehre von Gott vertritt, die man nur als töricht, ja

---

325 Vgl. in Auswahl: Edward Gibbon: Verfall und Untergang des römischen Imperiums (1776–1789), München 2003 (dtv-Ausgabe in sechs Bänden), in der Neuübersetzung von Michael Walter nach der von J. B. Bury herausgegebenen 2. Aufl., London 1909–1914, Bd. 1, 122–208; Adolf von Harnack: Die Mission und Ausbreitung des Christentums in den ersten drei Jahrhunderten, 2 Bde., Leipzig 1902, 3. Aufl. Leipzig 1915, 4. verb. u. vermehrte Aufl. 1924 (= Wiesbaden 1980), Darmstadt 2018; E. R. Dodds: Heiden und Christen in einem Zeitalter der Angst. Aspekte religiöser Erfahrung von Marc Aurel bis Konstantin, engl. Cambridge 1965, Frankfurt a. M. 1985, (suhrkamp taschenbuch wissenschaft 1024) 1992; Christoph Markschies: Warum hat das Christentum in der Antike überlebt? Ein Beitrag zum Gespräch zwischen Kirchengeschichte und systematischer Theologie, Leipzig 2004, 29–41; Rodney Stark: The Rise of Christianity. How the Obscure, Marginal Jesus Movement Became the Dominant Religious Force in the Western World in a Few Centuries, San Francisco 1997; (vgl. zu diesen bahnbrechenden Darstellungen die Analyse von Jan N. Bremmer: The Rise of Christianity through the eyes of Gibbon, Harnack and Rodney Stark, Groningen NL[2]2010) – Neuere exegetische oder kirchengeschichtliche Studien kommen u. a. von Udo Schnelle: Die ersten 100 Jahre des Christentums 30–130 n. Chr. Die Entstehungsgeschichte einer Weltreligion, 3., neubearbeitete Auflage, Göttingen 2019.; Benjamin Schließer: Vom Jordan an den Tiber. Wie die Jesus-Bewegung in den Städten des römischen Reiches ankam, in: ZThK 116 (2019), 1–45; ders.: Innovation und Distinktion im frühen Christentum, in: Early Christianity 13 (2022), 393–432; ders.: Streifzüge durch die Straßen von Korinth. Wer waren die ersten Christusgläubigen der Stadt und wo trafen sie sich?, in: Jacob Thiessen / Christian Stettler (Hg.): Paulus und die christliche Gemeinde in Korinth. Historisch-kulturelle und theologische Aspekte, Göttingen 2023, 9–53; Hartmut Leppin: Die frühen Christen. Von den Anfängen bis Konstantin, 3., durchgeseh. Aufl., München 2021.

326 Udo Schnelle: Paulus. Leben und Denken, Berlin/Boston 2014, 161.

327 Zuchtriegel: Pompeji, 24.

328 Vgl. a. a. O., 22.

329 Udo Schnelle: Die ersten 100 Jahre des Christentums 30–130 n. Chr. Die Entstehungsgeschichte einer Weltreligion, 3., neubearb. Auflage, Göttingen 2019, 159.

verrückt bezeichnen kann: in ihrer Mitte ein gekreuzigter Gott, von dem Christen auch noch behaupten, dass er leibhaftig auferstanden sei. All das, wenn man es überhaupt ernst nimmt – ist ein Skandal und je mehr es sich ausbreitet eine gefährliche, die Fundamente von Staat und Gesellschaft untergrabende Gotteslästerung (vgl. 1Kor 1,18–30). Das alles noch dazu vertreten von Plebs und Pöbel, in Gruppen, in denen sich sozial Unrat häuft.[330]

Wir können in diesem Rahmen nicht die Faktoren erörtern, die – angefangen von der bahnbrechenden Studie des althistorischen Altmeisters Edward Gibbon über maßgebende Profanhistoriker wie Kirchengeschichtler der Gegenwart wie Christoph Markschies bis hin zu ungeheuer materialreichen, aktuellen exegetischen Studien, etwa von Benjamin Schliesser, diskutiert werden. Wir fragen sehr viel bescheidener: Welche Rolle spielen womöglich die in diesem Band erörterten philosophischen und religionsphilosophischen Strömungen für das explosionsartige Wachstum des Christentums? Antworten, die wir finden, haben nicht nur akademische Bedeutung. Sie können mindestens Impulse geben zur Bewältigung der Herausforderungen, vor denen Kirchen und Christen in einer durchaus vergleichbaren, durch Multikrisen, Pluralismus, Orientierungssuche, Unübersichtlichkeit und Auflösung von tragenden Konsensen gekennzeichneten Lage stehen.[331]

Faktor 1: Multikrisen: eine Zeit ohne Perspektive – Hoffnung für Hoffnungslose

Der Glaube an den Messias/Christus Jesus und die Hoffnung auf seine Herrschaft breitet sich aus in einer Zeit multipler Krisen, die die römische Republik erschüttern, teilweise aber auch nach dem Übergang in das Kaiserreich anhalten. Die Wirren der Bürgerkriege, verbunden mit Massenexekutionen und ungezählten Toten lassen nicht nur die Eliten erzittern. Was die politische Ordnung lange stabil gehalten hat: «die Autorität der großen Familien, das Gefühl, dass das Gemeinwesen bei ihnen gut aufgehoben war, die Glaubwürdigkeit des Senats, das Sicherheitsempfinden der Bürger, der gesellschaftliche Zusammenhalt» – all das löst sich auf und zerbricht schließlich.[332] Ein «grassierender Pessimismus»[333] macht sich angesichts der politischen, ökonomischen, sozialen und auch philosophischen wie religiösen Krisen breit. Für die Gesellschaft ist zu beobachten: «Die Reichen werden immer reicher, die Armen immer ärmer, Korruption wuchert. Die politische Elite: eine skrupellose Oligarchie. Sie treibt nichts als Macht- und Geldgier, hat sich dem Volk entfremdet und macht, was sie will.»[334] Bis zu einem Drittel der Bevölkerung

330 Vgl. 1Kor 1,18–30. Vgl. v. a. die über Origenes' Auseinandersetzung mit ihm erhaltene «Wahre Rede des Celsus» und die hier erhaltenen Gemeinplätze der Auseinandersetzung mit dem frühen Christentum (Die wahre Lehre des Kelsos, übersetzt und erklärt v. H. L. Lona, Kommentar zu den frühchristlichen Apologeten, ErgBd. 1, Freiburg u. a. 2005).

331 Vgl. dazu schon Heinzpeter Hempelmann: Nach der Zeit des Christentums. Warum Kirche von der Postmoderne profitieren kann und Konkurrenz das Geschäft belebt, Gießen 2009.

332 So Michael Sommer: Von den Römern lernen, heißt überleben lernen, in: Cicero März 2025, (14–25) 23.25. Dazu ausführlicher ders.: Volkstribun. Die Verführung der Massen und der Untergang der Römischen Republik, Stuttgart 2025.

333 Sommer, Von den Römern lernen, 16.

334 A. a. O., 16.

lebt in Sklaverei.[335] Diese Erschütterungen von Staat und Gesellschaft betreffen nicht nur die Elite, es sind v. a. die unteren Schichten der Gesellschaft, die sie spüren: «Es waren die Schenken und Absteigen, die Sklavenquartiere und Bordelle, die kleinen Häuser und Wohnungen, Werkstätten und Läden, in denen die Erschütterungen zuerst spürbar wurden. Denn hier hing niemand an der bestehenden Ordnung, hier waren zu viele, die nichts zu verlieren und alles zu gewinnen hatten. Vor allem anderen: Menschenwürde.»[336]

Diese v. a. für die breite Masse charakteristische Kombination von sozialer und wirtschaftlicher, politischer und mentaler Notlage ist ein Humus, in dem die Saat des Glaubens aufgeht: mit seiner apokalyptischen Wirklichkeitsschau, die die Erfahrung der elenden Gegenwart als ohnehin untergehende Welt begreift, mit seiner Hoffnung auf eine neue, qualitativ bessere Welt, die mit dem Auftreten, vor allem mit der Überwindung der Todesmacht in der Auferweckung des Christus ja schon begonnen hat, mit der Begründung einer globalen neuen Menschheit, die hellenistische Heiden in Rom und Korinth und Juden in Jerusalem verbindet und sie sogar unterstützen lässt, die durch die gemeinsame Loyalität gegenüber dem wahren Herrn der Welt alle sozialen, kulturellen und politischen Gräben zu überspannen weiß – ein Wunder für sich, die durch ihre Praxis der Nächstenliebe, selbst gegenüber Menschen, die nicht zur Gemeinde gehören, vor allem aber durch ihre Fürsorge für die Ärmsten und Schwächsten dem Evangelium eine überaus dynamische, anschauliche, überzeugende und anziehende Gestalt gibt, die nicht nur Geborgenheit und Orientierung durch die Ausrichtung auf den sich in der Person des Jesus aus Nazareth geschichtlich manifestierenden gemeinsamen Gottes schenkt und durch die gemeinsamen Gottesdienstfeiern wie das gemeinschaftliche Leben real neue Lebensmöglichkeiten erschließt, die durch die individuelle Taufe jedem Einzelnen, unabhängig von seinem sozialen Status, den Anschluss an diese Heils-Geschichte ermöglicht und spirituell ein neues Leben erfahren lässt, die schließlich durch die Ablehnung, Verfolgung, ja das Martyrium nicht gebremst, sondern eher noch zusammengeschlossen wird und neue Kraft findet und Überzeugungskraft ausstrahlt.

Faktor 2: Diktat eines religiösen Pluralismus als Ursache gesteigerter religiöser Unsicherheit

Neben der griechisch-römischen Religion breiten sich zahllose, aus dem gesamten Kultur- und Wirtschaftsraum des Hellenismus stammende religiöse Angebote aus. Sie stoßen angesichts der unsicheren Zeitläufe und sich auflösenden Autoritäten und Strukturen auf Offenheit und werden rege rezipiert. Die römische Staatsmacht der Kaiserzeit reagiert tolerant und fordert von ihren Bürgern nur eines: die Anerkennung des Kaisers als höchste, göttliche Autorität. Er ist der *dominus et deus,* der absolute Herrscher und Gott. Innerhalb dieses ehernen, absolut gültigen, religionspolitischen Rahmens hat dann ein nahezu grenzenloser religiöser Pluralismus von Religionen, Weltanschauungen und Kulten Platz. Dieser Rahmen ist geradezu die Bedingung der Möglichkeit für die Existenz der religiösen

335 Vgl. Zuchtriegel: Pompeji, 19.

336 A. a. O., 18 f.

und weltanschaulichen Vielfalt. Der Vergleich drängt sich auf zu dem heute absoluten Toleranzgebot, das unerbittlich gilt und an das sich halten muss, wer sich nicht gegen den zivilgesellschaftlichen Konsens stellen und anerkannt werden will – eine in der Sache intolerante Toleranzforderung, die den religiösen und weltanschaulichen wie lebensweltlichen Pluralismus allererst ermöglicht.

Die junge jüdische Sekte der *christianoi* kann sich mit diesem *proton pseudos* dieser alle Religionen egalisierenden und zugleich depotenzierenden religionspolitischen und religionsphilosophischen Ursprungslüge des römischen Staates nicht abfinden. Sie betont zwar bei jeder Gelegenheit, die staatlichen Autoritäten zu respektieren (vgl. nur Röm 13,1ff) und die Gesellschaft nicht umwälzen zu wollen – und das durchaus glaubwürdig und dem eigenen Selbstverständnis entsprechend, weil ihre Prioritäten in der Tat andere sind als der Fokus auf die politischen, gesellschaftlichen und ökonomischen Verhältnisse einer ohnehin untergehenden, heillosen Welt, die nicht mehr zu retten ist (vgl. 1Kor 7,31). Ihre Intentionen reichen weit über diese hinaus. Aber sie treffen mit ihrem – in der Sache auch polemischen und kritischen – Kernbekenntnis *Jesus* ist der Kyrios, der eigentliche Herr und Herrscher, die römische Herrschaftsideologie als Grundlage des gesellschaftlichen Zusammenlebens ins Mark. Und mit ihrem kompromisslosen Wahrheitszeugnis, für das viele Verfolgung und Tod auf sich nehmen, stellen sie eine exponierte und buchstäblich lebensgefährliche, aber einzig glaubwürdige Gegenposition in einer Welt grenzenloser religiöser Vielfalt dar. Dieser religiöse Pluralismus hebt sich, lässt man sich auf ihn ein, letztlich selbst auf. Er läuft ja darauf hinaus, dass man die eigenen Wahrheitsansprüche nur relativieren kann, wenn doch gilt, dass alle anderen ebenso wahr und gültig sein sollen. Zudem beseitigt diese Angebotsvielfalt die Orientierungskrise nicht, sondern verstärkt sie nur: «Die Vielzahl der Götter und Götterdarstellungen führte offenbar zu einem Verlust an Plausibilität.»[337] Das ist eine Frage der Logik und des gesunden Menschenverstands. Wenn neben meiner Überzeugung viele andere existieren, die meine in der Sache ausschließen und wenn diese Positionen alle ebenso wahr sein sollen wie meine, dann sind alle – einander ausschließenden – Positionen falsch, weil sie ja in ihrer Bestreitung der anderen wahr sein sollen. Der universale Wahrheitspluralismus zeigt sein letztlich nihilistisches Gesicht. Es zeigt sich dann, dass er logisch kongruent ist mit einem universalen Falschheitspluralismus. Nichts war damals und ist heute damit gewonnen, dass man alles als wahr unhinterfragt stehen lassen muss; nichts ist damit gewonnen, wenn man den Wahrheitsansprüchen ihre Spitze abbricht unter dem Diktat einer intoleranten Toleranzforderung oder einer Super-Wahrheit, die alle anderen Wahrheiten auf die Plätze verweist. Nicht Orientierung wird hier gewonnen, sondern Desorientierung und Verwirrung gefördert; nicht religiöse Gewissheit entsteht, sondern ihr Gegenteil: Ist doch offenbar das, was meinen Glauben bestreitet, ebenso wahr und richtig wie das, was ich für wahr und richtig halte.

Genau diesen religiösen Pluralismus nimmt Paulus in der Areopagrede (Apg 17) auf: Gerade die Pluralität der verehrten Götter führt ja, wenn man sie ernst nimmt, zu weiter-

337 Schnelle: Die ersten 100 Jahre, 163.

gehenden, beunruhigenden Fragen: Was ist denn, wenn es offensichtlich so viele Götter gibt, aber doch nur eine endliche, immer begrenzte Zahl von Kulten, mit denen man ihnen dient, und von Gotteshäusern, in denen man sie anbetet? Besteht da nicht immer die Gefahr, dass man – mindestens – eine Gottheit vergisst und sich ihren Zorn zuzieht? Religiöse Vielfalt ist keine Lösung des religiösen Problems und führt eben nicht zu religiöser Sicherheit.[338]

Faktor 3: Entmachtung der Philosophie – Öffnung für die törichte Weisheit Gottes

In seiner bahnbrechenden Monografie *Heiden und Christen in einem Zeitalter der Angst* schreibt der Althistoriker E.R. Dodds: «Ein Grund für den Erfolg des Christentums waren schlicht die Schwäche und die Müdigkeit des Gegners: das Heidentum hatte sein Vertrauen verloren, in die Wissenschaft und in sich selbst.»[339] Das Vertrauen, das das Heidentum traditionell getragen hat, ist das Zutrauen in die Kompetenz der Philosophie, ihre Rationalität, ihre Fähigkeit, sichere Orientierung zu schaffen, die dann sichere Basis für eine sicher richtige Ethik ist. «Philosophie» hat in der Antike, speziell im römischen Reich, eine im doppelten Sinn andere «Bedeutung». Sie ist keine akademische Arkandisziplin, eine für nur Wenige zugängliche Geheimwissenschaft, wie etwa das sehr weit verbreitete *Handbüchlein der Moral* des ehemaligen Sklaven Epiktet verdeutlicht. Sie ist nicht nur etwas für Gelehrte, weltfern und mit keinem oder kaum einem lebensweltlichen Bezug. Philosophie ist vielmehr die Schlüsseldisziplin, wenn es darum geht, das Leben – auch ganz praktisch – zu meistern. Seit Sokrates/Platon ist sie Lebenstechnik, die zur Erkenntnis hilft und zu einer der Einsicht folgenden Ethik. Sie ist ein Schlüssel für ein gelingendes und darum glückliches Leben. Sie hilft, die Wirklichkeit rational zu durchdringen und dann ihr gemäß zu leben. Griechisch-römische Philosophie geht von der Voraussetzung aus, «daß das Heil des Menschen abhängig sei von der Erkenntnis der wahren Güter und Übel» (Hossenfelder).[340] Voraussetzungen einer solchen Mittelpunktstellung von Philosophie, Erkenntnis, Wissenschaft sind aber eben (1) die Logoshaftigkeit, also die rationale Strukturiertheit der Welt, (2) deren Erkennbarkeit durch das – im Wesen göttliche – Vermögen der Vernunft, eine Erkennbarkeit, die – wenn sie belastbare Basis für die Bewältigung der Risiken und Abgründe des Lebens sein soll – (3) die Sicherheit und Verlässlichkeit von Erkenntnis einschließt. Philosophie lebt in der ganzen Antike vom Nimbus erreichbarer sicherer, absolut zuverlässiger Einsicht.

---

338 Der junge Christus-Glaube bezieht eine radikal andere Position. Er knüpft an den jüdischen Gottesglauben an und gewinnt wie dieser ein philosophisches Niveau, wenn er die Einheit und Einzigkeit eines Gottes bekennt, der sich freilich – das ist der Skandal auch für das Judentum – geschichtlich manifestiert. Die philosophische Position eines allein angemessen denkbaren Monotheismus des einen, alles vereinenden, über allem stehenden Gottes (vgl. schon Xenophanes!) wird hier zugleich aufgenommen (vgl. Cicero: De natura Deorum III, 47; Plutarch: De Iside et Osiride 67f) wie durch die Mittelpunktstellung der Inkarnation und Passion des Sohnes Gottes gesprengt. Nach Platon und für seine Schule kann Gott sich nicht wandeln und auch nicht Mensch werden, weil er ja bereits vollkommen ist und das Vollkommene sich nicht wandeln kann, weil es ja sonst einen geringeren Grad der Vollkommenheit annehmen würde (vgl. Politeia, 381b–c).

339 Heiden und Christen, 113.

340 Einleitung, 12.

Bereits mit der Pyrrhonischen Skepsis beginnt ein Prozess, der diese Erkenntnisgrundlage mehr und mehr zersetzt. Stoa und auch neue Akademie, also die Schüler Platons, versuchen ihn aufzuhalten. Aber Cicero, der führende Intellektuelle seiner Zeit, der die Positionen vergleicht und abgleicht, resümiert, dass de facto die Skeptiker «das ganze Leben von Grund auf zerstören»[341]. Wir stehen vor einem in seiner Bedeutung kaum zu überschätzenden Vorgang, der in einer «Entmachtung der Philosophie» (Hossenfelder)[342] als der herkömmlichen rationalen Grundlage von Leben und Zusammenleben endet. Das seit der «Hochantike», seit Platon und Aristoteles, geltende fundamentale Konzept funktioniert nicht mehr. Durch den Logos als das höchste, ja göttliche Vermögen, ist, so der selbstverständliche Konsens, eine rationale Durchdringung der Welt zum Zweck einer vernünftig abgeleiteten Ethik möglich. Genau diese Evidenz zerbricht. Das ist aber nicht nur ein akademisches Problem für Intellektuelle. Wie v. a. der breite und im Volk weit verbreitete Strom der Stoa zeigt, entsteht ein erfülltes, im Rahmen des Möglichen glückliches Leben durch die *Ataraxia,* den Gleichmut, die Ausgeglichenheit, das In-sich-Ruhen des Gemütes. Es hat seinen kognitiven Grund in der Überzeugung, zum einen richtig zu liegen, d.h. zu wissen, was der Fall ist, und zum anderen, dessen gewiss sein zu dürfen, das Richtige, das dem Entsprechende, das Angemessene zu tun. Seelenruhe, Zufriedenheit, Glück liegen (1) im Verstehen der Welt, wie es die Philosophie ermöglicht, und (2) im Sich-Anpassen an sie begründet. Dieses Konzept teilen Pyrrhonismus, neue Akademie, Epikur und Stoa, freilich auf sehr unterschiedliche Weise. Auf diesem Konsens beruht die unglaubliche Hochschätzung der Philosophie als Leit- und Lebenswissenschaft, selbst im Pyrrhonismus, der ja seine Forderung nach *epoché,* also Urteilsenthaltung als Konsequenz der Äquidistanz zu allen Positionen aus rationaler Reflexion ableitet. Also selbst hier, in der Skepsis, herrscht noch die Voraussetzung des Primats und der Bedeutung rationaler Überlegung. Die geistige, sich durch Denken und Leben hindurchfressende Krise entsteht an der Zersetzung dieser Gewissheit der Tragfähigkeit philosophischer Orientierung. Das oben zitierte Urteil Ciceros über die Skepsis bestätigt denn auch diese Entmachtung der Philosophie, selbst im Fall des Pyrrhonismus. So ist klar, dass diese Philosophie eben nicht zum Leben hilft, sondern von ihm distanziert; dass sie nicht zum richtigen Leben anleitet, sondern im Gegenteil fundamental die Lebensgrundlage zerstört, indem sie rationales Handeln für unmöglich erklärt.

Es ist nicht nur die Pyrrhonische Skepsis, die sich immer mehr ausbreitet und im Diskurs immer dominanter wird und auch das Lebensgefühl tiefgreifend verändert. Der Bedeutungsverlust der Philosophie trifft umso mehr und wiegt umso schwerer, als er zusammentrifft mit den schon skizzierten Multikrisen, denen sich niemand entziehen konnte und angesichts derer eine philosophische Orientierung, Stabilisierung und Verankerung umso wichtiger gewesen wäre. Schicksal, das scheinbar blind wütet, vielfältiges Leiden, soziale Ungerechtigkeit und vor allem der Tod sind eben nicht mehr zu verstehen,

341 Lucullus, 31.
342 Einleitung, 11.

entziehen sich einer rationalen Durchdringung und schließlich einer einleuchtenden und darin zur Ruhe bringenden Antwort.

Der Diskurs der Schulen, wie er sich in den Dialog-Schriften Ciceros widerspiegelt,[343] zeigt: Gegen die Pyrrhonische Skepsis ist kein Kraut gewachsen. Die argumentativ begründete Urteilsenthaltung baut ja auf der Einsicht auf, dass jedem Eindruck oder Gedanken ein gegenteiliger Eindruck oder Gedanke von demselben Gewicht entgegengestellt werden kann. Die erstrebte innere Ruhe entsteht hier nicht aus dem Wissen, das Richtige zu erkennen und das Angemessene zu tun, sondern aus der Aufhebung aller Urteile, aus dem Verzicht auf alle ebenfalls nicht zu rechtfertigenden Werturteile, die das lebenspraktisch notwendige Handeln begründen und zu ihm motivieren könnten. Resultat ist daher, dass es eben keine Philosophie als «Lebenskunst», als Wissen vom guten Leben geben kann. Pyrrhonische (und andere) Skepsis ist zwar in einer gewissen Weise noch «Philosophie», aber eben eine, die sich selbst in den gesetzten Zwecken an ein Ende bringt; ihre Funktion eben nicht mehr zu erfüllen vermag. Die neue Akademie lässt sich zwar auf die Skepsis ein mit dem Ziel, sie zu begrenzen. Es gelingt ihr aber nicht, sie zu überwinden. Ihre eigenen platonischen, «idealistischen» Voraussetzungen unterliegen selbst dem skeptischen Vorwurf, Dogmatismus zu sein: mit nicht gerechtfertigten und nicht zu rechtfertigenden Annahmen zu arbeiten, etwa der Distinktion von Erscheinung und einem – idealen, abstrakt intelligiblen – Sein an sich oder der These, dieses ideale Sein bestimmen zu können, und sei es auf der Basis einer offenbarungsähnlichen Einsicht. Noch problematischer ist die der Skepsis zusätzlich Vorschub leistende Überzeugung, dass die Dinge an sich unerkennbar sind und unsere Erkenntnisakte nicht zum Wesentlichen durchstoßen. Hier ist dann die Hintertür geöffnet, durch die religiöse Konzepte in die Philosophie eindringen und zu der für den Neuplatonismus spezifischen Verbindung und Vermischung von Vernunft und Offenbarung, Reflexion und (Geheim-)Kult mit geheimem Wissen führen. Aus der Pluralität der religiösen Kulte und Praktiken resultiert aber eine neue Unübersichtlichkeit und verstärkte Unsicherheit, wie man sich orientieren soll. Sie bedeutet im Ergebnis eine noch gesteigerte Demütigung des klassischen philosophischen Anspruchs, Ordnung in die Erkenntnis zu bringen und eine sichere, zuverlässige Grundlage für das Leben zu liefern. Dass sich zunehmend mehr Menschen eine «Aufhellung des Seins»[344] von Mysterienreligionen erhoffen, ist aus der Sicht der großen philosophischen Schulen nur ein weiteres Zeichen für Dekadenz und kulturellen Verfall.

Die neue Akademie, die die Skepsis in sich aufgenommen hat, kritisiert ihrerseits den Dogmatismus der Stoa als der am weitesten verbreiteten populistischen Philosophie. Cicero, der zwar am meisten Sympathien für die neue Akademie zeigt, aber durchaus auch stoisches Gedankengut vertritt, versucht, die Lebensphilosophie zu retten, indem er Gewissheit durch *probabilitas,* also Wahrscheinlichkeit, die in Plausibilität begründet ist,

343 Vgl. die Academici libri quattuor / Akademische Bücher 46/45 v. Chr.; De finibus bonorum et malorum / Von den Grenzen im Guten und im Bösen, 45 v. Chr.; Tusculanae disputationes / Tuskulanische Gespräche, 45 v. Chr.

344 Schnelle: Paulus, 211.

ersetzt. Es gibt zwar wahre Erkenntnis, weil es das wahre Wesen der Dinge gibt. Aber, so der Kompromiss als Zugeständnis an die Skepsis, es gibt nicht «die Möglichkeit ihrer *Gewissheit*»[345]. Die Möglichkeit einer «erkennenden Vorstellung», wie sie die Stoa als Wahrheitskriterium vertritt, wird hier ausdrücklich bestritten. Täuschung und falsche Vorstellungen können ja nicht prinzipiell ausgeschlossen werden. Andererseits kann man nicht bestreiten, so die pragmatisch anmutende Lösung, dass es im praktischen Leben unterschiedliche Grade von Plausibilität und Glaubhaftigkeit gibt und dass es «gegen die Natur» wäre, «daß nichts glaubhaft sein soll», denn daraus würde die «Zerstörung des gesamten Lebens» folgen.[346] So «gibt es» nach Cicero «nur den Charakter der Glaubhaftigkeit, ein Zeichen sicherer Erkenntnis haben wir nicht»[347]. Cicero vertritt hier eine Position, die sowohl Anliegen der Stoa aufnimmt, als auch versucht, die Einwände der Skepsis zu berücksichtigen. Man darf nicht unkritisch eine nicht erreichbare Erkenntnisunsicherheit behaupten, man muss aber auch den gesunden Menschenverstand walten lassen und sich auf die Evidenzen verlassen, die er liefert. Es leuchtet ein, dass auch diese pragmatische, erkenntnistheoretisch recht hemdsärmelige Position das Bedürfnis nach rationaler Orientierung und Sicherheit nicht zu befriedigen vermag. Es reicht ja, die Frage zu stellen, was denn die immer individuellen Gründe dafür sind, dass uns etwas als mehr oder minder plausibel, wahrscheinlich, evident erscheint. Und können nicht falsche Vorstellungen im selben Maße evident sein wie wahre?

84  «In der Spätantike war es immer fragwürdiger geworden, ob der Mensch sich um sein Glück selbst bemühen könne. Die Welt begann, sich in bloße Tatsächlichkeiten aufzulösen, die nicht mehr verstehbar und daher auch nicht manipulierbar waren. Deshalb schien nur das gläubige Vertrauen in einen transzendenten Schöpfer, der einen sinnvollen und für den Menschen vorsorgenden Zusammenhang dieser Tatsächlichkeiten garantierte, einen Ausweg zu öffnen.» (Hossenfelder: Einleitung, 10 f)

In summa: Die Stoa vertritt einen Dogmatismus und Erkenntnisoptimismus, der sich nicht halten lässt. Die Skepsis vertritt eine Philosophie, die nicht zur Lebensführung taugt, sich vielmehr vom Leben distanziert. Die neue Akademie vertritt einen Pragmatismus, der mit seiner Reduktion auf bloße Plausibilität das Bedürfnis nach sicherer Orientierung nicht zu befriedigen vermag oder sich optional für rational nicht zu rechtfertigende Offenbarungsansprüche öffnet. Der Epikureismus ist der Skepsis zwar gewachsen. Er argumentiert metaphysisch nicht dogmatisch, sondern illusionslos nüchtern. Er wirft den Menschen als Individuum in seiner philosophischen Enthaltsamkeit ganz auf sich und seine persönlichen Bedürfnisse zurück. Sein naturalistischer Reduktionismus beschränkt alle Erkenntnismöglichkeiten auf die Reichweite von Naturwissenschaft und reduziert Lebensziele auf Schmerzvermeidung und Maximierung von Wohlbefinden.

345 Hossenfelder: Einleitung, 14.

346 Cicero: Lucullus, 99 – Hier liegt natürlich ein *argumentum e silentio* vor, nach dem Motto: weil nicht sein kann, was nicht sein darf. Freilich: nur weil eine Einsicht äußerst unangenehme Konsequenzen hätte, ist sie darum nicht falsch.

347 A. a. O., 111.

Das ist die philosophische Ausgangslage, in die das junge Christentum hineinkommt. Es ist ein Philosoph, der resümiert: «Entscheidend für die Durchsetzung des Christentums [ist] die Tatsache gewesen, daß im spätantiken Denken die Philosophie, verstanden als Erkenntnis der wahren Struktur des Seienden, ihren Anspruch, Weg zur Glückseligkeit zu sein, aufgeben mußte und dadurch die Stelle freigab für die christliche Glaubenslehre.»[348]

Das Urteil über die Weisen dieser Welt und umgekehrt das überraschende Selbstbewusstsein, mit dem Paulus 1Kor 1 die Kritik der Philosophie am Glauben an den gekreuzigten Christus abweist, gewinnt vor diesem Hintergrund an Plausibilität:

«Denn das Wort vom Kreuz ist Torheit für die, die verloren gehen, für die aber, die gerettet werden, für uns, ist es Gottes Kraft. Es steht nämlich geschrieben: Zunichte machen werde ich die Weisheit der Weisen, und den Verstand der Verständigen werde ich verwerfen. Wo bleibt da ein Weiser? Wo ein Schriftgelehrter? Wo ein Wortführer dieser Weltzeit? Hat Gott nicht die Weisheit der Welt zur Torheit gemacht? Denn da die Welt, umgeben von Gottes Weisheit, auf dem Weg der Weisheit Gott nicht erkannte, gefiel es Gott, durch die Torheit der Verkündigung jene zu retten, die glauben.» (1Kor 1,18–21)

348 Hossenfelder: Einleitung, 10.

Register

I. Personen

Agrippina . . . 46
Albert, H. . . . 158 f
Alexander d. Gr. . . . 20 f, 48, 88 f
Antigonos I . . . 20
Antipater aus Tarsus . . . 41, 43
Arat . . . 25
Ariston . . . 43
Aristoteles . . . 11, 21, 28 ff, 52 f, 88 f, 157, 176
Arkesilaos . . . 43
Arrianus v. Nikomedia . . . 48
Augustinus . . . 13, 16, 20, 33 ff, 51, 60, 77, 92, 116
Augustus (Kaiser) . . . 19

Barth, K. . . . 142
Bayle, P. . . . 157 f
Bultmann, R. . . . 38, 58

Carnap, R. . . . 99, 101
Chrysippus . . . 22, 41, 43 f, 156
Cicero . . . 20 ff, 44 f, 65 f, 89 ff, 92, 104 f, 109, 127, 129, 151, 175, 177 f
Clemens v. Alexandrien . . . 27, 114 f, 119 f, 124
Cotta . . . 127

Darwin, Ch. . . . 137
Demokrit . . . 22, 110, 131 f
Descartes, R. . . . 14, 17, 155 f, **166 f**
Deschner, K. . . . 139
Diogenes aus Babylon (Stoiker) . . . 41, 43
Diogenes Laertios . . . 27 ff, 88, 90 ff, 134
Dodds, E. R. . . . 171, 175
Droysen, J. G. . . . 21
Dürr, H.-P. . . . 131

Eddington, A. . . . 131
Epiktet . . . 23, 40 f, 48, 54, 56, 67, 72, 81, 175
Epikur . . . 23, 28 f, 31, 54 f, **88–154**
Epimenides . . . 27
Euseb . . . 23

Feuerbach, L. . . . 77, 140
Flavius Josephus . . . 12
Freud, S. . . . 77, 79
Frey, Chr. . . . 58

Gadamer, H. G. . . . 28
Gassendi, P. . . . 157
Gibbon, E. . . . 171 f
Goethe, J. W. v. . . . 34
Gollwitzer, H. . . . 161
Greenblatt, St. . . . 115, 140

Harnack, A. v. . . . 36 ff, 171
Hegel, G. W. F. . . . 17, 48, 78
Heidegger, M. . . . 159
Heiler, Fr. . . . 58
Hengel, M. . . . 58
Heraklit . . . 43, 69
Herodot . . . 90
Hieronymus . . . 27, 109
Hossenfelder, M. . . . 59, 175 f, **178**
Hume, D. . . . 97, 155

Iphigenie . . . 111

Isidor . . . 118

Jäger, P. . . . 112
Jesus . . . 15 f, 19, 24, 58, 60, 172 ff
Jonas, H. . . . 38
Justinian I. . . . 12

Kant, I. . . . 17, 72, 76, 130, 139, 155
Karneades . . . 43, 156
Kleanthes . . . 22, 41 f, 65, **82 f**
Kranz, W. . . . 33
Kuhn, Th. S. . . . 138

Laktanz . . . 115, 122 ff, 138 ff, 143
Leukipp . . . 110, 131 f
Livius . . . 45
Lukrez . . . 28, 31, 91, 101, 109–113, 115, 124, 128 ff, 131–133, **152 f**
Luther, M. . . . 73

Marcion . . . 118
Marquard, O. . . . 30, 159 f, **167 ff**
Mark Aurel . . . 23, 29, 40 f, 45, 49 f, 54, 56, 65, 75
Markschies, Chr. . . . 171 f
Marx, K. . . . 140
Menoikos . . . 89 ff, 143 ff
Montaigne, M. de . . . 157
Musgrave, A. . . . 155, 160
Musonius . . . 48

Nausiphanes . . . 88
Nero (Kaiser) . . . 29, 46
Nestle, W. . . . 29
Niebuhr, R. . . . 80 f
Nietzsche, Fr. . . . **86 f**, 161

Onesimus . . . 62
Origines . . . 125

Pamphilios . . . 89
Panaitios . . . 22, 41, 44
Pascal, Bl. . . . 14, 159, 161, **162–164**
Paulus . . . 11, 19, 25 ff, 36, 40, 47, 58, 62, 70, 119, 174
Philemon . . . 62
Philon . . . 45
Plantinga, A. . . . 138
Platon . . . 11 f, 21, 27, 30, 33, 53, 88, 176
Plotin . . . 22, 34, 45
Plutarch . . . 25, 29, 91
Polany, M. . . . 138
Popper, K. R. . . . 30, 131, 158
Porphyrios . . . 13, 22, 33 f, **94**
Poseidonios . . . 22, 41, 44 f, 65 f, 76
Proklos . . . 22, 34 f
Pyrrhon v. Elis . . . 19, 23, 28, 77, 88 f, **154–164**
Pyrrhonisten . . . 71
Pythagoras . . . 19, 89
Pythokles . . . 91

Rorty, R. . . . **169**
Russell, B. . . . 27, 157

Sartre, J.-P. . . . 120
Schelling, Fr. W. J. . . . 34
Schiller . . . 76
Schlatter, A. . . . 112
Schließer, B. . . . 171 f
Schmid, M. . . . 59
Schnädelbach . . . 65, 141
Seneca . . . 23, 25, 29, 41, 46 ff, 54, 61, 63, 67 ff, 72, 74, **83–86**, 91, **94**
Sextus Empiricus . . . 23, 28, 155, 158, **165 f**, 167
Scipio . . . 44
Sokrates . . . 30, 47 f, 52 f, 88
Spinoza, B. de . . . 158
Stark, R. . . . 171
Strabon . . . 45

Tertullian . . . 117 f
Tillich, P. . . . 77

Timon v. Phleius 28
Thomas v. Aquin 17
Topitsch, E. 158

Vattimo, G. 161
Varro 12
Vergil 45

Weischedel, W. 161

Willamowitz-Moellendorf, U. v. 47
Wittgenstein, L. 99, **129**

Xenokrates 89

Zenon aus Tarsus 41, 43
Zenon v. Kition, Begründer der Stoa . . . . 19, 22, 41 f, 74 f, 88, 118

II. Sachen

Adaptiv-pragmatische Mitte . . . . 135 ff
Adiaphora (Sachverhalte, die minder wichtig sind) 158
Affekte/-nlehre . . . . 45, 49, 54, 75 ff, 79, 134 f
Akademie (Schule Platons, auch «neue» genannt) . . . . 22, 60, 77, 89, 158, 175, 177 f
Angst 111
Antirealismus 180
Anselm v. Canterbury . . . . 16 f
A-pathie 54, 76
Apathcaxiom 16
Apologetik 154
Askese 39
Ataraxia (→ Seelenfrieden) . . . . . . 47, 54, 88, 93 f, 102, 104, 158, 176
Atheismus . . . . 105 ff, 142
Atheismus, methodischer 104
Atheismus, neuer 101
Atomtheorie (→ Demokrit) . . . . 125, 131 f
Auferstehung Jesu 173
Aufklärung . . . . 24, 65, 107 f, 157
Außenwelt 49
Ausschweifung . . . . 117 f
Autonomie 72

Bedürfnisverneinung 141
Begierde (→ Lust) 148
Begriffe (der Vernunft) . . . . 97 ff
Beweis 163
Böse, das . . . . 67 f

Christentum, Ausbreitung . . . 11 f, 14, 32 f
Christentum, erstes . . . . 24 ff, 31 f
Christentum und Stoa **57–77**
Christenverfolgung 174
clinamen (→ parenklisis) . . . . 132 f
consensus omnium (von allen geteilte Überzeugung) 26, 105
condition humaine 159

Demiurg 38
Denkerfahrung 162
Determination (und → Freiheit) 131
Diabolos 71
Dialektik 43
Diesseitsorientierung 137
Dogmatismus 78, 162, 164
Dualismus 55

Ehe 62
Eine, das . . . . 34 f
Embodiment 80
Empirismus 97
Epikureer/Epikureismus (Schüler Epikurs; → Kepos) . . . . 11, 22, 29 f, 40, 118, 155

Epikureismus und Christentum .. **113–125**, 178
Epoché .... 54, 158, 162 f, 176
Erfahrung .... 100 f
Elenktik (Dialogkunst, zur Wahrheit vorzudringen) 156
Eristik 156
Erlösung .... 36, 38 f
Essentialismus .... 78, 128 f
Ethik .... 54 f, 61, 77, 92 ff
Ethikbegründung 139
Existenzialismus 22, 52
Exodus 81

Falsifikation 98
fatum (→ Schicksal) 45
Fleisch (basar, sarx) 80
Freiheit .... 48 f, 55, 121, 131 ff, 141
Freude 145
Freundschaft 134
Furcht vor den Göttern 112

Garten → Kepos
Gelassenheitsgebet 80
Gemütsruhe (→ Seelenfrieden) 54
Genuss (→ Lust) .... 136 f, 145
Gewissheitsskeptizismus 155
Geschlechterethik 62
Giordano-Bruno-Stiftung 101
Glück/Glückseligkeit 93, 143
Glückseligkeit der Götter .... 106 ff, 111
Gnomologicon Vaticanum 91
Gnosis (Erkenntnis/Wissen um das Göttliche) .... 38 ff
Gott in mir (→ Logos) 51, 73, 75
Gottesbegriff .... 58, 99 ff, 147, 150 ff
Gottesbeweis .... 26, 57, 105 f
Gottesfurcht .... 114, 123 f, 138, 143, 151
Gotteskindschaft 65

Habitus naturalis (natürliche Gewissensinstanz) 72
Haustafeln 28, 61
Hedonismus .... 23 f, 32, 102, 118, 124
Hegemonikon (Urstoff) 66
Heimarmene .... 55 f, 104
Hellenismus .... 20 ff, 29 f, 36 ff, 59
Herz (als alternatives Vernunftorgan) 163

Idealismus (deutscher) 77
Individuum 52, 160
Intelligenz-Forschung 80
Intermundien (Wohnort der Götter) ... 105
Intoleranz des Christentums 171

Judentum 58
Jungfräulichkeit .... 61 f

Kaiserkult 32, 173
Kaiserzeit, römische .... 20 ff, 170 ff
Kanonik (Wissenschafts- und Erkenntnistheorie) .... 92 ff, 94 f
Kepos («Garten», Schule Epikurs) 22, 90, 92, 118, 120, 134
Kirche 67, 72
Kirchenväter 60, 91
Kleantes-Hymnus 56
Kontextualisierung 14, 59
Kontingenz 168
Kosmos .... 36, 55 f, 69
Kyriai doxai 91

Lebensphilosophie .... 45 ff, 52, 59
Lebenswelten .... 135 ff
Leerformeln, pseudonormative 80
Leib-Seele .... (36)
Leidenschaften 75
Logik 53
Logos (→ Vernunft) .... 33, 51 f, 55, 60, 66, 69 f, 119
Lügner-Paradox 27
Lust, Streben nach (→ Hedonismus) ... 101 ff, 134 ff, 140

Materialismus 92
Mathematik 166
Meinungen 155
Mensch (Weltbürgertum aller Menschen/Menschenrechte/ Menschenwürde) . . . . . 25, 64 f
Menschwerdung Gottes 114
Mensch (als Vernunftwesen) 77
Menschenbild 79
Metaphysik 30, 52
Metaphysikkritik . . . . . 86 f, 94, 99 ff, 127 f
Milieutheorie . . . . . 135 ff
Moral/-begründung 139
Münchhausen-Trilemma . . . . . 158 f
Mystik 33
Mysterienreligionen 177
Mysterium 39
Mythos 33, 36

Natur (→ Physis) . . . . . 30, 52 f, 74, 127 f, 151
Natur (Wesen; → Essenzialismus) 78
Naturalismus 92, 101, 130
Naturgemäße, das der Natur Gemäße . . 44
Naturphilosophie (→ Physik) 53, 55
Neuplatonismus . . 13, 16, 22, 32 ff, 40, 95 f
Neupythagoreer (Schule/Schüler des Pythagoras) 22
Nihilismus 159
Non-Fundamentalismus 124
Nous (→ Logos, Vernunft) 33
Nutzenkalkül . . . . . 135 f

Ordnung/Weltordnung (→ Kosmos) . . . . . 55 f, 71, 87
Ordnungstheologie 72
Ontologie 30

Parenklisis (abweichende Bewegung von Atomen) . . . . . 132 f
Peripatos/Peripatetiker (Schule/Schüler des Aristoteles) 22, 155, 158
Pflichten/Pflichtethik . . 61 ff, 64, 76, 134 f
Philosophie als Welterklärung 157
Philosophie, arabische (muslimische) 14, 21
Philosophie der Krise . . . . . 46 f, 51
Philosophie, römische . . . . . 20 ff
Philosophie, sprachanalytische 99
Physik (→ Naturphilosophie) . . 55, 74, 92
physis → Natur
Plausibilität 177
Pluralismus, religiöser . . . 11, 32, 171, 174
Polytheismus 114
Postchristentum 32
Pragmatismus . . . . . 135 f
Prolepsis (Vorwegnahme) 98
Propabilitas (→ Wahrscheinlichkeit) . . 177
Prosdoxazomenon (das Hinzugedachte bei der Begriffsbildung der Vernunft) 98
Pyrrhonische Skepsis → Skepsis, Phyrrhonische

Rationalismus, Kritischer 29, 98
Reduktionismus . . . . 101, 110 f, 128, 136 f
Religionsbegriff . . . . . 57 ff, 137
Religionsgeschichte 36
Religionsgeschichtliche Schule 36
Religionswissenschaft, vergleichende . . . . . 57 ff
Religionskritik . . . 31, 47, 104 ff, **107–113**, 121 ff
Renaissance 24, 65, 157
Resilienz 30

Säkularisierung 58
Schicksal 67, 104, 146
Schmerz als Tugend 141
Schmerzvermeidung (→ Lust) . . 137, 159
Schöpfung 75, 111
Selbstgenügsamkeit 145, 148
Seele . . . . . 36 f

Seelenfrieden (→ Ataraxia) . . . . . . 50, 75, 101 f, 122, 166
Seleukos, Königreich von 21
Sensualismus . . . . 95 f, 136
Seinsordnung 35
Sicherheit (der Erkenntnis) 159, 162, 166
SINUS-Milieuforschung . . . 29, 135 ff, 141
Sittlichkeit 73, 142
Skepsis . . . . 166 f, 168
Skepsis, Pyrrhonische 11, 22, 54, 77, 93, **154–164**, 178
Sklaverei/Sklavenbefreiung . . 61 f, 90, 173
Sophismus 156
Soteriologie 64
Spätantike . . . . 21 ff
Spiritualität 56, 72
Staatsreligion 59
Standesethik 60
Stoa . . . . 11, 22 f, 25, 28 ff, 31, **40–87**, 93, 155, 158, 176, 178
Sündenfall 73
Synkretismus 32, 58

Täuschung 167
Theodizeeproblem 56, 67, 82
Theologie, stoische 31, 55
Theologie, epikureische . . . **104–113, 126 f**
Thora 58
Tod . . . . 144 f, 146 f
Toleranz 174
Trost 81
Tugend 64, 67, 149
Transzendenz . . . . 34 f

Universalienproblem 130
Unsterblichkeit 114, 125
Ursachenforschung 45
Urstoff 66
Urteilsverzicht 54

verbum externum 73
Vernunft (→ Logos, nous) . . . . 14, 51, 64, 75, 94, 96, 102, 146, 149, 162 f
Vernunftkritik . . . . 159 ff, 163 f
via eminentiae (Gottes Sein als unendlich gesteigertes Sein des Menschen) 36
via negationis (Gottes Sein als das Gegenteil des menchlichen) . . . 36
voluptas in motu (erregte Lust) . . . . . 102 f
voluptas stabilis (disziplinierte Lust) 102 f
Vorsehung/Vorherbestimmung (→ Heimarmene) . . 48, 56, 65, **83–86**
Vorsokratiker . . . . 29 f, 40, 53

Wahrscheinlichkeit (der Richtigkeit von Erkenntnis) 177
Weihnachtsgeschichte 19
Welt . . . . 33 ff, 36, 55, 66
Weltentstehung 150
Weltseele 33, 35
Weltverneinung 141
Weltverständnis, apokalyptisches . . . 60 ff, 71, 173
Wiener Kreis (Neopositivistische Wissenschaftler-Vereinigung) 99, 131
Wissenschaft(sbegriff) 128
Wissenschaftstheorie (moderne) 29
Wohl-Leben, Suche nach → Hedonismus

Zeus/Zeus-Hymnus . . . . . 43, 66 f, 75, **82 f**
Zölibat 61
Zukunft 147
Zweifel . . . . 166 f

III. Bibelstellen

Altes Testament
Gen 18,16ff . . . 66
Dtn 32,8 . . . 25
Ps 1 . . . 106
Ps 36 . . . 161
Koh 8,15 . . . 24
Jes 22,13 . . . 24
Weish 8 . . . 69

Neues Testament
Mt
6,5–15 . . . 64
18,22 . . . 74

Lk
12,15–21 . . . 24f
15,20 . . . 66

Joh
1 . . . 69
1,1–4 . . . 69
1,1–18 . . . 70
1,10 . . . 82
1,14 . . . 15
8,44 . . . 72, 162
16,23 . . . 162

Apg
15 . . . 16
17 . . . 19, 25, 113, 174
17,16–33 . . . 16
17,17–21 . . . 11
17,18 . . . 16, 55
17,22 . . . 16
17,23 . . . 16, 104
17,26.28 . . . 16
17,28 . . . 16
17,29 . . . 26
17,32 . . . 113

Röm
1,18 . . . 26, 73
1,24ff . . . 73
2,15 . . . 73
2,27 . . . 74
3,25 . . . 82
4,17 . . . 66
8,21 . . . 140
8,28 . . . 140
8,33ff . . . 140
9–11 . . . 31
12,2 . . . 75
13,1ff . . . 174

1Kor
1,18–25 . . . 70, 179
1,22–25 . . . 16
1,26f . . . 12
7 . . . 61
7,1 . . . 71
7,6 . . . 62
7,20 . . . 61
7,21 . . . 61
7,27 . . . 61
7,31 . . . 62, 174
7,35f . . . 61
7,40 . . . 61
8,7ff . . . 73
10,28f . . . 73
11,14 . . . 74
13,9f.12 . . . 162

2Kor
11,14 . . . 162
12,1–4 . . . 34

Gal
3,26–28 . . . 65
3,28 . . . 62

4,4 15
4,9 162

Eph
2,1.5 71
2,3 . . . . . 74 f
2,13 73
5,21 63
6,12 71

Phil
3,17 64
4,7 73

Kol
2,13 71
3,17–4,1 61

1Tim
1,16 64
1,19 73
3,1–13 64
6,20 16

2Tim
1,13 64

Tit
1,15 73

Hebr
4,12 73
9,9 73
10,22 73
12,3 82

1Joh
3,8 75

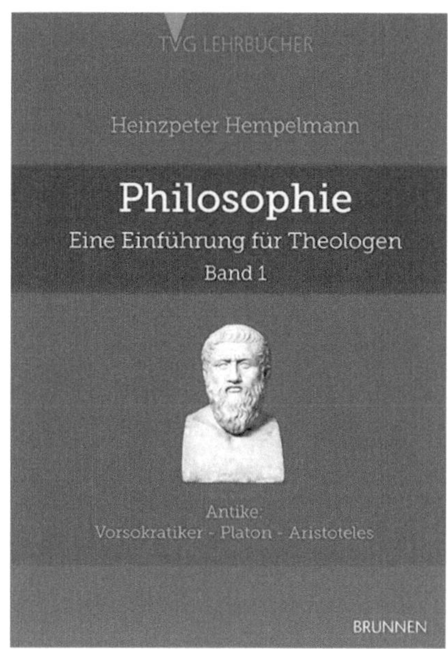

Heinzpeter Hempelmann

Philosophie

Eine Einführung für Theologen

Band 1 – Antike: Vorsokratiker – Platon – Aristoteles

Von Platons Ideenlehre über Kants Kritik der reinen Vernunft bis hin zur postmodernen Dekonstruktion aller Wahrheitsansprüche: Wer Theologie treibt, muss dies immer im Rahmen der Weltsicht seiner Zeit tun. Die Philosophie hat daher immer wieder wesentliche Weichen für die Theologie gestellt – sie hat die Fragen gestellt, die zu beantworten waren, und sie hat die Denkmöglichkeiten vorgegeben, in denen sich theologische Argumentationen bewegten.

Heinzpeter Hempelmann spürt in dieser Einführung in die Philosophie für Theologen diesen Weichenstellungen nach. Dabei geht es nicht um ein umfassendes Lehrbuch der Philosophiegeschichte, von denen es schon ausreichend und ausgezeichnete gibt. Es geht darum, was die wesentlichen Weichenstellungen der Philosophie für die christliche Kirche und Theologie bedeuten – und dies nicht nur in der Geschichte, sondern auch für unseren Glauben und unsere denkende Welterschließung heute.

Eine kurze biografische Skizze verschafft zunächst den persönlichen Zugang zu dem jeweiligen Philosophen, bevor dann sein Werk mit seinen Schwerpunkten und seiner Wirkung, aber auch der Kritik, die es erfahren hat, dargestellt wird. Exkurse vertiefen die für Theologen besonders wichtigen inhaltlichen Schwerpunkte, exemplarische Texte führen an die Quellen heran. Zusätzliche Vorlesungen und Interviews, die per QR-Code abgerufen werden können, helfen, die Inhalte zu vertiefen.

2022, 176 Seiten, Paperback
ISBN 978-3-765-59115-0
Brunnen Verlag Gießen

Podcast Mindmaps

Was wir über Gott und die Welt denken, hat nicht bei uns angefangen. Unsere weltanschaulichen und ethischen Überzeugungen stehen auf den Schultern großer Vordenker:innen vergangener Jahrhunderte. Wir verdanken ihnen viel, dürfen ihre Vorgaben aber auch kritisch hinterfragen.

In diesem Podcast nehmen Manuel Schmid und Heinzpeter Hempelmann ihre Hörer:innen mit auf eine faszinierende Zeitreise zu den Wurzeln unseres Denkens.

Immer wieder werfen sie auch einen spezifisch theologischen Blick auf einflussreiche philosophische Entwürfe. Dabei wird deutlich, wie präsent die Philosophiegeschichte auch im 21. Jahrhundert ist, und wie sehr sie heutige Diskussionen in Politik, Gesellschaft und Religion mitbestimmt.

«mindmaps» fordert dich heraus, mitzudenken, zu widersprechen und den eigenen Horizont zu erweitern!